中华人民共和国
行政复议法释论

韩春晖 胡斌 张莹莹 著

中国法制出版社
CHINA LEGAL PUBLISHING HOUSE

作者简介

韩春晖：中共中央党校（国家行政学院）政治和法律教研部教授、博士生导师，北京大学法学博士。兼任中央全面依法治国委员会办公室法治政府示范创建评估专家，司法部法规规章备案审查专家委员会专家，司法部全国司法鉴定专家库决策咨询类专家，法治安徽建设咨询委员会专家，北京市人民政府立法工作法律专家委员会委员，北京市法学会行政法学研究会副会长。曾赴法国波尔多第四大学、美国加州大学、美国康奈尔大学、墨西哥国家公共管理高等学院以及我国的台湾地区政治大学、香港树仁学院访学和讲学。曾挂职贵州省司法厅党委委员、副厅长。

主要研究领域为公法基础理论、行政执法、行政救济法、法治文化和数字法治。在《法学研究》《中国法学》《新华文摘》《人民日报》等发表论文100余篇，出版《现代公法救济机制的整合》（北京大学出版社2009年版）、《行政法治与国家形象》（中国法制出版社2011年版）、《行政法治与天下归心》（中国法制出版社2017年版）、《坚持法治思维》（人民出版社2022年版）等个人专著7部，主编和参与撰写著作20余部，主持国家社科基金，中共中央办公厅、原国务院法制办、司法部等国家级和省部级课题30余项。撰写本书的引论、第一章、第二章、第三章、第十一章。

胡斌：中国政法大学法学院副教授，硕士生导师，北京大学法学博士、清华大学管理学博士后。兼任中国政法大学应急管理法律与政策研究基地研究员。主要研究领域为行政法基础理论、政府规制和行政救济法。在《法制与社会发展》《政治与法律》《行政法学研究》等核心期刊发表论文10余篇，主持和参与国家级、省部级课题30余项。撰写本书第五章、第八章、第十章。

张莹莹：中共中央党校（国家行政学院）政治和法律教研部讲师，法学博士。兼任中国政法大学药品监管法治研究基地研究员。主要研究领域为行政法学、行政诉讼法学。在《政治与法律》《求索》等期刊发表学术论文10余篇，参与国家社科基金重大课题、司法部重点课题等30余项。曾获第四届"中华法学硕博英才奖"二等奖、博士研究生国家奖学金、应松年行政法学奖学金、北京市优秀毕业生、彭真奖学金、中国政法大学校长奖学金、中国政法大学优秀博士学位论文等。撰写本书第四章、第六章、第七章、第九章。

此外，感谢中共中央党校（国家行政学院）博士生刘雅琦分担了本书的统稿校对工作，为本书出版作出贡献！

目 录
Contents

引 论

一、大陆法系国家的行政复议 ………………………………… 2
二、英美法系国家的行政复议 ………………………………… 7
三、我国行政复议制度的历史演进 …………………………… 13

第一章 行政复议概论

一、行政复议的概念 …………………………………………… 24
二、行政复议的特征 …………………………………………… 30
三、行政复议的性质 …………………………………………… 36

第二章 行政复议法的目的与依据

一、行政复议法的目的 ………………………………………… 42
二、行政复议法的依据 ………………………………………… 50

第三章 行政复议法的基本原则

一、坚持中国共产党的领导原则 ……………………………… 55
二、合法原则 …………………………………………………… 57

三、公正原则 ………………………………………… 59
四、公开原则 ………………………………………… 62
五、高效原则 ………………………………………… 64
六、便民原则 ………………………………………… 66
七、为民原则 ………………………………………… 68
八、全面审查原则 …………………………………… 70

第四章　行政复议范围

一、行政复议范围的基本理论 …………………… 73
二、概括性规定 ……………………………………… 76
三、肯定性列举 ……………………………………… 80
四、否定性排除 …………………………………… 100
五、规范性文件：行政复议附带审查范围 …… 106

第五章　行政复议机关及机构

一、行政复议机关的概念与分类 ……………… 110
二、行政复议机关的职责 ………………………… 117
三、行政复议机构 ………………………………… 123
四、行政复议队伍建设 …………………………… 137

第六章　行政复议参加人

一、行政复议参加人的基本理论 ……………… 142
二、申请人 ………………………………………… 144

三、被申请人 …………………………………… 149
四、第三人 ……………………………………… 155
五、代表人 ……………………………………… 161
六、代理人 ……………………………………… 164
七、法律援助 …………………………………… 167

第七章 行政复议管辖

一、行政复议管辖的基本理论 ………………… 170
二、政府的管辖 ………………………………… 180
三、部门的管辖 ………………………………… 189
四、行政复议管辖的提级 ……………………… 196

第八章 行政复议程序

一、行政复议程序的基本原理 ………………… 198
二、行政复议申请的提出 ……………………… 202
三、行政复议的受理 …………………………… 213
四、行政复议的审理 …………………………… 226
五、附带审查规范性文件 ……………………… 251
六、行政复议与行政诉讼的衔接 ……………… 258

第九章 行政复议证据

一、行政复议证据概述 ………………………… 267
二、行政复议证据种类 ………………………… 269

三、行政复议举证责任 ………………………………… 273
四、行政复议机关的调查取证 ………………………… 280
五、被申请人补充收集证据 …………………………… 282
六、申请人、第三人查阅、复制证据 ………………… 285

第十章 行政复议决定

一、行政复议决定的概述 ……………………………… 289
二、行政复议决定程序 ………………………………… 291
三、行政复议决定的类型 ……………………………… 297
四、行政复议调解、和解制度 ………………………… 322
五、行政复议意见书 …………………………………… 327
六、行政复议决定书、调解书、意见书的效力及其公开 …… 330

第十一章 行政复议的法律责任及附则

一、法律责任与行政法律责任 ………………………… 336
二、法律责任主体 ……………………………………… 341
三、法律责任形式 ……………………………………… 343
四、法律责任追究 ……………………………………… 345
五、附则 ………………………………………………… 346

附 录

中华人民共和国行政复议法 …………………………… 349
（2023年9月1日）

引 论

《行政复议法》[①]是为了防止和纠正违法的或者不当的行政行为，保护公民、法人和其他组织的合法权益，监督和保障行政机关依法行使职权，发挥行政复议化解行政争议的主渠道作用，推进法治政府建设，根据《宪法》而制定的法律。新修订的《行政复议法》共 7 章 90 条，依次规定了行政复议立法目的、行政复议基本原则、行政复议机关、行政复议申请、行政复议受理、行政复议审理、行政复议决定和法律责任等，全过程全方位全要素地建构了我国行政复议制度，是我国行政复议活动的基本遵循。它是我国行政救济制度的重要组成部分，与《行政诉讼法》《国家赔偿法》共同构成行政救济的三部"基本法"。

作为现代行政法重要内容的行政复议法，是资产阶级革命的产物。[②]"但由于各国历史背景、政治制度以及法律理论的差异，在设计这一制度时，其确立的原理、规则以及程序不仅各有特色，且反映这一制度的概念也不尽相同。"[③]尽管如此，如果我们从机制的角度来考察，只需抓住行政复议是"由行政主体对行政争议作出

---

① 为便于阅读，本书法律名称中的"中华人民共和国"字样都予以省略。
② 参见郜风涛主编：《行政复议法教程》，中国法制出版社 2011 年版，第 21 页。
③ 应松年主编：《行政行为法：中国行政法制建设的理论与实践》，人民出版社 1993 年版，第 683 页。

裁决"① 这一本质特征，就可以将法国的"善意救济"和"层级救济"制度、德国的"异议审查"制度、日本的"行政不服申诉制度"、英国的"行政救济"制度、美国的"行政上诉"制度、澳大利亚的"行政申诉裁判"制度都纳入这一范畴进行考察。

一、大陆法系国家的行政复议

（一）法国

作为一项体现权利救济功能的法律制度，行政复议最早起源于法国，这可以归因于法国大革命时期特殊的历史背景。② 法国大革命后，法院的司法权一直被代表封建旧贵族利益的法官所把持。为了排除司法权对革命的阻扰，资产阶级控制的国民议会于1790年8月通过法律规定"司法权今后将永远与行政权分离，普通法院法官不得以任何方式干扰行政机关行使职权，亦不得对执行职务的行政官员进行讯问，违者应予弹劾"。③ 为了替代司法权的真空，在此后的一段时间内，公民针对行政机关的申诉，由原机关受理（称为"善意救济"）或其上级机关受理（称为"层级救济"），而最终裁判行政纠纷的权力则属于国家元首。④ 1799年，拿破仑设立国家参事院，在各省设立省级长官参事院，作为中央政府部门和各省级政府部门的监督机关，负责具体审理有关的行政案件，这使得原有

---

① 姜明安主编：《行政法与行政诉讼法》，法律出版社2003年版，第280页。
② 参见关保英主编：《行政法制史教程》，中国政法大学出版社2006年版，第436页。
③ 郜风涛主编：《行政复议法教程》，中国法制出版社2011年版，第21页。
④ 郜风涛主编：《行政复议法教程》，中国法制出版社2011年版，第22页。

的善意救济和层级救济制度向前发展了一大步（但其独立性还比不上英国的行政裁判所）。经过90年的变革，法国国家参事院逐步独立化与司法化，并最终获得法国最高行政法院的实际地位。①"法国国家参事院与其说是最高行政法院，还不如说是集行政复议与行政诉讼职能于一身的超级裁判机构，同时兼行政府法制机构的立法审查职能。这种特殊的地位，使得法国国家参事院能够统一行使行政复议和行政诉讼的职能，其审查的范围和深度亦非其他国家的行政法院可以比拟。"②在法国行政法院模式下，另行单独建立行政复议制度的现实必要性并不大。"个别领域残存的善意救济和层级救济，其地位及作用也不能与国家参事院同日而语。总之，法国行政复议的完全司法化，导致行政复议和行政诉讼两项职能的彻底融合，这在缺乏法国特定历史背景的国家是很难实现的。"③

现今，法国对行政活动的监督制度分为两类，即行政诉讼救济和行政诉讼以外的救济。后者又分为议会救济、行政救济和调解专员救济。其中，行政复议与行政救济比较接近。根据受理机关的不同，行政救济可以分为善意救济和层级救济。善意救济，是指行政行为的当事人向原行政机关申请的救济。所有的行政机关都具有一般的善意救济的职责。善意救济的申请人，不仅可以请求矫正违法和不当的行政行为，甚至可以请求得到某种宽容和恩惠，这是其他救济手段所不能有的。④层级救济，是指行政行为的当事人向作出

---

① 郜风涛主编：《行政复议法教程》，中国法制出版社2011年版，第22页。
② 郜风涛主编：《行政复议法教程》，中国法制出版社2011年版，第23页。
③ 参见王学政：《论我国行政诉讼和行政复议制度之创新》，载周汉华主编：《行政复议司法化：理论、实践与改革》，北京大学出版社2005年版，第34-44页。
④ 参见应松年主编：《当代中国行政法（下卷）》，中国方正出版社2005年版，第1685页。

决定的行政机关的上级机关申请的救济。这种救济不需法律明确规定而当然存在，但对这一救济的限制则需要法律明示或默示地作出规定。① 总体来看，法国的行政救济有如下几个特点：（1）救济机关可以是原行政机关，也可以是其上级行政机关；（2）所救济的行为对象具有广泛性，即救济违法行政对象具有广泛性，既救济违法行政行为，也救济不当行政行为；（3）实施救济的权限很大，它既不受当事人是否申请的限制，也不受当事人申请范围的限制；（4）救济程序、形式简便。②

（二）德国

在德国，行政复议是由行政机关对行政处理的合法性和适当性进行审查并作出决定的行政程序，是向法院提起撤销之诉和义务之诉的前置程序，常被译为"异议申诉"。它主要规定于德国《行政法院法》第68条及以下各条，其所处的位置为该法第八节，标题为"撤销之诉与义务之诉的特别规定"。③ 该法所确立的行政复议制度，融合了原有的声明异议与诉愿程序，实际上使得这一程序成为一种新形式的制度："复议申请一律向原处理机关提出，原处理机关如果认为其申请有理由，则应撤销或变更原处理；如果认为复议申请不合法或无理由，则应将案件移送上级机关，由后者作出复议决定。"④ 按照法律对复议程序严格程度的差异，可以分为正式

---

① 参见应松年主编：《当代中国行政法（下卷）》，中国方正出版社2005年版，第1685页。
② 参见胡建淼：《行政法学（第五版）》，法律出版社2023年版，第1060页。
③ 参见刘飞：《德国公法权利救济制度》，北京大学出版社2009年版，第32页。
④ 李洪雷：《德国的行政复议制度》，载周汉华主编：《行政复议司法化：理论、实践与改革》，北京大学出版社2005年版，第427页。

的申诉和非正式的申诉。非正式的申诉，其作用就像一个报告，只是给接受机关一个提醒，如果该机关认为这是正确的，就可自行根据其可接受程度予以接受；如果该机关认为这个提醒不适合，就不会接受。①

德国理论界普遍认为，行政复议具有权利救济、自我监督和对法院减负等多重功能。"从行政复议的制度功能而言，尽管通常都认为其兼具为公民提供权利救济的功能、审查行政活动的功能和对法院的减负功能，但是其第一位的功能始终是为公民提供权利救济。"② 有的学者指出，"德国将行政复议视为行政系统的内部监督，行政复议机关的活动由公民申请启动，范围也限于公民的申请，并且'附期限'，因此行政复议被视为行政机关'以公民的法律保护申请为条件的自我监督'，而不是'自己启动的行政监督'。尽管动因来自外部，但这种自我监督却有助于减轻法院的负担，并且将公民权利保护作为首要的目的"。③

总体来看，德国的行政复议虽然与行政诉讼分立，但是受制于其概念法学的传统和第二次世界大战以后特殊的国内形势，行政复议主要被视为行政层级监督机制，难以回应现代市场经济条件下解决行政纠纷的现实需要。"在法国和德国这两个大陆法系的代表性国家，其行政复议力量和制度并没有太多真正值得称道的建树。"④因此，第二次世界大战后德国理论界就有关于如何废止行政复议制

---

① 【德】奥托·迈耶：《德国行政法》，刘飞译，商务印书馆2002年版，第131页。
② 刘飞：《德国公法权利救济制度》，北京大学出版社2009年版，第26页。
③ 【德】汉斯·J.沃尔夫、奥托·巴霍夫、罗尔夫·施托贝尔：《行政法（第三卷）》，高家伟译，商务印书馆2007年版，第743页。
④ 郜风涛主编：《行政复议法教程》，中国法制出版社2011年版，第27页。

度,并以行政调解取代的讨论。他们认为,"(德国)行政诉讼具有压倒性优势,行政复议实质上仅作为诉讼程序外小范围的补充程序,没有独立地位,甚至缺乏存在价值"。[1] 但是,德国行政法院因难以承受独立处理所有行政争议的压力,强力反对取消行政复议。故而,德国行政复议虽不被看好,却也一直维续至今。[2]

(三) 日本

在日本,行政复议是行政救济的一个下位概念。日本行政救济法有行政过程中的救济法与司法过程中的救济法之分。行政复议属于行政过程中的救济,被称为"行政不服申诉"。行政不服申诉,是指对行政厅的处分及其他行使公权力的行为不服者,向有关行政厅提出不服,请求审查其处分及行为的违法、不当,纠正及排除违法、不当的处分及行为的程序。[3] 作为正式的行政不服申诉,日本的行政不服申诉和司法审查并列占据重要位置。

1962 年制定的《行政不服审查法》,是关于行政不服申诉的一般法。根据该法,行政不服申诉有三种:一是异议申诉,是指就行政厅的处分或者不作为,向处分厅或者不作为厅申诉不服的程序。二是审查请求,是指就行政厅的处分或者不作为,向处分厅或者不作为厅以外的行政厅申诉不服的程序。通常向处分厅或者不作为厅的直接上级厅申诉。三是再审查请求,是指对审查请求的裁决不服

---

[1] 徐运凯:《论新时代行政复议的功能定位及其评价体系》,载《行政法学研究》2019 年第 6 期。

[2] 参见郜风涛主编:《行政复议法教程》,中国法制出版社 2011 年版,第 27 页;刘飞:《德国公法权利救济制度》,北京大学出版社 2009 年版,第 29-30 页。

[3] 杨建顺:《日本行政法通论》,中国法制出版社 1998 年版,第 663 页。

者，再次申诉不服的程序。原则上，再审查请求只有在法律或者条例规定可以进行再审查请求时，才可以提起。① 当然，除了一般法规定之外，还有各种类型的特别法规定。例如《审查法》新引进的关于不作为的不服申诉（第3条、第7条）。这是试图对行政厅所谓"将申请束之高阁"的状态进行救济的制度。②

总体来看，日本设置行政不服申诉制度，既有优点又有缺点。优点有三个：一是可以作为简易、迅速的救济制度来构成其程序；二是裁决机关可以就适当与否的问题作出判断；三是行政机关可以借不服申诉的机会进行自我统制，进而可以谋求行政的一致性。缺点有两个：一是裁决机关的第三人性质比法院弱；二是过于简便的程序会使得对事实的查实具有限度，进而导致缺乏信赖度，而过于强调程序的慎重性又会导致简易迅速的优点丧失。③

二、英美法系国家的行政复议

（一）英国

英国的行政复议是"一个涵盖了许多不同制度的笼统术语"[4]。正因如此，关于英国与我国行政复议对应的制度到底为何物，行政法学界仍存分歧。早在20世纪90年代，胡建淼教授率先将英国行

---

① 参见杨建顺：《日本行政法通论》，中国法制出版社1998年版，第668-669页。
② 【日】盐野宏：《行政法》，杨建顺译，法律出版社1999年版，第262页。
③ 参见【日】盐野宏：《行政法》，杨建顺译，法律出版社1999年版，第257-258页。
④ Robert Thomas, "A Different Tale of Judicial Power: Administrative Review as a Problematic Response to the Judicialisation of Tribunals", Public Law, Vol. 2019, No. July（July 2019）, pp. 537-562.（【英】罗伯特·托马斯："司法权的不同故事：作为应对裁判所司法化的行政复议"，载《公法》2019年，第537-562页。）

政裁判所归入域外行政复议制度①，并成为学界主流观点。② 2004年，李洪雷教授指出，我国的行政复议与英国的"reconsideration"更加接近。该制度是对行政决定的内部审查，是由对行政决定的作出负有责任的主体对原决定的重新评判。③ 之后，也有学者认同这一观点。④

由于各种原因，我国有关法律英文译本中，行政复议一词被译为 administrative reconsideration。在《英汉辞海》中，reconsideration是再考虑、重新考虑的意思，一般指同一主体重新考虑其此前所作的某一计划或方案的妥当性，这与行政复议制度中由一个主体（行政复议机关）对另一个主体（被申请人）的行为进行审查，以实现对公民的权利救济功能，在内涵上并不完全吻合。⑤ 而且，英国的"reconsideration"制度，"它指的是对行政决定的内部复审（internal review），即由对行政决定的作出负有责任的主体（既可以是原决定官员本身，也可以是一个不同的，但资历更深的官员）对原决定的重新评判，这在一定意义上只作为原决定程序的延续，而非启动一个全新的程序"。⑥也就是说，administrative reconsideration 更加接近我们的"复核"，而非"复议"。据此，我们更加认同英国行政裁判所是我国行政复议制度的对应物。

---

① 胡建淼：《中外行政复议制度比较研究》，载《比较法研究》1994年第2期。
② 参见郑磊、沈开举：《英国行政裁判所的最新改革及其启示》，载《行政法学研究》2009年第3期；余凌云：《论行政复议法的修改》，载《清华法学》2013年第4期；曹鎏：《五国行政复议制度的启与借鉴》，载《行政法学研究》2017年第5期。
③ 李洪雷：《英国行政复议制度初论》，载《环球法律评论》2004年春季号。
④ 彭錞：《再论英国行政复议制度》，载《中国政法大学学报》2021年第6期。
⑤ 参见郜风涛主编：《行政复议法教程》，中国法制出版社2011年版，第9页。
⑥ 郜风涛主编：《行政复议法教程》，中国法制出版社2011年版，第9-10页。

在英国，行政复议属于行政法上救济手段的一种。"英国的行政救济，是指公民的权利受到行政机关不法侵害时，可以通过行政机关的行政程序得到补救。行政机关救济公民权利有两种具体方法：一是通过部长救济；二是通过行政裁判所救济。前者受分散的法律调整，后者则受1958年的《行政裁判所与调查法》支配。"[1]

行政裁判所是英国行政法治的一个显著特征，最早始于1908年。"裁判所的设立是为了提供比普通法院更简便、更快捷、更经济以及更容易获得的正义，也因此，贯穿这一命题始终的是，裁判所能够在多大程度上调和法院的标准，使之与行政的需求相适应。"[2] 第二次世界大战后蓬勃发展的社会立法，给了裁判所极大的信任。与司法审查相比，英国裁判所具有两个方面的突出优点：一是快速便捷。"20世纪的社会性立法要求裁判所具有行政性的理由：它们能提供更快速、更经济以及更容易获得的正义。"[3] 裁判所作为行政司法机制的功能非常重要，因为裁判所制度越令人满意，公民需要的司法审查就会越少。二是专业性强。因为，"土地裁判所里坐着具备资质的勘验员，税务裁判所里坐着税法专家作为所得税特别专员"。[4] 但是，该时期的每一个裁判所都是为了某部特定的立法设计的，导致大量的程序混乱现象："有的裁判所公开审理案件，其他的裁判所不公开审理案件；有的允许自由的法律代

---

[1] 胡建淼：《行政法学（第五版）》，法律出版社2023年版，第1059页。
[2] 【英】威廉·韦德、克里斯托弗·福赛：《行政法（第十版）》，骆梅英等译，中国人民大学出版社2018年版，第688页。
[3] 【英】威廉·韦德、克里斯托弗·福赛：《行政法（第十版）》，骆梅英等译，中国人民大学出版社2018年版，第690页。
[4] 【英】威廉·韦德、克里斯托弗·福赛：《行政法（第十版）》，骆梅英等译，中国人民大学出版社2018年版，第690页。

理,有的则不允许任何法律代理;有的遵循证据法规则,也有的则根本不考虑它们……"①为了使裁判所与法院制度相衔接,改善它们实行的正义标准,强制其遵循一些秩序和原则,弗兰克斯委员会主导制定了1958年《行政裁判所与调查法》。②之后的发展过程中,裁判所的独立性问题饱受社会质疑,由政府的部长完全掌握裁判所组成成员的任命权,这种做法在现代民主社会日益难以被人所接受。最终,"2007年《裁判所、法院和强制执行法》明确承认裁判所不是行政的一部分,而是司法机制的组成部分。从而切断了裁判所与'相关职能机关'(该机关的职权行使所产生的正义构成了裁判所的案件来源)的所有正式联系。至此,裁判所成为司法系统中成熟的一员"。③可见,早期的行政裁判所是行政机关化解行政争议的主要机制,但由于行政裁判所对公正性要求较高,裁判程序较为严谨且案件量大以及裁决时间不断加长,行政裁判所逐渐发展成为司法体系的一部分。

但是,英国裁判所完全的司法化并未彻底解决问题,反而引发了一些新问题。"裁判所具备的快捷性、便捷性、易获得性、有效性、程序简便性等特征,因司法化变得受到挑战。这些负面的影响首先在于司法化使裁判所的程序变得过于复杂和形式化,迟延现象极为普遍,快捷、便捷以及简洁等特征正在逐渐消失,进而也影响

---

① 【英】威廉·韦德、克里斯托弗·福赛:《行政法(第十版)》,骆梅英等译,中国人民大学出版社2018年版,第689页。
② 【英】威廉·韦德、克里斯托弗·福赛:《行政法(第十版)》,骆梅英等译,中国人民大学出版社2018年版,第689页。
③ 【英】威廉·韦德、克里斯托弗·福赛:《行政法(第十版)》,骆梅英等译,中国人民大学出版社2018年版,第693页。

了易获得性。"① "出于成本和效率的考虑,2013、2014年度,英国又在社会保障领域再度引入自我纠错的复议机制。"② "最近几年,为了解决因裁判所司法化而带来的问题,英国开始采取一些新的方法来弥补裁判所司法化带来的后果,如2016年提出将网络和在线争议解决方式引入裁判所审判之中。"③

(二) 美国

美国的行政复议主要指行政上诉制度。进入19世纪中后期,随着社会经济高度发展和社会矛盾急剧增多,所有行政争议进入普通法院解决的做法难以为继,人们必须寻找新的法律救济机制。"行政机关和法院之间的分界就不那么清楚了。从分析的角度看,行政机关很久以来一直行使与法院相同的裁判权。……最高法院认为,国会可以授予行政机关(非宪法第3条规定的法院)司法权。"④ 于是,由行政机关来裁决行政纠纷的行政复议制度在美国应运而生。一开始获得这种裁决权的是独立管制机构,后来一般行政部门也获得了这种裁决权。

经过多年发展,现今美国行政复议制度通常包括两个层级:一是行政法法官主持的行政复议;二是行政首长或专门机构(上诉委

---

① 高秦伟:《寻找实现行政正义的最佳方式——英国行政复议制度的发展与课题》,载《中国政法大学学报》2021年第6期。
② 曹鎏:《作为化解行政争议主渠道的行政复议:功能反思及路径优化》,载《中国法学》2020年第2期。
③ 高秦伟:《寻找实现行政正义的最佳方式——英国行政复议制度的发展与课题》,载《中国政法大学学报》2021年第6期。
④ 【美】伯纳德·施瓦茨:《行政法》,徐炳译,群众出版社1986年版,第6-8页。

员会）主持的行政上诉。①"美国的行政上诉，不是指当事人不服行政裁决向法院起诉或上诉，而是指当事人不服行政机关的行政裁决向有关行政组织和人员申请复核原行政裁决的法律制度。"② 在美国，当事人拥有的行政上诉权是由1946年的《联邦行政程序法》第557条第2款规定："主持人做出初审裁决后，在规章规定的时间内，如果当事人没有向行政机关提出上诉，行政机关也没有提出复议，此裁决即为行政机关的终审裁决。行政机关在受理当事人对初审裁决提出的上诉时或在复议初审裁决时，拥有作初步裁决所应有的一切权力，但根据通告和规章限制上诉和复议的事项除外。"美国的行政上诉制度规定，当事人不服行政机关的初审裁决，都可提起行政上诉。上诉不是向上级行政机关提出，一般是向原机关的行政首长或专门机构提出。当事人不提起行政上诉，初审裁决便生效。③

在1946年之前，行政法法官被称为"听证审查官"，在不同的行政机构里任职，没有统一的制度保障，容易受到行政机关影响。1946年的《行政程序法法典》确立了行政法法官的法律地位。该法规定了行政法法官的薪酬待遇、业绩考核、纪律处分转由功绩制保护委员会负责，其独立性、公正性大大增强。在州层面，多个州推行关于听证的司法化、独立化改革，即在州内部设立一个统一的行政听证办公室，全部行政法法官由该办公室任命和管理，任期固

---

① 参见郜风涛主编：《行政复议法教程》，中国法制出版社2011年版，第30页。
② 胡建淼：《行政法学（第五版）》，法律出版社2023年版，第1059页。
③ 胡建淼：《行政法学（第五版）》，法律出版社2023年版，第1059页。

定，其独立性超过联邦行政法法官。①

三、我国行政复议制度的历史演进

从社会学角度来看，法律制度的演进是一种规则的输出活动，它是社会需求发射出来的"冲击波"。更形象地说，"它把法律规则视为一本指令，包括如果不是全部、至少是大部分需要法律处理的场合"。② 我国行政复议制度的产生、发展、变革与修订的过程就是不断回应社会需求的冲击波，并且形成处理具体法律情境的规则和指令的历史进程。

（一）我国行政复议制度的产生和发展

我国现代意义上的行政复议制度始于辛亥革命后。1912年《中华民国临时约法》第10条规定："人民对于官吏违章侵害权利之行为，有陈述于平政院之权。"1914年5月1日，北洋政府公布的《中华民国约法》第8条也规定了这一制度。同年5月18日，北洋政府又公布了《诉愿条例》，正式确立了人民因不服中央或地方机构的违法或不当的处分，可以请求行政救济的制度，标志着文本意义上行政复议制度的产生。1930年，南京国民政府颁布的《诉愿法》，确立了行政诉愿制度。根据该法规定，行政相对人因行政官署违法或不当处分致其权利受到损害时，可以向原官署或其上级官署请求撤销或变更原处分。这种诉愿分为诉愿和再诉愿两级，

---

① 王静：《美国行政法法官制度研究》，国家行政学院出版社2009年版，第19-21页。
② 【美】劳伦斯·M.弗里德曼：《法律制度——从社会科学角度观察》，李琼英、林欣译，中国政法大学出版社2004年版，第14页。

不服再诉愿的可以向行政法院提起行政诉讼。这种制度的产生是资产阶级革命的要求，当时这种制度还仅仅停留在纸上，在实际生活中并没得到认真贯彻，也没有对公民权利起到保护作用。

新中国成立以后，我国行政复议制度产生于20世纪50年代。1950年，政务院批准财政部公布的《中央人民政府财政部设置财政检查机构办法》第6条规定的"申请复核处理"，是新中国行政复议制度的雏形。同年，政务院公布的《税务复议委员会组织通则》明确规定了税务复议委员会的性质、任务以及受案范围。与此同时，政务院还通过了另一个有关行政复议的法规，即《印花税暂行条例》。该条例明确规定：被处罚人不服税务机关之处罚，得于5日内提请复议，或向上级税务机关申诉。到此，行政复议制度已经明确地建立起来了。[1]

到20世纪50年代中后期，行政复议制度得到初步发展，规定行政复议的法律、法规越来越多。1954年的《国营企业内部劳动规则纲要》、1955年的《农村粮食统购统销暂行办法》、1957年的《国境卫生检疫条例》、1958年的《农业税条例》都对行政复议制度的完善起了很大的推动作用，这也与新中国成立后的民主政治密切相关。[2]但是，由于新政权统治经验的缺乏、法律技术的欠缺，行政复议制度本身并不完善，导致行政复议作为一种机制对社会生活的作用非常有限。[3]

---

[1] 参见胡建淼：《行政法学（第五版）》，法律出版社2023年版，第1061页。
[2] 参见胡建淼：《行政法学（第五版）》，法律出版社2023年版，第1061页。
[3] 如袁曙宏教授认为，"这一时期的行政复议制度的突出特点是行政复议分散、没有统一的法典；复议程序和机构设置混乱；复议决定为终局决定，当事人对复议决定不服，不能提起行政诉讼。"参见姜明安主编：《行政法与行政诉讼法》，法律出版社2003年版，第279页。

改革开放后，我国行政复议制度进入恢复和发展时期。1982年《宪法》的颁布，对于加强、发展和完善我国的行政复议制度起到了极大的推动作用。《宪法》第41条规定："中华人民共和国公民对于任何国家机关和国家工作人员，有提出批评和建议的权利；对于任何国家机关和国家工作人员的违法失职行为，有向有关国家机关提出申诉、控告或者检举的权利，但是不得捏造或者歪曲事实进行诬告陷害。对于公民的申诉、控告或者检举，有关国家机关必须查清事实，负责处理。任何人不得压制和打击报复……"这些宪法性条文不仅确认了已经存在的行政复议制度，也为行政复议制度的进一步发展提供了最高法律依据。到1990年止，我国已经有100多个法律、法规规定了行政复议。

总体而言，这些规定不仅立法技术日趋成熟而且还注意了有关法律、法规之间的衔接和协调，对有效地解决行政争议，加强行政系统自我约束，起到了积极作用，行政复议作为一种"机制"的功能开始凸显。但由于缺乏统一的法律规范，关于复议范围、管辖、程序等方面的"制度缺位"，限制了这一机制作用的充分发挥。1989年4月4日通过的《行政诉讼法》有4个条文涉及行政复议，统一了行政复议期限，明确了行政复议与行政诉讼的关系，扩大了对公民、法人或者其他组织合法权益的保护范围，该法的出台及有关规定直接有力地推动了行政复议法的立法进程。[①] 为了与《行政诉讼法》相配套，国务院于1990年颁布了《行政复议条例》，标志着我国行政复议立法和实践进入一个崭新阶段。1994年10月9日，

---

① 比如，1989年颁布的《行政诉讼法》第38条第1款规定："公民、法人或者其他组织向行政机关申请复议的，复议机关应当在收到申请书之日起两个月内作出决定。法律、法规另有规定的除外。"

在总结该条例实施 4 年来的实践基础上，国务院对照《行政诉讼法》和《国家赔偿法》等法律、法规，对该条例进行了修改。"《行政复议条例》实施后，行政复议案件随之大量增加，据统计，从 1991 年初至 1997 年底，全国共发生行政复议案件 22 万件，平均每年 3 万件。"①

但是，在条例的实施过程中也反映出不少问题，有观点将其归纳为"三不"："申请不便，行政复议条例规定的申请复议的条条框框较多，公民、法人和其他组织申请复议不方便；受理不多，在行政复议条例实施过程中，有的行政机关怕当被告或者怕麻烦，对复议申请应当受理而不受理；违法不究，有的行政机关'官官相护'，对违法的具体行政行为该撤销的不撤销，对不当的具体行政行为该变更的不变更。"② 这些问题对紧接着的《行政复议法》的起草有很强的导向作用。1999 年 4 月 29 日，第九届全国人大常委会第九次会议通过了《行政复议法》，进一步提升了行政复议制度的法律位阶，标志着我国行政复议制度进入逐步完善的新时期。2007 年 5 月 23 日，国务院通过了《中华人民共和国行政复议法实施条例》（以下简称《行政复议法实施条例》），为发挥《行政复议法》的实效性而对行政复议程序制度进一步完善。此时，行政复议作为一种机制的功能得到极大彰显，对我国公民权利保障起到重要作用。我国行政复议的制度变迁表明，行政复议立法不断完善、功能不断扩大的过程与我国改革开放民主政治的发展历程有一种相伴而行、携手共进的历史关联。

---

① 应松年主编：《当代中国行政法（下卷）》，中国方正出版社 2005 年版，第 1713 页。
② 曹康泰主编：《中华人民共和国行政复议法释义》，中国法制出版社 1999 年版，第 2 页。

（二）我国行政复议体制改革的全面铺开

2020年是我国行政复议体制改革的重要转折点。2020年2月5日，中央全面依法治国委员会第三次会议召开，会议指出，要落实行政复议体制改革方案，优化行政复议资源配置，推进相关法律法规修订工作，发挥行政复议公正高效、便民为民的制度优势和化解行政争议的主渠道作用。2020年10月，中国共产党第十九届中央委员会第五次全体会议通过的《中共中央关于制定国民经济和社会发展第十四个五年规划和二〇三五年远景目标的建议》提出"构建源头防控、排查梳理、纠纷化解、应急处置的社会矛盾综合治理机制"。在这样的背景下，行政复议承担的化解行政争议主渠道的功能愈加突出，以相对集中行政复议体制为核心的改革力度空前。

2021年1月，中共中央印发《法治中国建设规划（2020—2025年）》，其中明确强调推进行政复议体制改革、整合行政复议职责。同年8月，中共中央、国务院印发《法治政府建设实施纲要（2021—2025年）》，提出"全面深化行政复议体制改革，整合地方行政复议职责，按照事编匹配、优化节约、按需调剂的原则，合理调配编制资源"。同年8月底，《市县法治政府建设示范指标体系（2021年版）》正式发布。其中，第82项三级指标专门评估行政复议体制改革的推进力度。至此，行政复议体制改革的顶层部署、落实举措和成效评估制度形成完整体系。

这一轮行政复议体制改革主要涉及四个方面内容：一是在全国范围内实行相对集中的行政复议管辖。除国家垂直管理的机关外，县级以上地方人民政府一级只保留一个行政复议机关，由其统一管辖相关复议案件，并以本级人民政府名义作出行政复议决定。二是健全配套工作机制。加强行政复议工作规范化建设，探索建立行政复议咨询委员会。三是充分发挥行政复议监督功能。加大行政复议对行政行为所依据的规定的审查力度，建立对行政复议决定及行政复议意见书、建议书执行情况的监督机制。四是加强对行政复议工作的保障和监督。合理调配编制资源，加强行政复议工作人员专业化、职业化建设，加强对行政复议机构及其工作人员的监督。[1]

总体来看，这一轮改革中，多数地方行政复议案件持续增长，行政争议化解的积极作用开始显现。比如，自2019年至2022年，山西省各级行政复议机关办理行政复议案件数分别为2195件、2534件、2986件、3394件，呈现持续增长态势。[2] 再如，上海市杨浦区截至2022年7月31日，共收到行政复议申请1005件，与2020年同期相比增长了91.4%。[3] "改革一年来，复议后起诉率下降8.24%，起诉后败诉率从3%下降为零，行政争议化解的质效得到有效提升。"[4] 但是，在改革中也发现了一些改革的制约性因素和问题：一是行政复议队伍不能完全满足改革的要求。一方面，多数地方政府部门的复议人员并未集中到政府，导致"案来人不来"，行政复议员数量少，难以承担增长的行政复议案件数量。另一方面，行政复议员的专业性存在短板。"行政争议所涉及领域集中分布于自然资源、市场监管、人力资源、社会保障、住房和城乡建

---

[1] 曹鎏、李月：《我国行政复议体制改革的发展演进、目标构成及修法回应》，载《行政管理改革》2022年第4期。

[2] 马超：《行政复议体制改革后行政争议化解现状探究——以山西省为例》，载《法制博览》2023年第26期。

[3] 薛侃：《上海市杨浦区推进行政复议体制改革的实践和思考》，载《中国法治》2023年第2期。

[4] 薛侃：《上海市杨浦区推进行政复议体制改革的实践和思考》，载《中国法治》2023年第2期。

设、生态环境、房屋征补等重要领域,目前广西尚缺乏组建行政复议队伍的科学的方案,重点争议领域配强专业力量的理念需要加强。"① "多数办案人员从外单位划转,办案经验缺乏,复议职责集中后,案件类型更加复杂,重大疑难复杂案件持续增加,办案人员的业务素质难以完全承担行政复议职责整合和《中华人民共和国行政复议法》即将修订发布带来的新使命、新挑战,行政复议队伍专业化程度有待提升。"② 二是行政复议组织机构建设不够健全。比如,山西"部分县级行政复议机构基础薄弱,规范化程度较低,人员实际到位率不高,部分地区存在有'编'无人情况,导致案件办理质效不高"。③ 另外,有些地方没有明确行政复议机构的性质和行政复议委员会的功能,导致工作开展的权威性不足,行政复议委员会作用未能充分发挥。三是当事人参与行政复议活动的规范性不足。一方面,各地行政复议被申请人参与行政复议活动的专业能力不足,对复议申请的答复质量有待提高。另一方面,复议申请人滥用申请权的问题更加凸显。"因行政复议几乎是零成本无门槛,一些申请人滥用行政复议权的问题日益突出。"④ 这些问题,都亟待《行政复议法》的修订来总体解决,并予以有效的制度规制。

---

① 林金文:《行政复议制度发展改革与前景展望——以广西行政复议改革实践为视角》,载《中国司法》2021年第3期。
② 马超:《行政复议体制改革后行政争议化解现状探究——以山西省为例》,载《法制博览》2023年第26期。
③ 马超:《行政复议体制改革后行政争议化解现状探究——以山西省为例》,载《法制博览》2023年第26期。
④ 林金文:《行政复议制度发展改革与前景展望——以广西行政复议改革实践为视角》,载《中国司法》2021年第3期。

（三）2023年《行政复议法》的修订

2023年9月1日，第十四届全国人民代表大会常务委员会第五次会议表决通过新修订的《行政复议法》，自2024年1月1日起施行。此前，2009年8月27日第十一届全国人民代表大会常务委员会第十次会议通过的《关于修改部分法律的决定》和2017年9月1日第十二届全国人民代表大会常务委员会第二十九次会议通过的《关于修改〈中华人民共和国法官法〉等八部法律的决定》先后对《行政复议法》进行了修正，但对复议制度定位、管辖体制、审理程序和复议证据等重要方面的调整不大，属于"小改"。

此次修订是落实2020年1月中共中央印发的《法治中国建设规划（2020—2025年）》和2021年8月中共中央、国务院印发的《法治政府建设实施纲要（2021—2025年）》对推进行政复议体制改革、整合行政复议职责等的要求，调整内容非常重大，增加条文四十余条，修订涉及所有条文，是一次"大改"。现阶段出台新修订的《行政复议法》，可谓正当其时，意义重大。主要体现为四个方面：其一，此次修订是贯彻落实习近平法治思想和党中央决策部署的重要举措；其二，此次修订是践行以人民为中心的发展思想，增强人民群众的获得感、安全感和幸福感的重要举措；其三，此次修订是完善多元化纠纷解决机制、提升社会治理效能的重要举措；其四，此次修订是推进国家治理体系和治理能力现代化的有力法治保障。

每次法治变革都不完全是法律逻辑的发展结果，而是基于破解社会难题的时代需要。20多年来，行政复议作为有效解决行政争议的法定机制，利用其方便群众、快捷高效、方式灵活等优势，成为化解行政争议和维护人民群众合法权益的重要渠道。"当前，随着我国经济社会发展，需要加强和改进行政复议工作，解决制约行政复议发挥监督、救济作用的突出问题，满足人民群众对实质性化解行政争议的新要求、新期待。"① 从统计数据来看，2011—2020年全国各级地方政府年度受理行政复议案件数量总体呈上升趋势，从2011年的101060件增加到2018年的203113件，并达到峰值。行政争议主要集中在与行政相对人切身利益密切相关的公安、自然资源（土地、林业）、市场监管（工商、质检、食品药品）、房屋征补（拆迁）、社会保障五个领域，这些领域的复议数量占总数量的74%—82%。②

但是，行政复议机关作出维持决定的案件占比一直很高，而直接纠错率却一直较低。自2011年至2021年，行政复议机关维持决定类案件占总决定的比例最高，仍然维持在49.99%—59.18%的高位，总体略呈下降之势，下降约10%，但绝对数量总体上升明显。③ "有报道指出，复议机关在作决定时，往往会更多考虑行政机关的权威和利益，直接纠错比例很低。如2008—2012年，江苏省全省平均直接纠错率只有3.46%。"④ 与此同时，存在行政复议绩效低下的问题。"国务院及下属各部门的行政复议的绩效也不高。

---

① 朱宁宁：《发挥行政复议公正高效便民为民制度优势——全国人大常委会法工委相关部门负责人解读修订后的行政复议法五大亮点》，载《法治日报》2023年9月5日。
② 参见李月军：《当代中国地方政府与社会之间的行政争议关系——基于2011—2020年全国行政复议数据的分析》，载《政治学研究》2022年第4期。
③ 李月军：《当代中国地方政府与社会之间的行政争议关系——基于2011-2020年全国行政复议数据的分析》，载《政治学研究》2022年第4期。
④ 李月军：《当代中国地方政府与社会之间的行政争议关系——基于2011-2020年全国行政复议数据的分析》，载《政治学研究》2022年第4期。

立案当年办结率仅在 24.95%—42.2% 之间。"①

全国人大常委会法工委行政法室主任梁鹰指出,此次修订坚持党的领导,坚持人民至上,坚持问题至上,坚持守正创新。② 修订的重点内容有如下六个方面:

(1) 明确了行政复议有关原则和要求。该法第 3 条明确了行政复议机关应当遵循合法、公正、公开、高效、便民、为民的原则;第 4 条要求行政复议机关支持和保障行政复议机构依法履行职责,对行政复议指导性案例发布、人员和场所保障等作出规定;第 5 条规定行政复议机关办理行政复议案件可以进行调解;第 6 条提出国家建立专业化、职业化行政复议人员队伍。

(2) 优化了行政复议管辖体制。该法第 24 条取消了地方人民政府工作部门的行政复议职责,由县级以上地方人民政府统一行使,同时保留海关、金融、外汇管理等实行垂直领导的行政机关、税务和国家安全机关的特殊情形,相应调整国务院部门的管辖权限,并对有关派出机构作出灵活规定。

(3) 加强了行政复议吸纳行政争议的能力。该法第 11 条扩大了行政复议范围,明确对行政赔偿、工伤认定、行政协议、政府信息公开等行为不服的,可以申请行政复议;第 23 条优化行政复议前置范围,明确对当场作出的行政处罚决定、不予公开政府信息等行为不服的,应当先申请行政复议,将行政复议前置其他情形的设

---

① 李月军:《当代中国地方政府与社会之间的行政争议关系——基于 2011-2020 年全国行政复议数据的分析》,载《政治学研究》2022 年第 4 期。

② 朱宁宁:《发挥行政复议公正高效便民为民制度优势——全国人大常委会法工委相关部门负责人解读修订后的行政复议法五大亮点》,载《法治日报》2023 年 9 月 5 日。

定权限明确为法律和行政法规。

（4）健全了行政复议申请和受理程序。该法第22条增加了申请复议便民举措；第23条提出了复议前置情形告知要求；第30条明确了行政复议受理条件；第31条增设了申请材料补正制度。

（5）完善了行政复议审理程序。该法第38条建立了提级审理制度；第53条增加了简易程序及其适用情形；第43条至第47条健全了行政复议证据规则；第49条规定了实行普通程序听取意见原则；第50条、第51条新增了听证制度；第52条规定了行政复议委员会制度；第56条完善了行政复议附带审查规范性文件程序。

（6）强化了行政复议决定及其监督体系。该法第63条至第65条细化了变更、撤销、确认违法等决定的适用情形；第66条、第67条、第71条调整了决定顺序，增加了确认无效、责令履行行政协议等决定类型；第76条、第77条增设了行政复议意见书、约谈和通报批评；第79条规定了行政复议决定书、意见书抄告的监督制度。

显而易见，新修订的《行政复议法》，积极回应了社会关切，将更好发挥行政复议公正高效、便民为民的制度优势和化解行政争议的主渠道作用，有利于保护人民群众合法权益、推进法治政府建设、促进社会公平正义。

第一章 行政复议概论

"概论"旨在总体、大略地把握某一事物的属性，即把握其内涵。所谓内涵，是指某一概念所反映的事物的内在属性的总和。由表及里，它一般包括概念、特征和本质三个层次，是认知不断深化的过程，共同构成了某一事物的本体论。行政复议概述，也旨在建构行政复议的本体。因此，要深入理解《行政复议法》的精神品格，精准把握该法的价值取向，有效适用该法的制度规范，有必要对行政复议概念、行政复议特征、行政复议性质予以总体性介绍，以凸显行政复议制度的内在性逻辑，描绘行政复议制度的全貌性图景。

一、行政复议的概念

"复议"一词，原意指"对已做决定的事再做一次讨论"，"法律上指做出裁决的机关或其上级机关根据有关机关或人员的申请，重新审查已做出的裁决"。[①] 可见，法律上的"复议"与其原意有一定差异。原意的"复议"主体意味着程序主体的同一性，而法律上的"复议"主体并不必然是同一的程序主体；原意的"复议"方式为"讨论"，而法律上的"复议"方式并非"讨论"，实为

[①] 参见中国社会科学院语言研究所词典编辑室编：《现代汉语词典（第7版）》，商务印书馆2016年版，第411页。

"审查"；原意的"复议"是原本程序的延续，法律上的"复议"是全新程序的启动。

作为法律规范用语的"行政复议"，其基本含义的生成，则是理论界与实务界携手并进、知行互鉴、良性互动，历史形成的阶段性共识。理论界普遍认为，"行政复议"肇始于新中国成立之初。1950年，政务院批准财政部公布的《中央人民政府财政部设置财政检查机构办法》第6条规定："被检查的部门对监察机构之措施认为不当时，得具备理由，向其上级检查机构申请复核处理。"此处"申请复核处理"，实质上已具有行政复议的性质，被认为是行政复议制度的雏形。① 同年，政务院公布的《税务复议委员会组织通则》旨在于政府系统内部建立一套专门解决行政争议的法律救济机制。它不仅创设了"复议"这一法律概念，而且还对行政复议的宗旨、解决争议的性质、行政复议的体制、行政复议机构的组成及运作要求等作出了既简要又明晰的规定，其中的很多制度理念至今仍未过时。② 由此往后，行政复议制度进入发展缓慢阶段。直到改革开放之后，行政复议概念才得到有关立法广泛确认。"据统计，1979年到1990年国务院制定《行政复议条例》前的十余年间，共有100多部法律、行政法规规定了行政复议。"③ 1990年，随着《行政复议条例》正式颁布，"行政复议"从学术研究到制度层面得以全面确立。④ 国务院法制局关于《行政复议条例（草案）》的

---

① 许安标：《行政复议法实施二十周年回顾与展望》，载《中国法律评论》2019年第5期。
② 参见郜风涛主编：《行政复议法教程》，中国法制出版社2011年版，第1-2页。
③ 郜风涛主编：《行政复议法教程》，中国法制出版社2011年版，第3页。
④ 参见应松年主编：《行政法学与行政诉讼法学》，法律出版社2005年版，第416页。

说明中明确界定:"行政复议(也称诉愿)是指公民、法人或其他组织(相对人),不服行政机关的具体行政行为提出申诉,上一级行政机关或者法律、法规规定的其他机关,根据相对人的申请,依法对原具体行政行为进行复查并作出决定的一种具体行政行为。"①此时,行政复议被视为一种具体行政行为,更多凸显其作为层级监督的行政特性,其权利救济的司法特性并未得到重视。

20世纪80年代中期以后,行政复议才作为与行政诉讼相关联的制度被纳入行政法学界的研究范围。这一时期,最主流的研究路径是在"行政司法"的概念之下研究行政复议。代表性的著作是罗豪才教授主编的《行政法学》一书。该书采取了行政立法、行政执法、行政司法和行政诉讼相并列的结构体例,其中"行政司法"一章专门讨论了行政复议,并对行政复议进行了学术界定。即,"所谓行政复议是指个人、组织不服行政机关作出的影响其本身权益的决定,依法在规定的时限内向作出决定的行政机关的上级行政机关或法律规定的其他行政机关申请审查。作出决定的上级行政机关或法律规定的其他行政机关接受个人、组织的申请,对被指控的行政决定加以审查并作出裁决的活动"。② 该界定已然淡化了行政复议的行政特性,从程序的描述对其司法特性予以展示,从活动的角度对其制度内涵予以概括。1999年4月《行政复议法》颁布后,行政法学界开始更多关注该法中的救济性规范和准司法性程序,对行政复议的认识也更加深化,行政复议司法化成为行政法学研究的一

---

① 转引自郜风涛主编:《行政复议法教程》,中国法制出版社2011年版,第6-7页。

② 罗豪才主编:《行政法学》,中国政法大学出版社1989年版,第191页。

个热点问题。①

此后,行政法学界对行政复议概念逐渐形成三种基本的界定路径,可大体归纳为"活动说""机制说"和"制度说"。一是"活动说"。该说认为行政复议是国家行政机关的一种活动。比如,罗豪才教授于1996年主编出版的《行政法学》沿袭了之前的界定路径,但表述更加凝练简洁。该书指出,"行政复议,它是指国家行政机关在行使其行政管理职权时,与作为被管理对象的相对方发生争议,根据行政相对人的申请,由上一级国家行政机关或法律、法规规定的其他机关依法对引起争议的具体行政行为进行复查并作出决定的一种活动"。②2006年,他主编出版的《行政法学(第二版)》重申了这一界定,并指出行政复议具有行政性、职权性、监督性、程序性和救济性五个方面的特点。③同样,应松年教授也将"活动"这一界定路径贯彻始终,他于1993年主编出版的《行政行为法:中国行政法制建设的理论与实践》将行政复议视为行政司法的一个分支研究,认为"行政复议是指特定行政机关根据关系人的申请,适用准司法程序依法对引起争议的行政行为进行审查并作出裁决的活动"④;2005年,他主编出版的《当代中国行政法(下卷)》中也提出,"行政复议是指行政复议机关根据申请人的申请,依照法定程序对引起争议的被申请人的具体行政行为的合法性

---

① 参见周汉华主编:《行政复议司法化:理论、实践与改革》,北京大学出版社2005年版。
② 罗豪才主编:《行政法学》,北京大学出版社1996年版,第354页。
③ 罗豪才、湛中乐主编:《行政法学(第二版)》,北京大学出版社2006年版,第453-455页。
④ 应松年主编:《行政行为法:中国行政法制建设的理论与实践》,人民出版社1993年版,第684页。

和适当性依法进行审查,并作出行政复议决定的活动"。① 二是"机制说"。该说实际上是"活动说"的升级版,认为行政复议活动是服务于特定功能,具有内在要求、运行机理和价值导向的法律机制。比如,姜明安教授于2019年主编出版的《行政法与行政诉讼法(第七版)》主张,行政复议是"具有司法性因素的特殊行政行为""行政机关内部监督和纠错机制"和"国家行政救济机制"。② 三是"制度说"。该说认为,行政复议是对行政复议活动进行调整的一种规范体系。比如,姜明安教授于2005年主编出版的《行政法与行政诉讼法(第二版)》认为,"行政复议,是指行政相对人认为行政主体的具体行政行为侵犯其合法权益,依法向行政复议机关提出复查该具体行政行为的申请,行政复议机关依照法定程序对被申请的具体行政行为合法性、适当性审查,并作出行政复议决定的一种法律制度"。③ 胡建淼教授也认为,"所谓行政复议,系指行政相对人(公民、法人或者其他组织)不服行政主体的行政行为,依法向行政复议机关提出申请,请求重新审查并纠正原行政行为,行政复议机关据此对原行为是否合法、适当进行审查并作出决定的法律制度"。④ 他指出,行政复议具有六个方面的特征:(1)行政复议以行政争议和部分民事争议为处理对象;(2)行政复议以行政行为为审查对象;(3)行政复议以合法性和合理性

---

① 应松年主编:《当代中国行政法(下卷)》,中国方正出版社2005年版,第1677页。

② 姜明安主编:《行政法与行政诉讼法(第七版)》,北京大学出版社2019年版,第365—366页。

③ 姜明安主编:《行政法与行政诉讼法(第二版)》,北京大学出版社、高等教育出版社2005年版,第412页。

④ 胡建淼:《行政法学(第五版)》,法律出版社2023年版,第1062页。

（适当性）为审查标准；（4）行政复议以书面审理为主要方式；（5）行政复议由行政相对人主动申请；（6）行政复议以行政机关为处理机关。①

我们认为，这三种界定路径中，"机制说"最为周延可取。"活动说"更多地予以直观描述，但未能表达行政复议的内在机理和价值追求。而且，该说一般采取行政机关的视角，将行政复议描述为行政复议机关这一公权力主体应行政相对人申请而"自上而下"行使审查权力的活动，可能遮掩了行政相对方等"自下而上"行使救济权利的活动，还可能忽略了第三人、代理人等其他复议参加人的参与活动，没有展现出"活动"主体的多元性。"制度说"更多地抓住了行政复议的核心要素——复议依据，但在一定意义上也混同了应然的"规范"和实然的"行为"。从直观感受来说，行政复议实际上是多种行为的"集合体"，包括行政相对人的申请行为和提供证据行为、复议代理人的代理行为、法律援助机构的援助行为、行政复议机关的调查行为、行政复议机关的审理行为和行政复议机关的裁决行为。在实践中，这些行为可能符合《行政复议法》的相关规范，也可能违反了相关规范。也就是说，实然中的"行为"可能达到了应然中的"规范"要求，更多情形往往是达不到的。但这些实然的"行为"仍然是行政复议活动。道理很简单，哪怕是不完全符合设计图的车，只要它能开，它还是一辆车。"机制说"则克服了二者之短，兼具二者之长。根据系统论的观点，"所谓机制，是指系统内各子系统、各要素之间相互作用、相互联

---

① 参见胡建淼：《行政法学（第五版）》，法律出版社2023年版，第1062-1063页。

系、相互制约的形式和运动原理以及内在的、本质的工作方式。"①一方面，把行政复议理解为一种机制，就是从系统论的视角出发，观察行政复议系统内各方主体、各种要素之间相互作用、相互联系、相互制约的形式和原理以及内在的、本质的工作方式。相较于"活动说"，它凸显了行政复议的多方主体、内在机理和精神品格。另一方面，将行政复议理解为一种"机制"，与将它理解为一种"制度"两者之间并不冲突。行政复议具备"制度"和"机制"两种属性，其中"制度"是"机制"的核心内容，但"机制"可以包容"制度"，是其本质属性。因为《行政复议法》及其相关配套规范都是"正式性的外在制度"，必须通过其机制、融入其机制，且调整其机制才能实现其制度功能，实现从"应然"到"实然"的有效转化。

鉴于此，且仔细考量新修订《行政复议法》的有关规定[2]，我们认为，行政复议是公民、法人或者其他组织认为行政机关的行政行为侵犯其合法权益，向行政复议机关提出申请重新审查并纠正该行政行为，行政复议机关依照法律、法规和规章办理行政案件，对该行政行为是否合法、适当进行审查并作出决定的行政救济机制、行政内部监督和纠错机制、行政争议化解机制。

二、行政复议的特征

特征是一个事物区别于另一个事物的外在表现。行政复议的特

---

[1] 袁曙宏、宋功德：《统一公法学原论——公法学总论的一种模式（下卷）》，中国人民大学出版社2005年版，第439页。
[2] 参见《行政复议法》第1条、第2条、第4条、第37条。

征与行政复议的概念相关联,两者相互印证成为行政复议区别于行政监督、行政调解和行政诉讼的判断标准。

行政复议兼具行政救济机制、行政监督机制和争议化解机制三种属性,其中行政救济是其价值追求,这也必然展现在其特征之中。学者研究表明,公法救济一般包含四个基本特征:(1)公法救济的主体是公权力主体,它是救济程序的引导者或主导者;(2)公法救济的前提是存在一个具体的公法争议,解决争议的实体法依据为公法;(3)公法救济的对象是公权力,公法争议的内容实际上体现为以权力/权利为内容的公法关系;(4)公法救济一般是事后的救济。[1] 遵循公法救济基本特征的体系,结合行政监督和争议化解的一些特性,我们认为行政复议具有如下五个基本特征:

第一,行政复议的办理机关是行政机关。救济主体的不同,是行政复议与司法救济和立法救济的重要区别所在。行政复议的救济主体是行政机关,而行政诉讼的救济主体是人民法院,合宪性审查的救济主体则可能是司法机关,也可能是其他类型的公权力主体。新修订的《行政复议法》第2条第1款规定:"……行政复议机关办理行政复议案件,适用本法。"该法第4条进一步明确规定:"县级以上各级人民政府以及其他依照本法履行行政复议职责的行政机关是行政复议机关。行政复议机关办理行政复议事项的机构是行政复议机构……"

第二,行政复议的前提条件是存在具体行政争议,其法律依据为法律、法规和规章中的行政法规范。前提条件的不同,是行政复

---

[1] 参见韩春晖:《现代公法救济机制的整合——以统一公法学为研究进路》,北京大学出版社2009年版,第26-27页。

议与民事诉讼、行政裁决的区别所在；法律依据的不同，是行政复议与行政诉讼的区别所在。行政复议是一种公法救济，其前提是公民、法人或其他组织认为行政行为"侵犯其合法权益"或者对行政行为"不服"，是不平等主体之间的行政争议，对纠纷的解决以行政法律、法规和规章为实体法依据。而民事诉讼是一种私法救济，其产生以平等主体之间的私法争议为前提，对纠纷的解决以民事法律为实体法依据。行政裁决虽然其救济主体是行政机关，但其争议是平等主体之间的民事争议，行政机关适用的实体法依据也属于民事法律。[①] 当然，"需要说明的是，并非全部的行政争议都可以通过行政复议来解决。不同国家和地区的行政复议范围都取决于自身法律规范的具体规定"。[②] 我国新修订的《行政复议法》第 2 条、第 11 条、第 20 条规定了行政复议的前提条件。

尽管行政复议与行政诉讼的前提条件相同，是源于一个具体的行政争议，但其适用的法律依据并不完全一致。新修订的《行政复议法》第 37 条规定了行政复议的法律依据。该法第 37 条规定："行政复议机关依照法律、法规、规章审理行政复议案件。行政复议机关审理民族自治地方的行政复议案件，同时依照该民族自治地方的自治条例和单行条例。"需要指出的是，即便是依照"自治条例"和"单行条例"，也基本上是适用其中的行政法规范和条文。

[①] 关于行政裁决的界定有广义和狭义之分。广义的行政裁决是指行政机关解决民事、行政争议的活动，它与行政立法、行政执法一起构成行政行为这一整体。狭义的行政裁决仅指行政机关解决民事纠纷的活动。狭义说是我国法学界的主流观点。我们在此也采用狭义说的观点，认为行政机关解决民事争议的行政裁决还是属于公法救济。参见张树义主编：《纠纷的行政解决机制研究——以行政裁决为中心》，中国政法大学出版社 2006 年版，第 29 页。

[②] 郜风涛主编：《行政复议法教程》，中国法制出版社 2011 年版，第 10 页。

因为不论行政复议机构审查行政行为的合法性还是适当性,其合法与合理的判断标准都是行政法规范。比如,审查行政行为是否"违反法定程序",其依据是行政程序法规范;审查行政行为是否"适用的依据不合法",其依据是行政行为法规范;审查行政行为是否"超越职权或者滥用职权",其依据是行政组织法规范。[1] 与之相区别,行政诉讼的法律依据不包括"规章"。人民法院审理行政案件,只能"参照"规章,并不能直接适用。[2]

第三,行政复议的启动要件是行政相对人主动提出申请。这一点展现了行政复议的救济性特征,具有类似"不告不理"的司法意蕴。因为,"从其本源的意义而言,救济是补救的意思,一般是指事后的救济"。[3] 这一特征包含两层含义:其一,行政复议是行政复议机关依相对人的申请启动的职权活动,未经相对人申请,它不得主动作为。新修订的《行政复议法》第20条规定:"公民、法人或者其他组织认为行政行为侵犯其合法权益的,可以自知道或者应当知道该行政行为之日起六十日内提出行政复议申请……"这一点使得行政复议与其他一般性的行政层级监督相区别。其二,行政复议当事人之间角色定位与法律关系固定,行政复议申请人与被申请人不能相互转换。[4] 行政复议的申请人只能是作为行政相对人的"公民、法人或者其他组织",行政复议的被申请人只能是"作出行政行为的行

---

[1] 关于行政复议机关对行政行为的审查内容,可参见《行政复议法》第64条、第68条。

[2] 参见《行政诉讼法》第63条。

[3] 参见韩春晖:《现代公法救济机制的整合——以统一公法学为研究进路》,北京大学出版社2009年版,第27页。

[4] 参见胡建淼:《行政法学(第五版)》,法律出版社2023年版,第1063页。

政机关或者法律、法规、规章授权的组织"①，不能像民事诉讼的当事人一样通过反诉实现被告与原告之间法律关系的转换。

第四，行政复议的救济对象是公民的主观公权利，其监督对象是被申请人及其他下级行政机关行政权的行使。救济是一种派生的权利，而监督也是一种派生的权力，两种属性所指向的对象存在不同。而行政复议兼具这两种属性，这是行政复议与申诉、复核、控告、检举的区别所在。申诉和复核具有较强救济属性，但其监督功能比较微弱；控告、检举具有较强监督属性，但其救济功能比较微弱。新修订的《行政复议法》第2条、第20条都规定，公民、法人或者其他组织"认为"行政行为侵犯其合法权益。特别需要注意的是，行政复议的监督对象以被申请人为主，但不限于被申请人，还包括其他下级行政机关。新修订的《行政复议法》第76条规定："行政复议机关在办理行政复议案件过程中，发现被申请人或者其他下级行政机关的有关行政行为违法或者不当的，可以向其制发行政复议意见书。有关机关应当自收到行政复议意见书之日起六十日内，将纠正相关违法或者不当行政行为的情况报送行政复议机关。"行政复议机关向"被申请人"制发行政复议意见书，兼具了救济和监督两种属性，而向"其他下级行政机关"制发行政复议意见书，则具有监督属性。在同一个行政复议案件中兼具两种属性，正是行政复议的一个重要特征。与之相区别，行政诉讼的监督对象一般仅限于作为被告的行政机关，而不能扩展到其他行政机关。

第五，行政复议的审查对象是行政行为的合法性和适当性。审查对象和审查密度的差异，是行政复议与行政诉讼的一个重要区

---

① 参见《行政复议法》第14条、第19条。

别。其一，行政复议的审查对象是行政行为，包括具体行政行为和规章以下的抽象行政行为。新修订的《行政复议法》第13条规定："公民、法人或者其他组织认为行政机关的行政行为所依据的下列规范性文件不合法，在对行政行为申请行政复议时，可以一并向行政复议机关提出对该规范性文件的附带审查申请……"而行政诉讼的审查对象仅限于具体行政行为，不包括抽象行政行为。因为，尽管《行政诉讼法》第2条、第53条采用了"行政行为"概念，但该法第13条对抽象行政行为予以明确排除。该条明确规定，人民法院对公民、法人或者其他组织对行政法规、规章或者行政机关制定、发布的具有普遍约束力的决定、命令的事项提起的诉讼不予受理。其二，行政复议的审查密度包括合法性和适当性。新修订的《行政复议法》第44条、第46条规定了被申请人对其作出的行政行为的合法性和适当性负有举证责任。第63条、第68条则直接规定了行政复议机关以被申请人作出的行政行为是否"内容适当"作为审查内容。而行政诉讼的审查密度仅限于行政行为的合法性，而不包括适当性。《行政诉讼法》第6条明确规定："人民法院审理行政案件，对行政行为是否合法进行审查。"

表1-1 行政复议的基本特征

机制要素	行政复议的基本特征	区别对象
机制主体	行政机关（行政复议机关、行政复议机构）	司法救济、立法救济
前提条件	具体行政争议	民事诉讼、行政裁决
法律依据	法律、法规和规章中的行政法规范	行政诉讼
启动要件	行政相对人主动提出申请	一般行政层级监督
救济对象	行政相对人的主观公权利	民事诉讼、控告、检举

续表

机制要素	行政复议的基本特征	区别对象
监督对象	被申请人及其他下级行政机关	行政诉讼
审查对象	行政行为的合法性和适当性	行政诉讼

三、行政复议的性质

性质是事物固有的根本属性。在行政法学界，关于行政复议性质的研究主要有两种思路：一种思路是从制度功能出发，形成三种观点：（1）行政复议是行政活动的一种；（2）行政复议是一种救济制度，即行政救济；（3）行政复议本质上属于准司法行为，它属于行政监督。[1] 另一种思路则从基本特征出发，形成了另外三种观点：（1）行政说，认为行政复议是一种具体行政行为；（2）司法说，认为行政复议就其内容而言是司法互动；（3）行政司法说，认为行政复议兼有行政和司法的双重色彩。[2]

我们认为，从制度功能角度的探讨并不能揭示行政复议的根本属性。所谓"功能"，是指物质系统所具有的作用、能力和功效等。[3] 在自然辩证法中，功能与结构组成相互作用的一对范畴。物质系统的稳定结构决定并制约着物质系统功能的性质、水平、范围和大小。某一事物的概念、特征、性质都植根于事物的结构之中，由表及里构成了某一事物的内涵。也就是说，结构属于事物本体的

---

[1] 参见应松年、刘莘主编：《中华人民共和国行政复议法讲话》，中国方正出版社1999年版，第4页。

[2] 参见应松年主编：《当代中国行政法（下卷）》，中国方正出版社2005年版，第1677-1678页。

[3] 《辞海（缩印本）》，上海辞书出版社1990年版，第1317页。

范畴，而功能则属于事物外延的范畴。理所当然，行政复议的性质只能从其结构中的基本特征去观察提炼。所以，我们更加认同从行政复议的基本特征出发的研究思路。从这一思路出发，行政法学界大体形成了"行政说""司法说"和"行政司法说"三种观点，逐一阐述如下：

1. 行政说。该观点认为，行政复议是行政机关的行为，行政复议决定仍然属于行政决定，因此，行政复议权本质上还是一种行政权。[1]"其基本依据是行政复议表现为国家行政机关按照行政职权或者行政上下等级的监督关系，直接地、单方面地行使权力的行为。"[2]例如，罗豪才、湛中乐教授于2006年主编出版的《行政法学（第二版）》中指出："行政复议是监督行政的一种重要形式，是上级国家机关对下级国家行政机关的行政活动进行层级监督的一种制度化、规范化的行政行为，也是国家行政机关系统内部为依法行政而进行自我约束的重要机制。"[3]杨海坤教授也认为，"行政复议既然被定位为行政机关在行政系统内裁决纠纷的活动，根本上属于行政行为范畴"。[4]

2. 司法说。该观点认为，行政复议不同于一般执法程序，其本质上是一种居中裁判的司法程序。"行政复议权从实质内容角度

---

[1] 参见韦宗、阿江：《行政诉讼立法要论》，载《中国法学》1988年第6期。
[2] 姜明安主编：《行政法与行政诉讼法（第二版）》，北京大学出版社、高等教育出版社2005年版，第413页。
[3] 罗豪才、湛中乐主编：《行政法学（第二版）》，北京大学出版社2006年版，第453页。
[4] 杨海坤、朱恒顺：《行政复议的理念调整与制度完善——事关我国〈行政复议法〉及相关法律的重要修改》，载《法学评论》2014年第4期。

讲是司法裁决权。"① "这种观点的基本出发点是建立在行政复议和行政诉讼应当构成对最为相对人的公民、法人或者其他组织合法权益提供救济和保障的认知的基础上。"② 比如，章剑生教授认为，行政复议与行政诉讼、行政赔偿合称为行政救济，是行政相对人通过公法保护自身合法权益的基本法律制度。③ 因而，"行政复议程序的设计也要体现行政复议居中裁决行政争议的要求，保障双方当事人在行政复议中的平等地位，为他们对等配置程序权利"。④

3. 行政司法说。该观点认为，作为行政机关通过行政监督权化解行政争议的行政活动，行政复议本质上构成一种行政司法行为，兼具"行政"和"司法"的双重属性。⑤ "此种观点又有'偏行政'和'偏司法'两说，其中'偏行政'说，称行政复议为有一定司法性的行政活动；'偏司法'说，则称行政复议为'准司法'活动。"⑥ 比如，姜明安教授认为，行政复议的性质可以从三方面来认识：（1）行政复议是具有一定司法性的行政行为；（2）行政复议是行政机关内部监督和纠错机制的环节；（3）行政复议是国家行政救济机制的重要环节。⑦ 胡建淼教授认为，行政复议的性质有四个：

---

① 贺奇兵：《论行政复议机构设置的模式选择——以行政复议有限司法化为逻辑起点》，载《政治与法律》2013年第9期。
② 姜明安主编：《行政法与行政诉讼法（第二版）》，北京大学出版社、高等教育出版社2005年版，第413页。
③ 参见章剑生：《论作为权利救济制度的行政复议》，载《法学》2021年第5期。
④ 郜风涛主编：《行政复议法教程》，中国法制出版社2011年版，第12页。
⑤ 参见曹鎏：《化解行政争议主渠道的行政复议：功能反思及路径优化》，载《中国法学》2020年第2期。
⑥ 姜明安主编：《行政法与行政诉讼法（第二版）》，北京大学出版社、高等教育出版社2005年版，第413页。
⑦ 参见姜明安主编：《行政法与行政诉讼法（第二版）》，北京大学出版社、高等教育出版社2005年版，第413页。

（1）行政复议是一种行政监督行为；（2）行政复议是一种行政司法行为；（3）行政复议是一种行政行为；（4）行政复议是一种行政补救行为。[1]"行政补救行为系指，当行政主体作出第一个（次）行政行为并发生效力后，有关行政主体为补救前一个行为，而作出的替代性的第二个（次）及以上的行政行为。"[2] 周佑勇教授也认为，"行政复议在本质上具有'准司法'性质，兼具'化解争议''权利救济'和'监督行政'功能。这三者之间在逻辑上，既相互独立，又相互依托和支撑。"[3] 这些阐述实际上都试图兼顾并凸显行政复议的"行政"和"司法"双重属性。相较而言，刘飞教授的表达更为直接，他认为，"从性质上而言，行政复议具有行政与准司法的双重属性"。[4]

立足当下，我们基本赞同"行政司法说"。简而言之，行政复议的性质就是一种行政司法机制。行政复议具有特殊的二元属性，这已经成为行政法学界的普遍共识。因为，"一方面，行政复议的实施主体仍是行政机关，外在形式上表现为行政机关行使职权，发生法律效力的复议文书上的落款也是行政机关，其不可避免具有行政性。另一方面，行政复议无论在法定职责上，还是制度功能上，抑或活动内容方面，都与一般行政执法行为截然不同，却与裁判纠纷的行政诉讼高度相似，司法性的特征极为明显"。[5]

然而，问题的关键是，在行政复议机制中，行政与司法的二元

---

[1] 参见胡建淼：《行政法学（第五版）》，法律出版社2023年版，第1063页。
[2] 胡建淼：《行政法学（第五版）》，法律出版社2023年版，第1063页。
[3] 周佑勇：《行政复议的主渠道作用及其制度选择》，载《法学》2021年第6期。
[4] 刘飞：《德国公法权利救济制度》，北京大学出版社2009年版，第22页。
[5] 陈碧文：《新时代行政复议的制度定位》，载《中国司法》2022年第1期。

属性各自到底应占据多大比例或权重？这绝非一个固定值，而是一个与时代法治需求同频共振的变量。"从我国行政复议制度发展的历程来看，在法治建设发展的不同阶段，行政复议性质功能定位随之嬗变。虽然学界对此的争论从未停止过，与其说法释义学的探讨重在追求逻辑的自洽性，不如说演进历程本质上构成法治发展不同阶段行政复议所承载使命的与时俱进回应。"① 这种"与时俱进回应"的精准性，就是"度"。一切"进退有度"的制度变迁，无不因其"审时度势"。新修订的《行政复议法》亦是如此。

---

① 曹鎏：《行政复议制度革新的价值立场与核心问题》，载《当代法学》2022年第2期。

第二章　行政复议法的目的与依据

"目的"就是预期的"功能",是某一事物或机制的外在效能。从社会学角度来看,法治就是社会关系的"调节器"。任何一种治理机制都必然试图调整或变革已然存在的某种内在结构,并且努力构建治理者所追求的某种社会效果。

"立法目的,是立法者通过制定法律文本,意图有效地调控社会关系的内在动机,它既是法律创制也是法律实施的内在动因。"[1]立法目的条款的主要功能是成为立法活动的方向选择、立法论证的有效途径、法律解释的重要标准、公民守法的规范指南。据此,新修订的《行政复议法》第1条也开宗明义地表达了它所追求的社会效果及其合法性源头,也就是其立法目的和立法依据。

关于立法目的与立法依据的关系,学界有两种观点:一种认为,立法依据是独立于立法目的的另一种法律现象。[2]另一种认为,立法依据本身就是一种特殊的立法目的。因为,如果某部法律是为贯彻执行上位法而制定的,那么立法依据即属于立法目的的组成部分。[3]我们以为,尽管立法目的与立法依据往往规定于同一条文中,

---

[1] 刘风景:《立法目的条款之法理基础及表述技术》,载《法商研究》2013年第3期。
[2] 参见孙琬钟主编:《立法学教程》,中国法制出版社1990年版,第191页。
[3] 参见刘风景:《立法目的条款之法理基础及表述技术》,载《法商研究》2013年第3期。

但前者旨在表达核心价值追求，后者旨在形成层级法律秩序，两者存在本质不同，故而更加认同第一种观点，将二者区分阐述。

一、行政复议法的目的

立法是国家治理的刚性制度供给，必然包含着明确的功能定位。"功能定位体现着制度设计的利益保护倾向与价值排序，关乎一部法律的价值宗旨与总体机能，是立法的核心和灵魂。"[①] 这种功能定位一般通过一部法律的立法目的条款明确表达出来，《行政复议法》也是如此。比如，日本《行政不服审查法》第1条规定："本法律的目的在于，关于行政厅的违法或不当的处分及其他属于行使公权力的行为，通过对国民开设对行政厅的不服申诉的途径，通过简易而迅速的程序，以谋求对国民的权利利益救济，同时，确保行政的公正运行。"可见，"该法主要着眼于国民的权利、利益的救济，而确保行政的公正运行却被当作第二位的目的。这是《行政不服审查法》的特征所在"。[②]

我国新修订的《行政复议法》第1条明确规定了该法立法目的。该法第1条规定："为了防止和纠正违法的或者不当的行政行为，保护公民、法人和其他组织的合法权益，监督和保障行政机关依法行使职权，发挥行政复议化解行政争议的主渠道作用，推进法治政府建设，根据宪法，制定本法。"与2017年修正的《行政复议法》第1

[①] 徐运凯：《论新时代行政复议的功能定位及其评价体系》，载《行政法学研究》2019年第6期。

[②] 杨建顺：《日本行政法通论》，中国法制出版社1998年版，第664页。

条①相比，调整变化之处有三：（1）将"具体行政行为"修订为"行政行为"；（2）将"保障和监督行政机关依法行使职权"修订为"监督和保障行政机关依法行使职权"；（3）增加了"发挥行政复议化解行政争议的主渠道作用"的功能定位。这表明，我国行政复议制度的功能定位从"二元目的"转向多层次的"三元目的"。

（一）行政复议立法目的的演进

从1990年的《行政复议条例》到1999年的《行政复议法》，再到2007年的《行政复议法实施条例》，我国行政复议制度的立法目的条款亦随之发生了两次较大的变化和调整。简单来说，经历了从"单一目的"到"多元目的"，再到"多层次目的"的演变过程。②1990年《行政复议条例》第1条规定："为了维护和监督行政机关依法行使职权，防止和纠正违法或者不当的具体行政行为，保护公民、法人和其他组织的合法权益，根据宪法和有关法律，制定本条例。"其与1989年《行政诉讼法》第1条规定③的制度功能基本一致，都是"保护公民、法人和其他组织的合法权益"和"维护和监督行政机关依法行使行政职权"，只不过两种制度功能排序不一样。行政诉讼将"权益保护"置于"监督行政"之前，而行

---

① 《行政复议法》（2017年修正）第1条规定："为了防止和纠正违法的或者不当的具体行政行为，保护公民、法人和其他组织的合法权益，保障和监督行政机关依法行使职权，根据宪法，制定本法。"

② 参见周佑勇：《行政复议的主渠道作用及其制度选择》，载《法学》2021年第6期。

③ 1989年《行政诉讼法》第1条规定："为保证人民法院正确、及时审理行政案件，保护公民、法人和其他组织的合法权益，维护和监督行政机关依法行使行政职权，根据宪法制定本法。"

政复议则相反。这一表述说明,该条例将行政复议的制度定位主要为行政的、内部的、层级的监督形式,这一定位在其程序规范上也有鲜明体现。

1999年的《行政复议法》第1条规定:"为了防止和纠正违法的或者不当的具体行政行为,保护公民、法人和其他组织的合法权益,保障和监督行政机关依法行使职权,根据宪法,制定本法。"该条对立法目的作了次序上的调整,将"监督行政"放在最后一位,提升了"权益保护"的次序。[①] 但是,这种语词次序的调整并不意味着立法目的的实质性调整。时任国务院法制办公室主任杨景宇在《关于〈中华人民共和国行政复议法(草案)〉的说明》中指出,"行政复议是行政机关内部自我纠正错误的一种监督制度。完善行政复议制度,充分发挥行政复议制度的作用,对于加强行政机关内部监督,促进行政机关合法、正确地行使职权,维护社会经济秩序,维护公民、法人和其他组织的合法权益,维护社会稳定,具有重要意义"。[②] 由此可见,《行政复议法》的立法目的还是延续了《行政复议条例》的制度定位。

2007年的《行政复议法实施条例》在立法目的的调整上则更具颠覆性。该条例第1条规定:"为了进一步发挥行政复议制度在解决行政争议、建设法治政府、构建社会主义和谐社会中的作用,根据《中华人民共和国行政复议法》(以下简称行政复议法),制

[①] 马超:《行政复议的政治功能阐释——基于立法史的考察》,载《交大法学》2013年第4期。

[②] 杨景宇:《关于〈中华人民共和国行政复议法(草案)〉的说明》,载中国人大网,http://www.npc.gov.cn/zgrdw/npc/zfjc/xzfyfzfjc/2013-10/11/content_1809238.htm,最后访问日期:2024年4月11日。

定本条例。"其中,"解决行政争议"被首次纳入了立法目的之中,并被置于首位。这在很大程度上重塑了《行政复议条例》和《行政复议法》对行政复议立法目的的设定。① 这一调整本身也是贯彻中央有关法治部署的重要举措。

(二) 行政复议的三元目的

遵循的标准不同,立法目的可以有多种分类。比如,以目的所居层次之不同为标准,可以分为直接目的和间接目的;以目的实现方式之不同为标准,可以分为积极目的与消极目的。所谓积极目的,意在"趋善";所谓消极目的,旨在"避恶"。② 《行政复议法》第1条中的"为了防止和纠正违法的或者不当的行政行为"属于消极目的,其后的"保护公民、法人和其他组织的合法权益,监督和保障行政机关依法行使职权,发挥行政复议化解行政争议的主渠道作用"则属于积极目的。

行政法学界现有研究基本聚焦于其积极目的,将该法条规定的立法目的依次阐释为"权益保护""监督行政"和"化解纠纷"三元目的。但关于上述三种功能如何排序,学界素有争议。主要有"并重说""主导说"和"阶梯说"三种学说,本质上体现为每一种功能在整个功能体系中的地位及作用认识上的分歧。③ 在此次修订之前,"主导说"成为理论界共识,但对于三元目的中何谓主导

---

① 参见周佑勇:《我国行政复议立法目的条款之检视与重塑》,载《行政法学研究》2019年第6期。
② 参见刘风景:《立法目的条款之法理基础及表述技术》,载《法商研究》2013年第3期。
③ 曹鎏:《行政复议制度革新的价值立场与核心问题》,载《当代法学》2022年第2期。

目的,主导目的是否随时代发展变化仍存分歧。①

最终,新修订的《行政复议法》第1条更多地从立法技术出发,采取了有些学者提出的"按照从直接到间接、由具体到抽象、由微观到宏观的顺序排列"。因为,"'维护权益'属于行政复议立法的直接目的,'监督行政'属于其间接目的,二者也属于具体的立法目的,而'解决行政争议'本身便是行政复议制度所具有的特性,可以将其归为抽象的立法目的"。② 其实,单从"解决行政争议"这几个字来看,并不能得出它是抽象目的的结论。因为,每一个行政复议案件都是在解决具体的行政争议。但是,新修订的《行政复议法》第1条采取的是"发挥行政复议化解行政争议的主渠道作用"的表述,这是将行政复议置于整个纠纷化解制度体系(包括行政裁决、行政调解、行政诉讼、国家赔偿等)中去评判考量,是从国家治理层面来进行制度定位,必定是抽象目的。下面,我们依次简述新修订的《行政复议法》所规定的三元目的。

(1)权益保护功能。权益保护功能,是指行政复议机制对公民个人的被侵犯的权利或受损害的利益的弥补或恢复的功能。权利保护功能是所有救济机制的根本的价值追求,是公民个人基本需要的满足。新修订的《行政复议法》进一步扩大了公民权利的保护范围,加大了公民权利的保护力度。它扩大了行政复议的范围和附带审查的规范性文件的范围,规定了行政复议申请人的法律援助制度、行政复议听证制度、复议决定公开制度等,对公民申请复议的

---

① 参见徐运凯:《论新时代行政复议的功能定位及其评价体系》,载《行政法学研究》2019年第6期。

② 参见周佑勇:《我国行政复议立法目的条款之检视与重塑》,载《行政法学研究》2019年第6期。

权利从实体到程序予以全方面保护。[①]

（2）监督行政功能。监督行政功能，是指行政复议机制通过基本法律理念和正当程序对行政机关行使权力的行为进行制约，防止行政权力滥用的功能。监督行政是依法行政原则对行政机关的基本要求。新修订的《行政复议法》通过强化行政复议决定的执行监督力度进一步凸显了其监督行政的制度功能。比如，该法第77条规定被申请人不履行或者无正当理由拖延履行行政复议决定书、调解书、意见书的，行政复议机关或者有关上级行政机关应当责令其限期履行，并可以约谈被申请人的有关负责人或者予以通报批评。第78条规定申请人、第三人逾期不起诉又不履行行政复议决定书、调解书的，或者不履行最终裁决的行政复议决定的，根据不同的决定类型，分别由有关机关强制执行。第83条针对被申请人不履行或者无正当理由拖延履行行政复议决定书、调解书、意见书的行为，规定相应法律责任。

（3）化解纠纷功能。化解纠纷功能，是指纠纷得到最终解决，其争议的问题得到了确定，并且不会因同一事实和理由重新引发法律上的争议并重新寻求法律的救济机制。化解纠纷是争议双方当事人的共同要求。本质上来说，"行政复议与行政诉讼都是解决行政争议的制度"[②]。但是，新修订的《行政复议法》将其明确规定于立法目的条款之中，其中有着很强的政策性考量，是一种政治决断的立法体现。

当然，这种政治决断以广泛而普遍的法治经验为支撑。"据了

---

① 参见《行政复议法》第11条、第13条、第18条、第50条、第51条、第79条。
② 应松年：《行政救济制度之完善》，载《行政法学研究》2012年第2期。

解,目前世界上许多国家解决行政争议不是主要靠行政诉讼,而是靠行政复议。行政复议案件数量和行政诉讼案件数量之比,有的国家是7∶1,有的国家是8∶1,甚至有的国家是24∶1,绝大部分行政争议是靠行政复议来解决的。"① 在法国,"每年只有6.6%的征税决定被起诉至法院,其他行政争议则通过行政复议得到化解"。② 在德国,"行政复议程序中,10件案件中有9件没有被提起后续的诉讼"。③ 在美国,"听证审查官、行政法法官几乎可以化解90%以上的行政纠纷"。④ 在英国,早期的"行政裁判所也以每年几十万件的数量裁决行政争议,比如2010年至2011年,全国行政裁判所受理案件达831000件"。⑤

与域外经验相比,我国行政复议化解纠纷的制度功能较弱。新修订的《行政复议法》围绕强化行政复议吸纳行政争议能力作了很多规定。比如,该法第11条扩大了行政复议范围,增加了以下情形:(1)对行政机关作出的赔偿决定或者不予赔偿决定不服;(2)对行政机关作出的不予受理工伤认定申请的决定或者工伤认定结论不服;(3)认为行政机关不依法订立、不依法履行、未按照约定履行或者违法变更、解除政府特许经营协议、土地房屋征收补偿协议等行政协议;(4)认为行政机关在政府信息公开工作中侵犯其合法权

---

① 朱宁宁:《扩大范围发挥行政复议化解行政争议主渠道作用》,载《法治日报》2023年7月4日。

② 曹鎏:《作为化解行政争议主渠道的行政复议:功能反思及路径优化》,载《中国法学》2020年第2期。

③ 刘飞:《德国公法权利救济制度》,北京大学出版社2009年版,第29页。

④ 梁凤云、朱晓宇:《关于行政复议法修改若干重大问题的思考》,载《浙江工商大学学报》2021年第6期。

⑤ 梁凤云、朱晓宇:《关于行政复议法修改若干重大问题的思考》,载《浙江工商大学学报》2021年第6期。

益。再如，第 5 条规定了行政复议机关办理行政复议案件，可以进行调解。另外，第 23 条完善了行政复议前置范围。该条将对当场作出的行政处罚决定不服、认为行政机关存在《行政复议法》第 11 条规定的未履行法定职责情形、申请政府信息公开但行政机关不予公开的情形纳入行政复议前置范围。

在法治实践中，要进一步发挥行政复议化解纠纷的主渠道作用，还存在一些制约性因素。一是行政复议专职人员少、业务能力弱。由于原政府部门的复议人员大都无法调入行政复议机构，因此各级行政复议机关和行政复议机构中行政复议专职人员都严重不足，难以承担现有的行政复议案件量。而且，原司法行政部门的行政复议人员缺乏部门行政工作经验，对于以前由部门垂直管辖的行政复议案件难以应对。二是行政复议工作的习惯性思维短期内难以更正。我国行政复议制度最初主要是作为行政诉讼的配套制度建立起来的。由于早期的《行政复议条例》对解决行政争议功能未作出明确规定，有的行政复议人员审理案件时对违法案件往往简单地一撤了之，百姓实体合法权益得不到及时救济，行政争议难以通过行政复议得到实质化解。[①] 在一段时间内，行政复议人员对新修订的《行政复议法》中的确认违法、确认无效、决定被申请人依法给予合理补偿等规定的适用条件和适用情境不熟悉、没把握，很可能按照之前的惯常思维来处理。三是运用调解、和解的规范性有待提高。之前，"因受到《实施条例》对行政复议调解范围的限制，在结案方式上往往相对单一，即对于不属于《实施条例》规定的调解

---

① 郭修江、林璐：《行政复议与应诉若干实践问题》，载《法律适用》2023 年第 5 期。

范围的案件，不论复议当事人达成何种协议，均以申请人撤回复议申请而'终止行政复议'的结案方式处理，不能够制作行政复议调解书以调解方式结案"。① 新修订的《行政复议法》第 73 条规定了行政复议调解书及其法律效力。司法部于 2024 年 4 月 3 日印发的《关于进一步加强行政复议调解工作推动行政争议实质性化解的指导意见》详细规定了行政复议调解工作的总体要求、工作机制和具体过程，特别是强调要加大行政复议调解书的履行力度，努力提升复议调解的规范性水平。但由于行政复议人员此类经验的缺乏，其规范性的提高仍需要一个过程。四是行政复议个案监督纠错力度较弱。行政复议机关较少运用制发意见书、约谈、通报等方式来增强办案效果，从源头上预防和减少行政争议的作用还不明显。这些问题的解决，需要各级行政复议机关和行政复议机构尽快壮大行政复议人员队伍，持续加强对行政复议人员的专业培训，大力提升行政复议人员的专业水平。

二、行政复议法的依据

新修订的《行政复议法》第 1 条规定："……根据宪法，制定本法。"这一表述指明了《行政复议法》的依据是《宪法》。《宪法》是国家的根本大法，具有最高的法律地位、法律权威和法律效力。"如果仅从国内法的角度考虑，法律规范之间形成的某种秩序，其等级秩序可以这样来表述：基础规范，也就是意识层面的宪法，在其之下，是处于实体法最高位阶的宪法，即实质意义的宪法；从

---

① 钱晓芳：《行政复议调解职能扩张的实践探析——以江苏省南京市溧水区为调研样本》，载《中国司法》2021 年第 1 期。

某种意义上来讲，宪法的根本功能，是对立法机关职权及其程序性的规定；此外，宪法以规定或禁止的方式，确立立法内容者也比比皆是。"①可见，依据凯尔森的"法律秩序及其等级结构"的相关论述，宪法是法律秩序得以形成的最高源头。因此，一切国家机关包括行政机关都必须以宪法为根本活动准则，并且负有维护宪法尊严、保障宪法实施的职责。理所当然，不论是行政复议机关还是作为行政复议被申请人的行政机关，都必须以《宪法》为最高法律依据。

从语义上理解，"根据"是指"把某种事物作为结论的前提"②。"根据宪法"指《宪法》中的规范与《行政复议法》的规范之间形成"前提—结论"的关联。从法学上理解，"我国立法表达宪法依据，并非基于法律渊源意义，而是基于立法技术，即通过'根据宪法'的表达，以表明本法与宪法之间的特别关系"③。直白地说，"根据宪法"是指本法为直接执行《宪法》规定而制定，是直接对《宪法》内容的细化，是一种"统括—细化"的关联。从这两种关联性来看，我们认为《宪法》中有三处规定可以作为《行政复议法》的依据：

第一，《宪法》序言是《行政复议法》的总体依据。《宪法》序言明确规定："坚持人民民主专政，坚持社会主义道路，坚持改革开放，不断完善社会主义的各项制度，发展社会主义市场经济，

---

① 【奥】凯尔森：《纯粹法理论》，张书友译，中国法制出版社2008年版，第81-95页。
② 《现代汉语词典（修订本）》，商务印书馆1996年版，第428页。
③ 胡建淼：《如何理解"根据宪法，制定本法"》，载《学习时报》2022年3月2日。

发展社会主义民主，健全社会主义法治。"行政复议制度的产生和发展过程就是不断健全社会主义法治的过程，此次新修订的《行政复议法》更是健全社会主义法治的应有之义和重大贡献。

第二，《宪法》第 5 条是《行政复议法》的法理依据。《宪法》第 5 条规定："中华人民共和国实行依法治国，建设社会主义法治国家。国家维护社会主义法制的统一和尊严。一切法律、行政法规和地方性法规都不得同宪法相抵触。一切国家机关和武装力量、各政党和各社会团体、各企业事业组织都必须遵守宪法和法律。一切违反宪法和法律的行为，必须予以追究。任何组织或者个人都不得有超越宪法和法律的特权。"行政复议就是对行政机关违反法律的行为予以追究的机制，此次新修订的《行政复议法》就是贯彻社会主义法治国家原则的立法革新。

第三，《宪法》第 41 条是《行政复议法》的直接依据。该条规定："中华人民共和国公民对于任何国家机关和国家工作人员，有提出批评和建议的权利；对于任何国家机关和国家工作人员的违法失职行为，有向有关国家机关提出申诉、控告或者检举的权利，但是不得捏造或者歪曲事实进行诬告陷害。对于公民的申诉、控告或者检举，有关国家机关必须查清事实，负责处理。任何人不得压制和打击报复。由于国家机关和国家工作人员侵犯公民权利而受到损失的人，有依照法律规定取得赔偿的权利。"显然，这些规定为我国行政复议制度的不断发展完善提供了直接法律依据。

第三章　行政复议法的基本原则

"法的基本原则是法的灵魂,任何国家的法,任何国家的行政法都不可能没有灵魂,从而不可能没有基本原则。"[1] 比如,姜明安教授认为,"行政法的基本原则是指指导和规范行政法的立法、执法以及指导、规范行政行为的实施和行政争议的处理的基础性规范。它贯穿于行政法具体规范之中,同时又高于行政法具体规范,体现行政法的基本价值观念"。[2] 胡建淼教授也认为,"所谓行政法的基本原则,系指贯穿在一国行政法中,指导和统帅具体行政法律规范,并由它们所体现的基本精神,是要求所有行政主体在国家行政管理中必须遵循的基本行为准则"。[3] 由此出发,《行政复议法》的基本原则,是指贯穿于《行政复议法》及行政复议全过程,体现并反映行政复议的基本规律、基本特点和基本精神,对行政复议具有指导意义的法律规范,是行政复议制度的精神品格之所在。行政复议的基本原则具有如下四个特征:(1) 法定性,即行政复议的基本原则应以《宪法》为依据,并由《行政复议法》予以规定,以

---

[1] 姜明安主编:《行政法与行政诉讼法(第二版)》,北京大学出版社、高等教育出版社2005年版,第62页。

[2] 姜明安主编:《行政法与行政诉讼法(第二版)》,北京大学出版社、高等教育出版社2005年版,第62页。

[3] 胡建淼:《行政法学(第五版)》,法律出版社2023年版,第40页。

便操作和遵守，避免任意性。① 它不仅可以在行政复议实践中被直接引用作为判案根据，而且可以用来统领和解释《行政复议法》分则部分的条文。（2）客观性，即行政复议的基本原则是在行政复议实践中发挥作用，符合行政复议规律和要求的基础性导向。它不包括学者根据法学理论归纳出来的内容。（3）指导性，即行政复议的基本原则能够普遍地指导行政复议活动。"在行政复议过程中，对某些具体问题缺乏法律明确规定时，可以依据基本原则体现的精神加以处理和解决。"② （4）稳定性，即行政复议的基本原则相较于行政复议分则部分的条文更具稳定性，是行政复议制度健康、稳定、可持续发展的必要前提。③

任何一个法律部门都有自己的基本原则，没有基本原则的部门法，就像没有中枢神经系统的生物一样。《行政复议法》总则中有2个条文明暗结合地规定了基本原则。该法第3条明确规定："行政复议工作坚持中国共产党的领导。行政复议机关履行行政复议职责，应当遵循合法、公正、公开、高效、便民、为民的原则，坚持有错必纠，保障法律、法规的正确实施。"该法第1条规定："为了防止和纠正违法的或者不当的行政行为……"将这一立法表达与该法第48条、第68条和第76条规定相结合，我们从中可以推导出"全面审查原则（即合法性与适当性审查）"。从《行政复议

---

① 参见牛凯、梁枫：《论行政复议的基本原则》，载《中国青年政治学院学报》2001年第3期。
② 牛凯、梁枫：《论行政复议的基本原则》，载《中国青年政治学院学报》2001年第3期。
③ 参见郜风涛主编：《行政复议法教程》，中国法制出版社2011年版，第79-80页。

法》基本原则的概念和特征出发，结合《行政复议法》的相关规定①，我们认为，我国行政复议制度包括如下基本原则：坚持中国共产党的领导原则、合法原则、公正原则、公开原则、高效原则、便民原则、为民原则、全面审查原则。以下我们逐一简述这些基本原则。

一、坚持中国共产党的领导原则

坚持中国共产党的领导既是我国政法工作的一个基本原则，又是在推进法治政府建设实践中始终坚持的基本原则。《中国共产党政法工作条例》第 6 条规定："政法工作应当遵循以下原则：（一）坚持党的绝对领导，把党的领导贯彻到政法工作各方面和全过程……"该原则是走中国特色社会主义法治道路的应有之义。因为，"党的领导是中国特色社会主义最本质的特征，是社会主义法治最根本的保证"。② 中国特色社会主义法治道路的核心，就是坚持党的领导、人民当家作主、依法治国三者有机统一。党的领导是核心，人民当家作主是目的，依法治国是方式。早在 2004 年 3 月，国务院印发的《全面推进依法行政实施纲要》第 4 条阐述依法行政的基本原则时就提出："依法行政必须坚持党的领导、人民当家作主和依法治

---

① 有的学者认为，行政复议原则是行政复议的精神实质。因此，行政复议基本原则的确定不限于《行政复议法》的规定，而是可以从行政复议制度要求出发，人为划定某些行政复议活动必须遵循的原则。我们认为，学者在法定原则之外去寻找基本原则存在很大风险。由于对行政复议制度价值追求的理解存在个体差异，确定的原则很可能已经偏离了该法律所明确规定的制度定位。因此，我们立足于《行政复议法》的具体法条去发掘基本原则，但不限于总则中的法条。参见应松年主编：《当代中国行政法（下卷）》，中国方正出版社 2005 年版，第 1721 页。

② 《习近平著作选读（第一卷）》，人民出版社 2023 年版，第 298 页。

国三者的有机统一；必须把维护最广大人民的根本利益作为政府工作的出发点；必须维护宪法权威，确保法制统一和政令畅通……"2015年12月中共中央、国务院印发的《法治政府建设实施纲要（2015—2020年）》第一部分"总体要求"中也专门规定了建设法治政府的基本原则："建设法治政府必须坚持中国共产党的领导，坚持人民主体地位，坚持法律面前人人平等，坚持依法治国和以德治国相结合，坚持从中国实际出发，坚持依宪施政、依法行政、简政放权，把政府工作全面纳入法治轨道，实行法治政府建设与创新政府、廉洁政府、服务型政府建设相结合。"2021年8月，中共中央、国务院印发的《法治政府建设实施纲要（2021—2025年）》第一部分也规定了法治政府建设的主要原则："坚持党的全面领导，确保法治政府建设正确方向；坚持以人民为中心，一切行政机关必须为人民服务、对人民负责、受人民监督；坚持问题导向，用法治给行政权力定规矩、划界限，切实解决制约法治政府建设的突出问题；坚持改革创新，积极探索具有中国特色的法治政府建设模式和路径；坚持统筹推进，强化法治政府建设的整体推动、协同发展。"可见，坚持党的领导是我们法治政府建设实践中始终坚持且不断强化的一条宝贵经验。

行政复议坚持中国共产党的领导原则，是指县级以上各级政府、立法机关和有关部门都要把党的领导贯彻到行政复议工作的各方面和全过程。《行政复议法》第3条第1款规定："行政复议工作坚持中国共产党的领导。"这是该原则在行政复议工作中最直接的立法体现。它要求县级以上各级政府和有关部门要在党的领导下切实履行《行政复议法》赋予的职责和任务，严格按照新的法律规定，落实新法关于行政复议申请、受理、管辖、审理、决定等各个环节的要求。县级以上各级政府和有关部门应当在党的领导下抓紧修改本法实施条例，确保法律各项规定落地生根、有效实施。新修订的《行政复议法》实施后，各级立法部门要在党的领导下及时制定、修改行政复议有关法规、规章及有关规范性文件等配套规定，特别是行政复议前置、行政复议委员会等方面的规定。

需要说明的是，坚持中国共产党的领导是行政复议工作的基本原则，并不意味着党组织或领导干部可以对具体行政复议个案的办理过程直接插手、干预。《行政复议法》第3条将这一原则规定于第1款，而将合法原则、公正原则、公开原则、高效原则、便民原则、为民原则规定于第2款，就在于前者是用以整体上引领和规范行政复议工作的开展、充分发挥行政复议化解纠纷主渠道作用的原则，其遵循主体主要是县级以上政府、立法部门、行政部门；而后者是用以引领和规范行政复议案件办理过程，即申请、受理、管辖、审理、决定等环节，这些原则的遵循主体非常具体特定，就是"行政复议机关"。

二、合法原则

行政复议合法原则，是指复议机关在办理行政复议事项、履行行政复议职责时必须依据法律、符合法律，不得与法律相抵触。行政复议合法原则是行政法领域具有普遍指导意义的依法行政原则在行政复议领域中的具体贯彻和落实。

"依法行政的基本含义是指政府的一切行政行为应依法而为，受法之拘束。"[①] 关于依法行政的内涵，学者观点并不完全相同，

[①] 姜明安主编：《行政法与行政诉讼法（第二版）》，北京大学出版社、高等教育出版社2005年版，第64页。

但基本精神大体一致。有的学者认为，依法行政原则作为行政法的基本原则，要求行政权力主体必须依据法律、法规取得和行使权力，并对行使权力行为承担法律责任。这种观点将依法行政原则的基本内涵概括为四点：（1）职权法定；（2）权责统一；（3）依程序行政；（4）违法行政必须承担法律责任。[1] 有的学者认为，依法行政原则包括以下几方面内涵：（1）职权法定；（2）法律优先或法律优位；（3）法律保留；（4）依据法律；（5）职权与职责统一。[2] 关于依法行政原则适用的具体要求，有的学者分解为如下四个方面：（1）依法行政的"法"，包括宪法、法律、法规、规章；（2）依法行政要求政府依法的明文规定行政；（3）依法行政要求政府依法律规定行政，而依法律规定行政又首先要求依行政管理方面的法律规定行政；（4）依法行政要求政府对行政相对人依法实施管理。[3] 2004年3月国务院印发的《全面推进依法行政实施纲要》第5条明确规定了依法行政的基本要求首先是"合法行政"，即"行政机关实施行政管理，应当依照法律、法规、规章的规定进行；没有法律、法规、规章的规定，行政机关不得作出影响公民、法人和其他组织合法权益或者增加公民、法人和其他组织义务的决定"。这是依法行政原则的基本要求在法治政府建设实践中的具象化和明确化。

行政复议合法原则要求行政复议机关必须严格依据《行政复议法》的有关规定履行职责，做到主体合法、权限合法、依据合法、

---

[1] 王连昌主编：《行政法学》，中国政法大学出版社1997年版，第21-23页。
[2] 应松年主编：《行政法学新论》，中国方正出版社1998年版，第43-50页。
[3] 参见姜明安主编：《行政法与行政诉讼法（第二版）》，北京大学出版社、高等教育出版社2005年版，第65-66页。

程序合法、决定合法且依法承担相应法律责任。(1) 主体合法。比如，该法第4条第1款规定了"县级以上各级人民政府以及其他依照本法履行行政复议职责的行政机关是行政复议机关"，赋予它们行政复议的合法主体地位。(2) 权限合法。该法第24条、第25条、第27条、第28条分别规定了县级以上地方各级人民政府、国务院部门、垂直领导行政机关的上一级主管部门、税务和国家安全机关的上一级主管部门、上一级司法行政部门的行政复议管辖的合法权限；第30条规定了行政复议机关对复议申请是否受理的审查权限；第36条规定了行政复议机关对行政复议案件的审理权限。(3) 依据合法。该法第37条明确规定了行政复议机关审理行政复议案件的依据是"法律、法规、规章"。(4) 程序合法。该法第45条规定了行政复议机关调查取证的程序要求；第50条、第51条规定了审理重大、疑难、复杂的行政复议案件的听证程序；第52条规定了行政复议委员会的工作程序；第53条规定了行政复议机关审理事实清楚、权利义务关系明确、争议不大的行政复议案件适用的简易程序。(5) 决定合法。该法第63条至第69条依次规定了变更决定、撤销决定、确认违法决定、限期履行决定、确认无效决定、维持决定和驳回请求决定的适用条件。(6) 法律责任。该法第80条规定了行政复议机关不依法履行行政复议职责的法律责任；第81条规定了行政复议机关工作人员在行政复议活动中渎职、失职行为的法律责任。

三、公正原则

行政复议公正原则，是指行政复议机关在行使行政复议权时办事公道，客观适度，不徇私情，不考虑不相关因素，不滥用裁量权，其权力行使合乎理性。行政复议公正原则是行政公正原则在行政复议领域的具体贯彻和落实。"公正原则是对行政复议活动过程和结果的基本要求，是评价行政复议正当性的重要准则。"[1]

行政公正原则是行政法的基本原则，其理论源头包括大陆法系的比例原则和英美法系的合理性原则。比例原则，是指行政机关实施行政行为应当兼顾行政目标的实现和保护相对人的权益，如果社会管理行为可能对相对人权益造成某种不利影响，应当使这种不利影响限制在尽可能小的范围和限度内，保持二者适度的比例。[2] 比例原则的关注点在于行政机关是否"合理"行使自由裁量权。而这种"合理"与否的判断标准需要进行目的、手段和结果之间的多重权衡和考量，包括必要性、适当性和狭义的比例性。其中，"必要性"强调"目的/手段"之间的考量，要求采取的社会管理手段必须能够实现社会管理的预定目的；"适当性"强调"手段/手段"之间的考量，要求在可供选择的多种同等有效的管理手段中，选择成本更低廉的手段；"狭义的比例性"则强调"手段/结果"之间的考量，如果行政行为的实施成本大于其收益结果，则不可取。因此，德国学者将该原则形象地比喻为"不得以大炮轰蚊子"。合理性原则，是指行政行为内容要客观、适度，合乎理性，要求行政机关必须合理地行使自由裁量权。具体要求包括：（1）行政行为符合立法目的；（2）应当正当考虑，不得考虑不相关因素；（3）不得反复无常、不得对相同事实不同对待；（4）符合自然规律；（5）符合社会

---

[1] 参见郜风涛主编：《行政复议法教程》，中国法制出版社2011年版，第90页。
[2] 参见姜明安主编：《行政法与行政诉讼法（第二版）》，北京大学出版社、高等教育出版社2005年版，第71页。

道德。[①] 2004年3月国务院印发的《全面推进依法行政实施纲要》第5条规定了"合理行政"的要求："行政机关实施行政管理，应当遵循公平、公正的原则。要平等对待行政管理相对人，不偏私、不歧视。行使自由裁量权应当符合法律目的，排除不相关因素的干扰；所采取的措施和手段应当必要、适当；行政机关实施行政管理可以采用多种方式实现行政目的的，应当避免采用损害当事人权益的方式。"该规定大体展现了行政公正原则的核心要义。

行政公正原则包含实体公正和程序公正两个方面的要求。这一原则中的实体公正的要求主要包括：（1）依法办事，不偏私；（2）合理考虑，不专断。程序公正的要求主要包括：（1）自己不做自己的法官；（2）作出不利处分前通知相对人且听取其陈述、申辩。[②]《行政复议法》既规定了实体公正的要求，又规定了程序公正的要求。该法第81条规定："行政复议机关工作人员在行政复议活动中，徇私舞弊或者有其他渎职、失职行为的，依法给予警告、记过、记大过的处分；情节严重的，依法给予降级、撤职、开除的处分；构成犯罪的，依法追究刑事责任。"其中，"徇私舞弊"必然影响行政复议决定的实体公正性。该法第49条规定了听取意见制度，第50条、第51条规定了听证制度，第61条规定了行政复议案件审查与决定相分离制度，这些都旨在维护行政复议活动的程序公正性。第52条规定行政复议委员会要有专家和学者参与以提升专业性，而且要求对于案情重大、疑难、复杂的案件等，行政复议机构应当提请行

[①] 参见罗豪才、湛中乐主编：《行政法学（第二版）》，北京大学出版社2006年版，第26-27页。

[②] 参见姜明安主编：《行政法与行政诉讼法（第二版）》，北京大学出版社、高等教育出版社2005年版，第75-77页。

政复议委员会提出咨询意见。这一规定不仅有利于提高行政复议的实体公正性，也有利于提高其程序公正性。

在法治实践中，行政复议公正性的保障也存在一些客观局限。第一，行政复议机关、行政复议机构及其工作人员对被申请人存在一种"同声相求"的天然亲近感，对它们作出一些违法或不当的行政行为的情境可能存在一种"同病相怜"的职业同理心，可能会影响到行政复议活动和决定的公正性。第二，行政复议委员会的组成人员可能专业性不足，特别是市、县级政府层面专家数量不多。在基层政府，很多情形下大量政府部门的行政领导成为各种专家委员会的"专家"，非但专业性不够，而且可能连履职的时间都难以保障，将直接影响到行政复议委员会的作用发挥。第三，行政复议人员对行政复议调解的理解不到位，可能出现强制压迫一方当事人接受调解方案的做法，影响到调解协议的公正性。

四、公开原则

行政复议公开原则，是指行政复议活动应当公开进行，行政复议案件的受理、调查、审理、判决等一切活动，都应当尽可能地向当事人、公众及社会公开，使社会各界了解行政复议活动的具体情况，避免因暗箱操作而可能导致的不公正现象。① 行政复议公开是行政公开原则在行政复议活动中的具体体现，也是政务公开对行政复议的要求。

行政公开原则是指政府行为除依法应保密的以外，应一律公开进行；行政法规、规章、行政政策以及行政机关作出影响行政相对

---

① 郜风涛主编：《行政复议法教程》，中国法制出版社2011年版，第87页。

人权利、义务的行为的标准、条件、程序应依法公布，方便相对人查阅、复制。① 我国已经制定了《中华人民共和国政府信息公开条例》等一系列贯彻落实行政公开原则的法规、文件和制度。其中，《中华人民共和国政府信息公开条例》是我国信息公开的基本法律，该法分6章共56条，依次规定了总则、公开的主体和范围、主动公开、依申请公开、监督和保障以及附则，有助于更好推进政府信息公开，切实保障人民群众依法获取政府信息。此外，有些关于法治建设的国家文件也比较详细地规定了信息公开的具体要求。比如，国务院办公厅发布的《关于全面推行行政执法公示制度执法全过程记录制度重大执法决定法制审核制度的指导意见》规定，行政执法公示除涉及国家秘密、商业秘密和个人隐私等不宜公开的信息不予公开外，应当公开行政执法主体、人员；行政执法机关职责、权限；行政处罚的依据、种类、程序、结果。

《行政复议法》有许多具体规定来全面贯彻行政复议公开原则。该法第39条规定，行政复议机关中止、恢复行政复议案件的审理，应当书面告知当事人。这是对行政复议程序的公开。第47条规定，行政复议期间，申请人、第三人及其委托代理人可以按照规定查阅、复制被申请人提出的书面答复、作出行政行为的证据、依据和其他有关材料，除涉及国家秘密、商业秘密、个人隐私或者可能危及国家安全、公共安全、社会稳定的情形外，行政复议机构应当同意。这是对行政复议参加人知情权的保障。第79条规定，行政复议机关根据被申请行政复议的行政行为的公开情况，按照国家有关

---

① 参见姜明安主编：《行政法与行政诉讼法（第二版）》，北京大学出版社、高等教育出版社2005年版，第74页。

规定将行政复议决定书向社会公开。这是对行政复议结果的公开。

在法治实践中，当前行政复议公开原则的贯彻落实还不到位，亟待在新修订的《行政复议法》的实施过程中逐步解决。一般情况是，各地政府在政府网站和行政复议接待场所普遍公开受理复议案件的范围、条件、程序等事项，并且提供行政复议申请书格式样本。但是，各地行政复议接待场所的公开情况差异较大，有些地方存在公开内容不齐全、公开格式样本陈旧、公开标识不明显等问题。而且，对于行政复议决定书网上公开制度，各地政府贯彻落实差异也较大。

五、高效原则

行政复议高效原则，是指行政复议机关在查明事实、分清是非的基础上，在法律规定的期限内，完成行政复议案件的审理工作。这是实现行政复议制度目的的必然要求，也是行政救济效率原则在行政复议活动中的具体体现。2004年3月国务院印发的《全面推进依法行政实施纲要》第5条就已经规定了"高效便民"的基本要求。

行政救济效率原则，是指行政机关对公民、法人或者其他组织合法权益的行政救济应当以迅速的方式和渠道予以完全实现，它追求的是救济机制的实效性。正如有的学者指出："基于'有救济，而无实效，即非救济'之法理，行政救济必须得以完全、迅速地实现。否则，空有权利存在之确认，亦仍属无济于事。因此，除应谋求行政机关之主动、积极、善意合作以外，仍必须设置各种确保裁判或救济措施之实现的制度。"其中，"迅速"是行政救济制度的重要目标，包含依据明确、程序简化、人员协作、科技保障和时效制度等保障措施。"'迟来之正义，形同正义之拒绝。'行政救济常因诉讼案件之过量，诉愿机关与行政法院负担之过重，而结案迟缓。为改善此一情况，除应加强行政救济机关有关人员之素质以外，法规之明确及完备、程序之简化、程序参与人之协力、设备之科技化、先行程序之过滤、负担之减轻、集中审理、诉之合并、决定理由之简化与先行权利保护制度等，均属可取之措施。"当然，其中最直接的保障制度是时效制度。时效制度，是指国家机关及其工作人员在履行职务时应当严格遵守法律所规定的时间要求和时限规定，不得随意缩短或者不当拖延。如果法律明确规定的时间段是最长时间，不得拖延，那它就是国家机关或者相对方的一种程序性义务，旨在追求效率；如果法律明确规定的时间段是最短时间，不得缩减，那它就是一种程序性义务，旨在促进公平。

《行政复议法》中有大量关于行政复议活动时效的规定。该法第20条规定，公民、法人或者其他组织认为行政行为侵犯其合法权益的，可以自知道或者应当知道该行政行为之日起六十日内提出行政复议申请。这是行政相对人行使复议申请权的期限。第32条第2款规定，行政机关收到行政复议申请后，应当及时处理；认为需要维持行政处罚决定的，应当自收到行政复议申请之日起五日内转送行政复议机关。这是行政机关处理行政复议申请的期限。第62条规定，适用普通程序审理的行政复议案件，行政复议机关应当自受理申请之日起六十日内作出行政复议决定；适用简易程序审理的行政复议案件，行政复议机关应当自受理申请之日起三十日内作出行政复议决定。这是行政复议机关审理行政复议案件的期限。此外，《行政复议法》还规定了明确标准、简化程序、科技保障等措施来提高行政复议的效率。比如，该法第4条第4款规定，国务院行政复议机构可以发布行政复议指导性案例，就是给各级行政复议机关提供更加具体明确的标准来提高效率。第四章第四节专门规定行政复议案件审理的简易程序，就是通过简化程序来节省时间成本。第8条规定，行政复议机关应当加强信息化建设，运用现代信息技术，方便公民、法人或者其他组织申请、参加行政复议，提高工作质量和效率。第22条规定，行政机关通过互联网渠道送达行政行为决定书的，应当同时提供提交行政复议申请书的互联网渠道。这些都是运用信息化技术提升行政复议效率的有力保障措施。

在法治实践中，各级行政复议机关和行政复议机构可能由于案件量增长过快、复议人员短缺、信息化建设进度不一导致行政复议结案迟缓或者拖延，从而影响行政复议的效率，也影响百姓对行政复议渠道的选择。

六、便民原则

行政复议便民原则，是指行政复议活动应当方便老百姓，保证公民、法人、其他组织充分行使行政复议申请权，不因行政复议活动付出不必要的成本，不给行政相对人增加不必要的诉累。具体讲，"行政复议工作应尽量考虑便于行政相对人申请行政复议，在行政复议过程中要尽量为行政相对人进行行政复议活动提供方便"。[1]这既是行政相对方权利保护的应有之义，又是行政救济经济性原则的基本要求。2004年3月国务院印发的《全面推进依法行政实施纲要》第5条就已经规定了"高效便民"的基本要求。

行政救济经济性原则，是指行政救济的设计应当充分考虑行政

---

[1] 郜风涛主编：《行政复议法教程》，中国法制出版社2011年版，第99页。

相对人的成本负担，以最少的人力、物力和时间成本，实现最终并且最佳的权利救济方案。该原则旨在避免公民、法人或者其他组织因为寻求行政救济付出过于巨大的成本，不得不放弃寻求救济，而助长一些违法或不当的行政行为的发生和存在。特别需要注意的是，"经济"是指对于作为被救济者的公民而言"成本低廉"，而不是指救济者实施救济的成本低廉，更不是指整个救济机制运行的社会成本。所以，该原则基本上是出于便民的考虑，但是便民原则又不仅体现在经济成本方面，还体现在有些事项公民意志优先等，如提起复议与诉讼的当事人选择制度、口头申请与书面申请复议相结合制度等。

《行政复议法》规定了很多提升行政复议便民性的措施制度。该法第17条第1款规定，申请人、第三人可以委托一至二名律师、基层法律服务工作者或者其他代理人代为参加行政复议，这有助于提升他们参与复议的专业能力。第18条规定，符合法律援助条件的行政复议申请人申请法律援助的，法律援助机构应当依法为其提供法律援助，这有利于切实保护复议申请人的合法权益。第22条规定了口头申请与书面申请相结合的复议申请制度，并且规定了书面申请可以当面提交、邮寄或者通过行政复议机关指定的互联网渠道来提交。第24条第4款、第28条分别规定了对派出机构的行政行为不服案件、对地方人民政府司法行政部门的行政行为不服案件管辖主体的当事人选择主义，尊重相对人对复议机关的选择权。第49条规定了行政复议机构应当采取当面、互联网、电话等方式听取当事人意见，也是赋予当事人更多的选择权。第74条明确规定，当事人在行政复议决定作出前可以自愿达成和解，不仅凸显了当事人意志优先，而且更利于发挥行政复议化解纠纷的功能。

七、为民原则

行政复议为民原则,是指行政复议机关在履行行政复议职责过程中,应当坚持法治为民,将保护人民合法权益、增进人民福祉落实到行政复议工作的全过程,使《行政复议法》的实施充分体现人民意志。这是"法治为民"思想在行政复议领域的立法贯彻和具体体现。

"治国有常,而利民为本。"① 法治为民,是法治工作的根本属性,是我党领导法治工作的重要指导思想,是在法治领域坚持人民主体地位的必然要求。中国共产党第十八届四中全会通过的《中共中央关于全面推进依法治国若干重大问题的决定》提出:"要恪守以民为本、立法为民理念,贯彻社会主义核心价值观,使每一项立法都符合宪法精神、反映人民意志、得到人民拥护。"② 习近平总书记指出:"坚持人民主体地位,必须坚持法治为了人民、依靠人民、造福人民、保护人民。"③

法治为民思想具有非常丰富的法治意蕴,大体有四:(1)人民是国家权力的产生主体。《宪法》第2条规定:"中华人民共和国的一切权力属于人民。人民行使国家权力的机关是全国人民代表大会和地方各级人民代表大会……"(2)人民是法治建设的实践主体。要让群众的聪明才智成为法治创新的不竭源泉。(3)人民是法

---

① 《淮南子·氾论训》。
② 《中共中央关于全面推进依法治国若干重大问题的决定》,载《〈中共中央关于全面推进依法治国若干重大问题的决定〉辅导读本》,人民出版社2014年版,第8页。
③ 中共中央文献研究室编:《习近平总书记重要讲话文章选编》,党建读物出版社、中央文献出版社2016年版,第208页。

治产品的需求主体。法治既是人民日益增长的美好生活需要的重要构成要素,也是人民需要得以满足的最重要的条件保障。(4)人民是法治成效的评估主体。一切政党、一切阶级、一切政府,其政治主张、价值取向、政策法律所产生的成效,都应由历史和实践来评判,而评判的唯一主体只可能是人民。①

  此次《行政复议法》的修订,就是践行以人民为中心的发展思想,将人民是否得到实惠、人民权益是否得到保障作为检验立法工作的标尺,努力提升人民群众的获得感、幸福感、安全感的一次富有成效的立法工作。比如,该法第 11 条的规定扩大了行政复议的范围,更加广泛地保护公民权利。第 14 条第 2 款、第 3 款规定,有权申请行政复议的公民死亡的,其近亲属可以申请行政复议;有权申请行政复议的法人或者其他组织终止的,其权利义务承受人可以申请行政复议;有权申请行政复议的公民为无民事行为能力人或者限制民事行为能力人的,其法定代理人可以代为申请行政复议。这些规定消除了公民权利保护的一些难点。第 42 条第 3 项规定,申请人、第三人申请停止执行,行政复议机关认为其要求合理,决定停止执行,这是通过程序性处置措施来防止被申请人对公民权益造成不可补救和挽回的侵犯。第 72 条则规定了给予赔偿、责令采取补救措施,解除对财产的查封、扣押和冻结,责令被申请人返还财产等实体性处置措施来及时停止和弥补对公民权益已经造成的损害。

---

① 韩春晖:《坚持法治思维》,人民出版社 2022 年版,第 76-77 页。

八、全面审查原则

行政复议全面审查原则，是指行政复议机关既要审查具体行政行为，又要附带审查作为具体行政行为依据规章以下的抽象行政行为；既要对具体行政行为的合法性进行审查，又要对具体行政行为的适当性进行审查；既要审查其中的依据、权限、程序等法律问题，又要审查其中的事实认定问题。[①] 它源于刑事司法中全面审查原则的扩展应用。全面审查原则是应用于我国刑事诉讼二审审判和死刑复核程序的一项原则，其建立在司法能动主义、真实发现主义的基础上，有其历史的合理性。[②] 全面审查是我国死刑复核程序的基本要求，这源自死刑复核程序司法监督程序的定位。死刑复核作为一种司法监督程序，上级法院当然可以全面审查死刑案件一、二审裁判。依据全面审查原则的要求，死刑复核程序要全面审查死刑案件的事实、证据、法律适用以及诉讼程序等问题。[③] 一般来说，全面审查原则在职权主义的诉讼结构中才具有其应用空间。

行政复议是一种行政司法机制，具有行政性和司法性双重特性，其职权主义特征更加明显，使得其适用全面审查原则具有正当性。一方面，从行政性来看，行政复议机关是被申请人的上级机关，与被申请人是一种领导与被领导关系，行政复议是一种行政层级监督。相较于上级法院对下级法院的审级监督而言，行政复议机

[①] 参见部风涛主编：《行政复议法教程》，中国法制出版社2011年版，第83页；应松年主编：《当代中国行政法（下卷）》，中国方正出版社2005年版，第1729页。

[②] 秦宗文：《刑事二审全面审查原则新探》，载《现代法学》2007年第4期。

[③] 参见高通：《最高人民法院死刑复核全面审查原则再检视》，载《法学家》2017年第3期。

关对被申请人所作行政行为的全面审查更具正当性。具体而言，行政复议机关审查具体行政行为的合法性，目的是监督作出具体行政行为的行政机关是否依法行政，其具体行政行为是否符合法律，是否与法律相抵触；行政复议机关审查具体行政行为的适当性，目的是监督作出具体行政行为的行政机关是否滥用自由裁量权，是否客观适度，是否违背理性的标准。

另一方面，从司法性来看，行政复议作为一种行政救济机制，行政复议机关也应当进行全面审查，来实现"正确"救济的目标。有学者指出："行政救济之提供，首须在正确之前提下为之，否则，不正确之行政救济，均非可取。"因此，为提升行政救济之正确性，行政争议的解决者必须对"法律之解释"和"事实之掌握"都了然于胸。

行政复议全面审查原则在《行政复议法》中有多处立法体现。该法第13条规定，公民、法人或者其他组织对行政机关的行政行为所依据的规范性文件可以一并提出附带性审查申请，这说明行政复议的审查范围包括具体行政行为和抽象行政行为。第1条开宗明义指出，行政复议制度是"为了防止和纠正违法的或者不当的行政行为……"，精准描述了行政复议的审查对象。第43条则明确规定了行政复议机构对于复议证据的事实问题进行审查的职责，证据只有经审查属实才能作为认定行政复议案件事实的根据。第44条、第46条规定更是明确表明，行政复议机关要对证据的合法性、适当性进行全面审查。第68条规定了行政复议机关作出维持决定的适用条件。其中，既包含"适用依据正确"的合法性审查标准，又包含"内容适当"的适当性审查标准；既包含"证据""依据""程序"等合法性审查内容，又包含"事实"认定的审查内容。可见，尽管"全面审查原则"从字面上看似乎只是适用于行政复议案件审理标准的原则，但实质上该原则的具体要求已经贯穿于行政复议案件的立法目的、受理审查、证据提供、证据认定、审理决定等多个环节，该原则是适用于行政复议机制运行全过程的一项基本原则。

在法治实践中，行政复议机关对被申请人作出的具体行政行为的合法性审查更加重视，对其适当性审查相对而言重视程度不够。行政复议人员往往将具体行政行为的"不适当"视为一个小问题或者小瑕疵，对此类具体行政行为的处置和补救也不够精准到位。

第四章 行政复议范围

行政复议范围是我国行政复议制度的核心问题之一，指行政复议机关可以受理的行政案件的范围。将更多案件纳入行政复议范围，使行政诉讼和信访无法受理的行政争议为行政复议所覆盖，是塑造行政复议主渠道地位的首要突破口。[①] 新修订的《行政复议法》采"肯定列举+否定排除+概括规定"的模式，将原法列举的可予复议的情形由十项增加到十四项，明确排除了四类不属于行政复议范围的事项，同时保留了"认为行政机关的其他行政行为侵犯其合法权益"作为可予复议情形的概括性规定。此外，规范性文件可通过附带审查的形式进入行政复议的审查范围。

一、行政复议范围的基本理论

（一）行政复议范围的概念

行政复议的范围即哪些行政行为可以进入复议程序、成为复议审查的对象。对于相对人而言，行政复议范围是指相对人认为行政行为侵犯其合法权益，依法可以向行政复议机关申请审查的行政行为的范围。对于被申请人而言，行政复议范围即自己作出的哪些行

[①] 章志远：《以习近平法治思想引领行政复议法修改》，载《法学评论》2022年第6期。

政行为可以成为行政复议的对象。对于行政复议机关而言，行政复议范围即行政复议机关有权就哪些行政行为进行审查、进行何种审查。

（二）行政复议范围的意义

行政复议范围直接关系到行政复议审查权的力度，关系到行政活动受行政复议监督的幅度，关系到行政利害关系人通过行政复议制度保护自己的合法权益的广度。[1] 对于行政复议机关而言，行政复议范围决定了行政复议机关受理行政复议案件的权限，即行政复议权的广度和深度。对于公民、法人或者其他组织而言，行政复议范围决定了公民、法人或者其他组织可以通过行政复议获得救济、维护自身合法权益的范围。对于作为被申请人的行政机关而言，行政复议范围决定了行政行为受行政监督的广度和深度。

此外，行政复议范围还关系到行政复议的价值评判与功能定位。[2] 行政复议的范围越大，行政复议的监督和救济功能越突出，即"监督行政机关依法行使职权""保护公民、法人和其他组织的合法权益"。反之，行政复议的范围越小，行政复议制度所能发挥的监督和救济效用越弱。

（三）行政复议范围的确定模式

通过立法确定行政复议范围的模式主要有三种：概括式、列举式和复合式。

---

[1] 应松年主编：《当代中国行政法（第七卷）》，人民出版社2018年版，第3010页。

[2] 参见周佑勇：《行政法原论（第三版）》，北京大学出版社2018年版，第361页。

所谓概括式，即以一个或几个法律概念笼统规定可以提起行政复议的案件范围。如"合法权益""行政行为""利害关系"等。①新修订的《行政复议法》第2条、第11条第15项即是概括式的实证：公民、法人或者其他组织认为行政机关的行政行为侵犯其合法权益，可以向行政复议机关提出行政复议申请。概括式的优势在于可塑性强，"尽可能将行政机关对相对人产生法律上利害关系的行为都纳入行政复议范围"②，能够容纳的行政复议案件多，行政复议范围广，尤其是不拘泥于具体的行政行为列举，能够最大限度地满足实践发展的需要。劣势在于可操作性不强，申请人可能无从辨别某一行政行为是否属于行政复议范围。行政复议机关则拥有较大的裁量权，可能通过法律解释将实质属于行政复议范围的行政行为拒之门外，也可能将实质不属于行政复议范围的行政行为纳入其中。

所谓列举式，即逐一列明（不）可申请行政复议的案件。新修订的《行政复议法》第11条前14项与第12条即是列举式的例证：诸如行政许可、行政强制、行政处罚、行政协议、行政确认等行政行为被明确写入了行政复议范围，国家行为、行政调解等则被明确排除在行政复议范围之外。列举式的优势在于可操作性强，申请人可借助相关规定轻而易举地判断某种行政行为是否可申请行政复议，同时列举式也便于行政复议机关判断某种行政行为是否属于行政复议范围。列举式的劣势在于有限性，可能无法容纳所有（不）

---

① 参见应松年、刘莘：《中华人民共和国行政复议法讲话》，中国方正出版社1999年版，第54页。
② 湛中乐：《论我国〈行政复议法〉修改的若干问题》，载《行政法学研究》2013年第1期。

可复议的行政行为，也无法与时俱进，适应实践发展的需要。

所谓复合式，即兼采概括式与列举式，一方面概括性规定行政复议范围，另一方面对（不）可复议的情形和事项明确加以列举。新修订的《行政复议法》即采复合式，第 11 条不仅列举了可复议的十四类情形，而且概括了确定行政复议范围的基本标准；第 12 条列举了四类不可复议的事项；第 13 条列举了可申请附带审查的规范性文件的范围。

二、概括性规定

新修订的《行政复议法》第 2 条第 1 款规定：公民、法人或者其他组织认为行政机关的行政行为侵犯其合法权益，向行政复议机关提出行政复议申请，行政复议机关办理行政复议案件，适用本法。第 11 条第 15 项规定：认为行政机关的其他行政行为侵犯其合法权益，公民、法人或者其他组织可以依照本法申请行政复议。由此，"认为行政行为侵犯其合法权益"成为行政复议范围的概括性标准。凡是相对人认为行政机关的行政行为侵犯其合法权益的行政案件，即便新修订的《行政复议法》第 11 条未予列举，只要未被明确排除，依然属于行政复议的范围。[①] 这不仅体现了行政复议受案范围界定的灵活性，而且为逐步扩大行政复议受案范围提供了规范依据。[②] 当然，要准确理解此概括性规定，必须把握"行政行为""合法权益""认为"三个概念：

[①] 应松年：《依法行政读本》，人民出版社 2001 年版，第 311 页。
[②] 周佑勇：《行政复议的主渠道作用及其制度选择》，载《法学》2021 年第 6 期。

（一）行政行为

行政复议的核心是审查行政行为，解决行政纠纷。[1] 行政行为是行政机关或者法律、法规、规章授权的组织在行政管理活动中行使行政权，针对特定的公民、法人或其他组织作出的意思表示，这种意思表示会引起一定法律后果的产生、变更和消灭。由此，不以建立、变更或消灭当事人法律上权利义务为目的的行政活动、为最终作出权利义务安排进行的程序性、阶段性工作等不属于行政行为范畴。第一，行政行为具有特定性，包括就特定事项对特定人的处理；针对一群人的处理，且是与确定的时间段和特定事项有关的一群人；特定事项对不特定人的处理，如行政机关发布决定使用有坍塌危险的桥梁的行为。第二，行政行为既表现为针对公民、法人或其他组织单方面的行政行为，也表现为行政协议等双方行为。第三，行政行为是"产生实际法律效果"[2]的外部性处理而不是内部措施，行政机关对工作人员的奖惩不属于行政行为。

相较于《行政复议法》（2017年修正），新修订的《行政复议法》将"具体行政行为"修改为"行政行为"。一则回避了划分抽象行政行为与具体行政行为的无谓纷争，二则有扩大行政复议范围之效。行政机关的任何行政行为，只要侵犯了相对人的合法权益，相对人都可以申请行政复议。尤其是行政协议、行政赔偿、政府信息公开行为等，对行政争议应收尽收。例如，责令停止违法行为虽

---

[1] 周佑勇：《行政法原论（第三版）》，北京大学出版社2018年版，第361页。
[2] 王春业：《行政复议受案范围负面清单模式之建构》，载《法商研究》2017年第4期。

不在新修订的《行政复议法》第11条列举的行政行为之列，但确实属于一种独立的行政行为。责令停止违法行为一经作出便为行政相对人设定了义务，不论该行政命令是否合法，若行政相对人不执行行政机关的命令，就会受到行政处罚或者行政强制执行。因此，责令停止违法行为本质上属于行政命令中的禁令，即行政机关依法要求行政相对人不为一定行为的意思表示。如果相对人实施的合法行为被行政主体错误实施了责令停止的命令，就会导致相对人的合法权益受到侵害。因此，为保障行政命令功能的正确行使，应赋予行政相对人法律救济的途径，如行政复议。①

对于各类行政行为，行政复议机关不仅要审查其合法性，还要审查其合理性。这一点区别于行政诉讼，法院通常只受理也只审查行政行为合法性的争议。行政复议属于行政系统内部的监督机制，并不受合法性所限，而是在合法性之外兼顾行政行为是否不当。

（二）合法权益

只有行政行为侵犯自身的"合法权益"时，公民、法人或者其他组织才有权就行政行为申请复议。换言之，公民、法人或者其他组织既然认为其合法权益受到行政行为的侵犯，首先其必须享有合法权益，即权益必须现实存在且为法律认可和保护。此外，公民、法人或者其他组织的合法权益必须与被申请复议的行政行为具有法律上的利害关系，即合法权益有被行政行为侵犯的可能性。这种可能性必须实际存在，而不是公民、法人或者其他组织凭空想象出

---

① 参见中国裁判文书网安徽省安庆市中级人民法院（2017）皖08行初42号行政判决书。

来的。

"合法权益"包括以下三类：第一类是人身权和财产权。根据《民法典》，人身权是指生命权、身体权、健康权、姓名权、肖像权、名誉权、荣誉权、隐私权、婚姻自主权等权利；财产权是指公民、法人或其他组织对动产或不动产依法享有的占有、使用、收益、处分的权利，包括所有权、债权、知识产权、用益物权、担保物权等。第二类是社会经济权利。即本身不具有财产内容但与财产权紧密关联的权利，包括劳动权、休息权、受教育权、环境权等。第三类是政治权利。包括选举权、被选举权、言论、出版、集会、游行、示威等权利。之所以采取合法权益标准，是因为行政行为是以影响他人的权益为特征，合法地剥夺或限制他人的人身权或财产权，不产生侵犯公民合法权益的问题。[①]

凡是公民、法人或其他组织所享有的法定权利，只要行政机关实施了违法或不当的行政行为，且这些行政行为侵犯了公民、法人或其他组织的合法权益，均可成为行政复议的对象，受侵犯的公民、法人或其他组织均有权提起行政复议。尤其是对于《行政复议法》第11条涉及的权利以外的其他合法权益，相对人也有权申请行政复议。

（三）认为

所谓"认为"，即作为申请人的"公民、法人或者其他组织"的一种主观判断。既然是主观判断，当然可能正确也可能错误。但

[①] 马怀德主编：《行政法学（第二版）》，中国政法大学出版社2009年版，第336页。

对于申请人而言，行政行为是否果真侵犯其合法权益并不在其考虑范畴，只要申请人主观上认为某行政行为侵犯了其合法权益，即可申请行政复议。只要行政行为可能侵犯当事人的合法权益，便应当纳入复议受案范围，行政复议机关则负有受理职责。① 至于行政行为是否真的侵犯了申请人的合法权益，则交由行政复议机关审查确定。

三、肯定性列举

根据新修订的《行政复议法》第 11 条，可申请行政复议的行政行为包括十四项：

（一）行政处罚决定

对行政机关作出的行政处罚决定不服，公民、法人或者其他组织可以依照《行政复议法》申请行政复议。

根据《行政处罚法》第 2 条，行政处罚是指行政机关依法对违反行政管理秩序的公民、法人或者其他组织，以减损权益或者增加义务的方式予以惩戒的行为。《行政处罚法》第 9 条规定：行政处罚的种类包括：（一）警告、通报批评；（二）罚款、没收违法所得、没收非法财物；（三）暂扣许可证件、降低资质等级、吊销许可证件；（四）限制开展生产经营活动、责令停产停业、责令关闭、限制从业；（五）行政拘留；（六）法律、行政法规规定的其他行政处罚。相对人对这些行政处罚决定不服的，均可申请行政复议。

---

① 参见张少波：《新土地管理法实施后集体土地征收行为的可复议性研究》，载《中国法治》2023 年第 7 期。

此项情形参考了《行政复议法》（2017年修正）。《行政复议法》（2017年修正）第6条第1项规定：对行政机关作出的警告、罚款、没收违法所得、没收非法财物、责令停产停业、暂扣或者吊销许可证、暂扣或者吊销执照、行政拘留等行政处罚决定不服的，公民、法人或者其他组织可以申请行政复议。本次修法取消了行政处罚决定的列举，将《行政复议法》（2017年修正）列举的行政处罚决定类型"警告、罚款、没收违法所得、没收非法财物、责令停产停业、暂扣或者吊销许可证、暂扣或者吊销执照、行政拘留"全部删除。主要原因在于，行政处罚决定的类型可能随着实践发展不断更新，诸如通报批评、降低资质等级等行政处罚均为2021年《行政处罚法》修改新增。为了适应实践发展的需要，避免行政复议机关以"等外等"不属于行政处罚为由，将实质上属于行政处罚但未在列举之列的行政行为排除在行政复议范围之外，新修订的《行政复议法》不再保留行政处罚决定的类型列举，所有的行政处罚决定均属于行政复议范围。

（二）行政强制决定

对行政机关作出的行政强制措施、行政强制执行决定不服，公民、法人或者其他组织可以依照《行政复议法》申请行政复议。

根据《行政强制法》第2条，行政强制包括行政强制措施和行政强制执行。行政强制措施是指行政机关在行政管理过程中，为制止违法行为、防止证据损毁、避免危害发生、控制危险扩大等情形，依法对公民的人身自由实施暂时性限制，或者对公民、法人或者其他组织的财物实施暂时性控制的行为。行政强制执行是指行政机关或者行政机关申请人民法院，对不履行行政决定的公民、法人或者其他组织,依法强制履行义务的行为。《行政强制法》第9条规定:行政强制措施的种类包括:(一)限制公民人身自由;(二)查封场所、设施或者财物;(三)扣押财物;(四)冻结存款、汇款;(五)其他行政强制措施。第12条规定:行政强制执行的方式包括:(一)加处罚款或者滞纳金;(二)划拨存款、汇款;(三)拍卖或者依法处理查封、扣押的场所、设施或者财物;(四)排除妨碍、恢复原状;(五)代履行;(六)其他强制执行方式。因此,行政强制有行政强制措施和行政强制执行决定之分,相对人对这些行政强制决定不服的,均可申请行政复议。

此项情形在《行政复议法》(2017年修正)第6条第2项的基础上修改而来。《行政复议法》(2017年修正)第6条第2项规定,对行政机关作出的限制人身自由或者查封、扣押、冻结财产等行政强制措施决定不服的,公民、法人或者其他组织可以申请行政复议。本次修法针对此种情形的修改之处有二:第一,将行政强制执行决定纳入行政复议范围。主要原因在于,行政强制执行是一个独立的行政行为,有独立的程序要求,且可能对行政相对人的合法权益造成损害。[①] 德国、日本的相关立法也均认可行政强制执行的可复议性。[②] 需要注意的是,本项中的行政强制执行,仅指行政机关的强制执行,不包括法院的非诉强制执行。第二,删除了行政强制措施决定类型"限制人身自由或者查封、扣押、冻结财产等"的列举,统一用"行政强制措施决定"替代。其出发点同行政处罚,一则适应实践发展的需要,将所有实质性的行政强制措施决定尤其是

[①] 参见庄天逸:《论行政强制执行的法律救济》,载《河北法学》2008年第8期。
[②] 参见袁曙宏:《我国〈行政强制法〉的法律地位、价值取向和制度逻辑》,载《中国法学》2011年第4期。

新型的行政强制措施决定纳入行政复议范围；二则避免行政复议机关片面否定"等外等"之外的其他行政强制措施的可复议性。

(三) 行政许可决定

申请行政许可，行政机关拒绝或者在法定期限内不予答复，或者对行政机关作出的有关行政许可的其他决定不服，公民、法人或者其他组织可以依照《行政复议法》申请行政复议。

根据《行政许可法》第 2 条，行政许可是指行政机关根据公民、法人或者其他组织的申请，经依法审查，准予其从事特定活动的行为。行政许可表现为许可证、执照、资格证、资质证、行政机关的批准文件或证明文件等。[①] 有关行政许可的决定包括准许许可决定、拒绝许可决定、变更许可决定、中止许可决定、撤销许可决定等。申请行政许可，行政机关拒绝或者在法定期限内不予答复，或者对行政机关作出的有关行政许可的其他决定不服，公民、法人或者其他组织均可以申请行政复议。首先，如果行政机关直接拒绝相对人的许可申请，可能侵犯相对人的合法权益，应当纳入行政复议范围。其次，相对人申请行政许可，行政机关在法定期限内不予答复的，构成默示的拒绝，实际上相当于拒绝了相对人的许可申请，同样有侵犯相对人的合法权益之嫌。最后，行政机关作出的有关行政许可的其他决定类型多样，诸如撤销许可决定、变更许可决定、中止许可决定等都可能对相对人的合法权益产生影响，理应纳入行政复议范围。

---

① 参见马怀德主编：《行政法学（第二版）》，中国政法大学出版社 2009 年版，第 182-183 页。

此项情形在《行政复议法》（2017年修正）第6条第3项和第8项的基础上修改而来。《行政复议法》（2017年修正）第6条第3项规定，对行政机关作出的有关许可证、执照、资质证、资格证等证书变更、中止、撤销的决定不服的，公民、法人或者其他组织可以申请行政复议。第8项规定，认为符合法定条件，申请行政机关颁发许可证、执照、资质证、资格证等证书，或者申请行政机关审批、登记有关事项，行政机关没有依法办理的，公民、法人或者其他组织可以申请行政复议。本次修法对此进行了简化处理，将《行政复议法》（2017年修正）第6条第3项和第8项规定的有关行政许可的诸多情形简化为"有关行政许可的决定"，既简化了语言表述，又可容纳有关行政许可的各类决定，丰富了可申请行政复议的行政许可决定范围，起到扩大行政复议范围之效。当然，本项情形实际上参考了《行政诉讼法》第12条第1款第3项的规定"人民法院受理公民、法人或者其他组织提起的下列诉讼：……（三）申请行政许可，行政机关拒绝或者在法定期限内不予答复，或者对行政机关作出的有关行政许可的其他决定不服的"。

（四）行政确认决定

对行政机关作出的确认自然资源的所有权或者使用权的决定不服，公民、法人或者其他组织可以依照《行政复议法》申请行政复议。

根据《土地管理法》《矿产资源法》《水法》《森林法》《草原法》《渔业法》《海域使用管理法》等法律的规定，县级以上各级政府对土地、矿藏、水流、森林、山岭、草原、荒地、滩涂、海域等自然资源的所有权或使用权予以确认和核发相关证书。如《草原法》第11条第3款规定：集体所有的草原，由县级人民政府登记，核发所有权证，确认草原所有权。这里的"确认"，包括颁发确认所有权或使用权的证书，也包括所有权或使用权发生争议，由行政机关作出的裁决。这类行为一经作出便对相对人具有法定的约束力和强制力，直接影响到相对人的合法权益，相对人对这类行为不服的，可申请行政复议。① 其中自然资源包括土地、矿藏、水流、森林、山岭、草原、荒地、滩涂、海域等。不管是涉及所有权还是使用权均可复议。

此项情形参考了《行政复议法》（2017年修正）。《行政复议法》（2017年修正）第6条第4项规定：对行政机关作出的关于确认土地、矿藏、水流、森林、山岭、草原、荒地、滩涂、海域等自然资源的所有权或者使用权的决定不服的，公民、法人或者其他组织可以申请行政复议。本次修法取消了自然资源类型的列举，将《行政复议法》（2017年修正）列举的自然资源类型"土地、矿藏、水流、森林、山岭、草原、荒地、滩涂、海域"全部删除。主要出发点在于，防止行政复议机关以某种自然资源尤其是新型自然资源不在《行政复议法》列举之列为由将其排除在行政复议范围之外，本次修订将所有涉及自然资源所有权或使用权的行政确认决定纳入行政复议范围，尽可能地使相对人通过行政复议获得救济。

（五）行政征收征用决定及其补偿决定

对行政机关作出的征收征用决定及其补偿决定不服，公民、法人或者其他组织可以依照《行政复议法》申请行政复议。

---

① 参见周佑勇：《行政法原论（第三版）》，北京大学出版社2018年版，第362页。

行政征收是指，行政机关为了公共利益，依法将公民、法人或其他组织的财物收归国有的行政行为。如为了建设高铁而征收农村集体土地。行政征用是指，行政机关为了抢险救灾等紧急需要，依法强制使用公民、法人或其他组织财物或劳务并给予补偿的行政行为。①《宪法》第 10 条第 3 款规定：国家为了公共利益的需要，可以依照法律规定对土地实行征收或者征用并给予补偿。第 13 条第 3 款规定：国家为了公共利益的需要，可以依照法律规定对公民的私有财产实行征收或者征用并给予补偿。《民法典》第 117 条规定：为了公共利益的需要，依照法律规定的权限和程序征收、征用不动产或者动产的，应当给予公平、合理的补偿。因此，行政机关行使行政征收征用权必须遵循以下条件：第一，以公共利益为目的；第二，不超越法律规定的权限；第三，遵循法律规定的程序；第四，给予公平合理的补偿。如果行政机关打着公共利益的幌子作出征收征用决定、越权行使征收征用权、违反法定程序或者补偿不合理的，就构成征收征用权的滥用，必然侵犯被征收征用人的合法权益。故而，公民、法人或其他组织对行政征收征用决定不服，或者对补偿决定不服的，都可以申请行政复议。需要强调的是，本条规定的征收不包括征税和行政收费。

此项情形在《行政复议法》（2017 年修正）第 6 条第 7 项的基础上修改而来。《行政复议法》（2017 年修正）第 6 条第 7 项规定，认为行政机关违法征收财物的，公民、法人或者其他组织可以申请行政复议。《行政复议法》此次修改一则将"违法征收财物"修改为"征收决定"，实际上将所有征收相关的决定均纳入行政复议范

---

① 参见胡建淼：《行政法学（第五版）》，法律出版社 2023 年版，第 622 页。

围，有拓展行政复议范围之效；二则增加了征用决定，自此征用决定成为可申请行政复议的新型行政行为；三则单列了补偿决定，不仅进一步拓宽了行政复议范围，且有效迎合了有关补偿决定的行政争议高发之实践需要。本项实际上参考了《行政诉讼法》第12条第1款第5项的规定"人民法院受理公民、法人或者其他组织提起的下列诉讼：……（五）对征收、征用决定及其补偿决定不服的……"

（六）赔偿决定

对行政机关作出的赔偿决定或者不予赔偿决定不服，公民、法人或者其他组织可以依照《行政复议法》申请行政复议。

根据《国家赔偿法》第3条、第4条，行政机关及其工作人员在行使行政职权时侵犯人身权、财产权的，受害人有取得赔偿的权利。第13条规定，赔偿义务机关应当自收到申请之日起两个月内，作出是否赔偿的决定。对此，赔偿义务机关既可能在规定期限内作出是否赔偿的决定，也可能未在规定期限内作出是否赔偿的决定；既可能作出赔偿决定，也可能作出不予赔偿决定。而即便赔偿义务机关作出了赔偿决定，相对人仍然可能对赔偿的方式、项目、数额有异议。其中，"赔偿义务机关在规定期限内未作出是否赔偿的决定"与"赔偿义务机关作出不予赔偿决定"均构成赔偿不作为，前者是默示的不予赔偿决定，后者是明示的不予赔偿决定，但都侵犯了相对人的财产权等合法权益，应当允许相对人就不予赔偿决定申请行政复议。"对赔偿的方式、项目、数额有异议"说明赔偿义务机关作出了赔偿决定，但相对人对赔偿义务机关所作赔偿决定的内容不服，有权通过复议获得救济。因此，本项所指的"行政机关作出的赔偿决定或者不予赔偿决定"具体包括"赔偿义务机关在规定期限内未作出是否赔偿的决定""对赔偿的方式、项目、数额有异议""对赔偿义务机关作出的不予赔偿决定不服"三种情形。

此项情形为此次《行政复议法》修改新增，不仅进一步扩大了行政复议范围，有利于为相对人提供多元化的救济渠道，而且与《国家赔偿法》相互衔接，增强了法律的整体适用效能。而在此之前，最高院倾向于认为，不予赔偿决定系赔偿义务机关对赔偿请求人的赔偿请求先行处理的程序性行为，并非独立可复议的行政行为。[1]

（七）工伤认定决定

对行政机关作出的不予受理工伤认定申请的决定或者工伤认定结论不服，公民、法人或者其他组织可以依照《行政复议法》申请行政复议。

工伤认定属于行政确认行为[2]，关系着劳动者及其家人的切身利益和社会公共利益，社会公众关注度高。近年来，因工伤认定引发的纠纷越来越多。内容主要涉及是否受理工伤认定申请、是否认定工伤等。第一，行政机关作出的不予受理工伤认定申请的决定直接影响相对人通过工伤认定获得医疗救治和经济补偿，应当将其纳入复议范围，通过行政复议机关的二次审查决定相对人的工伤认定申请是否应予受理乃至作出工伤认定结论。第二，行政机关作出的工伤认定结论多体现为不认定为工伤、认定为工伤且确定了工伤认定等级等，直接关系到相对人能否享受社会保险待遇以及享受社会

---

[1] 参见中国裁判文书网最高人民法院（2020）最高法行申2803号行政裁定书。
[2] 谭金可：《论工伤认定"循环诉讼"的症结突破》，载《中州学刊》2020年第12期。

保险待遇的内容，相对人不服工伤认定结论，应当允许其通过行政复议获得救济。

此项情形为此次《行政复议法》修改新增。此次修法将其纳入行政复议范围，有助于进一步保护相对人的合法权益，及时保障因工作遭受事故伤害或者患职业病的相对人获得救济。此外，将"不予受理工伤认定申请的决定或者工伤认定结论"纳入行政复议范围亦与《工伤保险条例》《工伤认定办法》等相关法律规范相互衔接相互协调。《工伤保险条例》第55条规定：有下列情形之一的，有关单位或者个人可以依法申请行政复议：（一）申请工伤认定的职工或者其近亲属、该职工所在单位对工伤认定申请不予受理的决定不服的；（二）申请工伤认定的职工或者其近亲属、该职工所在单位对工伤认定结论不服的；（三）用人单位对经办机构确定的单位缴费费率不服的；（四）签订服务协议的医疗机构、辅助器具配置机构认为经办机构未履行有关协议或者规定的；（五）工伤职工或者其近亲属对经办机构核定的工伤保险待遇有异议的。《工伤认定办法》第23条也规定：职工或者其近亲属、用人单位对不予受理决定不服或者对工伤认定决定不服的，可以依法申请行政复议或者提起行政诉讼。

（八）侵犯经营权的行为

认为行政机关侵犯其经营自主权或者农村土地承包经营权、农村土地经营权，公民、法人或者其他组织可以依照《行政复议法》申请行政复议。

经营自主权是企业、个体经营者等依法享有的调配使用自己的人力、物力、财力，自主组织生产经营活动的权利。经营自主权的内容包括：经营主体对财产的占有权、使用权、收益权、处分权等。①《企业法》等法律法规赋予了企业等单位一系列经营自主权，由企业独立自主行使，不受包括行政机关在内的任何人或组织的非法干涉。②行政机关非法干涉企业经营活动、侵犯企业经营自主权的，企业可申请行政复议。农村土地承包经营权是农村集体经济组织的成员或其他承包经营人依法对其承包的土地享有的自主经营、流转、收益的权利，行政机关不得侵犯。如果行政机关未经农民同意，通过禁止农村土地承包经营、随意变更或废止原承包经营合同等方式侵犯农民的农村土地承包经营权，农民有权申请行政复议。农村土地经营权是从农村土地承包经营权中分离出的一项权能，指承包农户将承包土地流转出去，由其他组织或个人经营，其他组织或个人取得土地经营权。行政机关侵犯农村土地经营权的，同样构成对权利人财产权益的侵犯，相对人有权通过行政复议获得救济。

此项情形在《行政复议法》（2017年修正）第6条第5项、第6项的基础上修改而来。《行政复议法》（2017年修正）第6条第5项规定，认为行政机关侵犯合法的经营自主权的，公民、法人或者其他组织可以申请行政复议。第6项规定，认为行政机关变更或者废止农业承包合同，侵犯其合法权益的，公民、法人或者其他组织可以申请行政复议。《行政复议法》此次修改一则删除了"合法"二字，表达上更为科学精练。权利本就自带合法属性，经营自主权亦然。二则将"认为行政机关变更或者废止农业承包合同，侵犯其合法权益的"简化为"认为行政机关侵犯其农村土地承包经营

---

① 参见罗豪才、湛中乐主编：《行政法学（第三版）》，北京大学出版社2012年版，第503页。

② 参见周佑勇：《行政法原论（第三版）》，北京大学出版社2018年版，第362页。

权",实际上囊括了"变更或者废止农业承包合同"在内的所有侵犯农村土地承包经营权的样态,如禁止农村土地承包经营,有扩大行政复议范围之效。三则将"认为行政机关侵犯其农村土地经营权"纳入行政复议范围,将《行政复议法》的救济范围从农村土地承包经营权人扩展到农村土地经营权人,有助于进一步保护农村土地经营权人的合法权益。本项情形实际上参考了《行政诉讼法》第12条第1款第7项的规定"人民法院受理公民、法人或者其他组织提起的下列诉讼:……(七)认为行政机关侵犯其经营自主权或者农村土地承包经营权、农村土地经营权的……"

(九)滥用行政权力排除或限制竞争的行为

认为行政机关滥用行政权力排除或者限制竞争,公民、法人或者其他组织可以依照《行政复议法》申请行政复议。

公平竞争权是市场主体依法享有的在公平环境中竞争并实现经济利益的权利。[①]《反垄断法》第10条规定:行政机关和法律、法规授权的具有管理公共事务职能的组织不得滥用行政权力,排除、限制竞争。第五章专章规定了"滥用行政权力排除、限制竞争"。行政机关滥用行政权力排除或者限制竞争的行为主要包括五类:一是强制交易行为,即行政机关限定或变相限定单位或个人购买、使用其所指定的经营者提供的商品;二是设置地方贸易壁垒,即行政机关通过对外地商品设定歧视性收费项目,实行歧视性收费标准,规定歧视性价格、歧视性技术标准或采取专门的行政许可等方式,

---

[①] 参见刘训峰:《公平竞争权之质疑——对〈最高人民法院关于执行《中华人民共和国行政诉讼法》若干问题的解释〉第13条的重新审视》,载《行政法学研究》2011年第3期。

限制外地商品进入本地市场;三是限制跨地区招投标活动和投资活动,即行政机关以设定歧视性资质要求、评审标准,不依法发布信息或采取不平等待遇等方式,排斥或限制外地经营者参与本地招标活动和投资活动;四是强制经营者从事违法的不正当竞争行为或垄断行为;五是行政机关通过行使行政权对平等主体间的竞争关系进行非法干预或给予平等主体不平等对待的其他情形。此外,行政机关不履行法定监管义务,致使守法的经营者处于不利竞争地位的,也可能构成对行政权力的滥用。行政机关滥用行政权力排除或者限制竞争的行为往往导致某一生产、流通或消费领域的竞争受到实质性的限制,不仅破坏公平竞争环境,也构成对公民、法人或其他组织公平竞争权的侵犯。[1] 因此,公民、法人或其他组织认为行政机关滥用行政权力排除或者限制竞争,应当允许其通过行政复议寻求救济。

此项情形为此次《行政复议法》修改新增。此次修法将其纳入行政复议范围,进一步拓展了行政复议的范围,有助于充分保障市场主体的公平竞争权,有优化营商环境之效。此外,将"认为行政机关滥用行政权力排除或者限制竞争"纳入行政复议范围亦与《反垄断法》相协调。《反垄断法》第65条规定,对反垄断执法机构依据《反垄断法》第34条、第35条作出的决定不服的,可以先依法申请行政复议。对反垄断执法机构作出的前述规定以外的决定不服的,可以依法申请行政复议或者提起行政诉讼。第34条规定:经营者集中具有或者可能具有排除、限制竞争效果的,国务院反垄断

---

[1] 参见周少华、高鸿:《行政诉讼中的公平竞争权及相关问题研究》,载《法学评论》2004年第6期。

执法机构应当作出禁止经营者集中的决定。但是，经营者能够证明该集中对竞争产生的有利影响明显大于不利影响，或者符合社会公共利益的，国务院反垄断执法机构可以作出对经营者集中不予禁止的决定。第35条规定：对不予禁止的经营者集中，国务院反垄断执法机构可以决定附加减少集中对竞争产生不利影响的限制性条件。本项情形实际上参考了《行政诉讼法》第12条第1款第8项的规定"人民法院受理公民、法人或者其他组织提起的下列诉讼：……（八）认为行政机关滥用行政权力排除或者限制竞争的……"

（十）违法要求履行义务

认为行政机关违法集资、摊派费用或者违法要求履行其他义务，公民、法人或者其他组织可以依照《行政复议法》申请行政复议。

在实践中，行政机关常常通过为相对人设定义务并要求相对人履行义务的形式来实现对社会的管理。但是，行政机关为相对人设定义务并要求其履行义务必须符合合法行政原则，严格依法进行。行政机关没有法律依据或违反法律规定为相对人设定义务并要求相对人履行的，构成违法要求履行义务。违法集资、摊派费用是典型的行政机关违法要求相对人履行义务的表现。违法集资是指，行政机关违反法律、法规的规定或不依照法定程序，向社会公众筹集资金的行为；违法摊派费用是指，行政机关以法律、法规规定以外的方式要求公民、法人或其他组织提供财产的行为。这两种行为都属于行政机关违法侵占相对人的合法财产，侵犯了相对人的财产权。此外，行政机关违法要求相对人履行其他义务，如要求企业不得销售某种产品，或超出法律规定的种类、幅度和方式要求相对人履行其他义务的,如超法定标准收费等,都属于行政机关"违法要求履行义务"的行为。"违法要求履行义务行政行为是一种损益或者剥益行政行为"①,相对人有权申请行政复议。

此项情形参考了《行政复议法》(2017年修正)的有关规定。《行政复议法》(2017年修正)第6条第7项规定,认为行政机关违法集资、征收财物、摊派费用或者违法要求履行其他义务的,公民、法人或者其他组织可以申请行政复议。本次修订主要修改之处在于,将"征收财物"修改为"行政征收征用决定及其补偿决定"并单独列为一项可复议的情形。本项情形实际上参考了《行政诉讼法》第12条第1款第9项,该项规定:"人民法院受理公民、法人或者其他组织提起的下列诉讼:……(九)认为行政机关违法集资、摊派费用或者违法要求履行其他义务的……"

(十一)不履行法定职责

申请行政机关履行保护人身权利、财产权利、受教育权利等合法权益的法定职责,行政机关拒绝履行、未依法履行或者不予答复,公民、法人或者其他组织可以依照《行政复议法》申请行政复议。

行政机关作为执行国家法律的重要组织力量,担负着保护公民、法人或其他组织的人身权利、财产权利、受教育权利等合法权益的法定职责。公民、法人或其他组织认为其合法权益受到威胁时,有权向有关行政机关申请保护。行政机关无正当理由拒绝、不

---

① 周孝怀:《论违法要求履行义务行政行为的救济》,载《天津法学》2014年第2期。

予答复或者未依法履行的，构成不履行法定职责。① 由此，这类案件的形成需要满足以下三个条件：第一，公民、法人或其他组织向行政机关提出了保护申请，或者行政机关应当主动履行法定职责。第二，接到申请的行政机关负有保护公民、法人或其他组织的人身权利、财产权利、受教育权利等合法权益的法定职责，公民、法人或其他组织所申请保护的内容必须在被申请的行政机关的职责范围之内。第三，行政机关对公民、法人或其他组织的申请拒绝履行、不依法履行或不予答复。其中"拒绝履行"构成明示的拒绝，"不予答复"构成默示的拒绝，"未依法履行"包括不及时履行、不按照法定权限履行、不按照法定程序履行、未全面履行等情形。

此项情形在《行政复议法》（2017年修正）第6条第9项的基础上修改而来。《行政复议法》（2017年修正）第6条第9项规定，申请行政机关履行保护人身权利、财产权利、受教育权利的法定职责，行政机关没有依法履行的，公民、法人或者其他组织可以申请行政复议。本次修订主要修改之处在于：第一，将"人身权利、财产权利、受教育权利"修改为"人身权利、财产权利、受教育权利等合法权益"，将人身权利、财产权利、受教育权利以外的其他合法权益统统纳入行政复议的保护范围，扩大了行政相对人可以主张的合法权益范围，大大拓宽了行政复议范围。第二，将"没有依法履行"修改为"拒绝履行、未依法履行或者不予答复"，进一步明确了行政机关不履行法定职责的表现样态，增强了确定行政复议范围的可操作性。

---

① 参见李蕊:《不履行法定职责案件若干问题的思考》，载《人民司法》2009年第7期。

（十二）行政给付

申请行政机关依法给付抚恤金、社会保险待遇或者最低生活保障等社会保障，行政机关没有依法给付，公民、法人或者其他组织可以依照《行政复议法》申请行政复议。

行政给付是指行政机关在公民年老、疾病或丧失劳动能力等情况或其他特殊情况下，依照有关法律、法规、规章或政策等规定，赋予其一定的物质利益（如金钱或实物）或与物质有关的权益的行政行为。[①] 可复议的行政给付对象主要是指社会保障，具体体现为抚恤金、社会保险待遇、最低生活保障等。抚恤金是指，公民因公、因病致残或死亡后，由民政部门发给其本人或其亲属的生活费用，包括因公死亡人员遗属的死亡抚恤金和因公致伤、致残者本人的伤残抚恤金。社会保险待遇是公民在年老、疾病、工伤、失业、生育等情况下，国家和社会提供的物质帮助。根据《社会保险法》第2条第1款，社会保险包括基本养老保险、基本医疗保险、工伤保险、失业保险、生育保险。最低生活保障是指，政府向城镇居民发放的维持其基本生活需要的社会救济金，按照家庭成员人均收入低于当地最低生活保障标准的差额按月发放。《城市居民最低生活保障条例》第2条第1款规定：持有非农业户口的城市居民，凡共同生活的家庭成员人均收入低于当地城市居民最低生活保障标准的，均有从当地人民政府获得基本生活物质帮助的权利。给付抚恤金、社会保险待遇或者最低生活保障等社会保障属于行政给付行

[①] 罗豪才、湛中乐主编：《行政法学（第三版）》，北京大学出版社2012年版，第262-263页。

为，依法给付抚恤金、社会保险待遇或者最低生活保障等社会保障是行政机关的法定职责，享受社会保障是《宪法》赋予公民的基本权利。申请行政机关依法给付抚恤金、社会保险待遇或者最低生活保障等社会保障，行政机关未依法给付的，侵犯了公民的合法权益，公民有权申请行政复议。"行政机关没有依法给付"具体包括直接拒绝给付、仅部分给付、迟延给付等情形。需要注意的是，行政给付是依申请的行政行为，如果相对人未向行政机关提交给付社会保障的申请，即以行政机关没有依法给付为由申请行政复议，行政复议机关可不予受理。

此项情形在《行政复议法》（2017年修正）第6条第10项的基础上修改而来。《行政复议法》（2017年修正）第6条第10项规定，申请行政机关依法发放抚恤金、社会保险金或者最低生活保障费，行政机关没有依法发放的，公民、法人或者其他组织可以申请行政复议。本次修订主要修改之处在于：第一，将"抚恤金、社会保险金或者最低生活保障费"修改为"抚恤金、社会保险待遇或者最低生活保障等社会保障"。以"社会保险待遇"替代"社会保险金"，以"最低生活保障"替代"最低生活保障费"，意味着行政给付的对象并不限于金钱，而是包括金钱以外的实物、与物质有关的权益等其他待遇。增加了"等社会保障"作为兜底，肯认了针对抚恤金、社会保险待遇、最低生活保障以外的其他社会保障如救济金、福利金的行政行为的可复议性，进一步扩大了行政复议范围。第二，将"发放"修改为"给付"，用词更为严谨、专业。

（十三）行政协议

认为行政机关不依法订立、不依法履行、未按照约定履行或者违法变更、解除政府特许经营协议、土地房屋征收补偿协议等行政协议，公民、法人或者其他组织可以依照《行政复议法》申请行政复议。

根据《最高人民法院关于审理行政协议案件若干问题的规定》第1条，行政协议是指行政机关为了实现行政管理或者公共服务目标，与公民、法人或者其他组织协商订立的具有行政法上权利义务内容的协议。常见的行政协议包括政府特许经营协议，土地、房屋等征收征用补偿协议，矿业权等国有自然资源使用权出让协议，政府投资的保障性住房的租赁、买卖等协议，政府与社会资本合作协议等。行政机关不依法订立、不依法履行、未按照约定履行或者违法变更、解除行政协议，侵犯了相对人一方合法权益的，应当允许相对人一方申请行政复议寻求救济。理解此项情形需要注意以下两点：第一，所有的行政协议均可复议。新修订的《行政复议法》虽然明确列举了"政府特许经营协议"与"土地房屋征收补偿协议"这两类典型的行政协议，但并不意味着其他行政协议不可复议。此处的"等"为"等外等"。第二，针对行政协议的各类行为均可复议。包括行政机关不依法订立行政协议、不依法履行行政协议，未按照约定履行行政协议，违法变更、解除行政协议，尤其不可忽略不依法订立行政协议。"不依法订立"是指行政机关不履行订立行政协议的义务，不依法与申请人订立行政协议。[①]

此项情形为此次《行政复议法》修改新增。此次修法将其纳入行政复议范围，进一步增加了可复议的行政行为种类，扩大了行政

---

① 章剑生：《行政协议复议审查的范围、规则与决定方式》，载《法律科学（西北政法大学学报）》2023年第2期。

复议范围。本项情形实际上参考了《行政诉讼法》第12条第1款第11项的规定"人民法院受理公民、法人或者其他组织提起的下列诉讼：……（十一）认为行政机关不依法履行、未按照约定履行或者违法变更、解除政府特许经营协议、土地房屋征收补偿协议等协议的……"但相较于《行政诉讼法》而言，新修订的《行政复议法》将"不依法订立行政协议"纳入了复议范围。

（十四）政府信息公开

认为行政机关在政府信息公开工作中侵犯其合法权益，公民、法人或者其他组织可以依照《行政复议法》申请行政复议。

根据《中华人民共和国政府信息公开条例》第2条，政府信息，是指行政机关在履行行政管理职能过程中制作或者获取的，以一定形式记录、保存的信息。为了保障公民、法人和其他组织依法获取政府信息，提高政府工作的透明度，建设法治政府，充分发挥政府信息对人民群众生产生活和经济社会活动的服务作用，行政机关负有主动公开相关政府信息或依申请公开相关政府信息的义务。行政机关在政府信息公开工作中侵犯相对人合法权益的，应当允许相对人通过复议、诉讼等途径寻求救济。① 《中华人民共和国政府信息公开条例》第51条规定：公民、法人或者其他组织认为行政机关在政府信息公开工作中侵犯其合法权益的，可以依法申请行政复议。《关于审理政府信息公开行政复议案件若干问题的指导意见》第2条进一步规定：公民、法人或者其他组织认为政府信息公开行

---

① 参见陈书全：《政府信息公开行政相对人权利救济机制研究》，载《中国海洋大学学报（社会科学版）》2012年第5期。

为侵犯其合法权益，有下列情形之一的，可以依法向行政复议机关提出行政复议申请：（一）向行政机关申请获取政府信息，行政机关答复不予公开（含部分不予公开，下同）、无法提供、不予处理或者逾期未作出处理的；（二）认为行政机关提供的政府信息不属于其申请公开的内容的；（三）认为行政机关告知获取政府信息的方式、途径或者时间错误的；（四）认为行政机关主动公开或者依申请公开的政府信息侵犯其商业秘密、个人隐私的；（五）认为行政机关的其他政府信息公开行为侵犯其合法权益的。

此项情形为此次《行政复议法》修改新增。此次修法将其纳入行政复议范围，主要原因有二：第一，有助于扩大行政复议范围，让行政复议担当解决行政纠纷主渠道的角色；第二，实践中政府信息公开案件非常多，承认政府信息公开系列行为的可复议性，有助于实现案件分流，避免过多的政府信息公开案件涌入法院，徒增法院负担。

四、否定性排除

根据新修订的《行政复议法》第12条，以下四项事项不属于行政复议范围，相对人不得提出行政复议申请：

（一）国家行为

国防、外交等国家行为不属于行政复议范围。

根据《最高人民法院关于适用〈中华人民共和国行政诉讼法〉的解释》第2条，国家行为是指，国务院、中央军事委员会、国防部、外交部等根据《宪法》和法律的授权，以国家的名义实施的有关国防和外交事务的行为，以及经《宪法》和法律授权的国家机关宣布紧急状态等行为。因此，国家行为包括国防行为、外交行为、宣布紧急状态等。国防行为是指，国家为防备和抵抗侵略，制止武装颠覆和分裂，保卫国家主权、统一、领土完整、安全和发展利益所进行的军事活动，如宣战、发布动员令、戒严令、军事演习、设立军事禁区等。外交行为是指，国家之间或国家与国际组织之间的交往行为，如对外国国家和政府的承认、建交、断交、缔结条约、公约和协定等。除了国防、外交以外，还有一些涉及国家重大利益的行为也属于国家行为，如《宪法》第89条第16项规定，国务院有权依照法律规定决定省、自治区、直辖市的范围内部分地区进入紧急状态。

此项情形为此次《行政复议法》修改新增。新修订的《行政复议法》之所以将国家行为纳入行政复议的排除范围，主要原因有二：第一，国家行为虽然也体现为行政权的行使，[①] 但具有很强的保密性，一旦公开难免损害国家的整体利益，因而不宜为相对人知晓，遑论提起行政复议申请；第二，国家行为具有很强的政策性，通常由国家权力机关来追究政府的政治责任，不宜由行政复议机关进行监督。本项情形实际上照搬了《行政诉讼法》第13条第1项的规定"人民法院不受理公民、法人或者其他组织对下列事项提起的诉讼：（一）国防、外交等国家行为……"

（二）抽象行政行为

行政法规、规章或者行政机关制定、发布的具有普遍约束力的

[①] 王春业：《行政复议受案范围负面清单模式之建构》，载《法商研究》2017年第4期。

决定、命令等规范性文件不属于行政复议范围。

行政法规、规章或者行政机关制定、发布的具有普遍约束力的决定、命令等规范性文件同属于抽象行政行为范畴。新修订的《行政复议法》之所以将抽象行政行为排除在行政复议范围之外，主要原因有四：

第一，依照《宪法》和有关组织法以及我国人民代表大会的政治制度，确认抽象行政行为是否合法，是否对其予以撤销、改变的权力属于国家权力机关和上级机关。根据《宪法》第67条，撤销国务院制定的同宪法、法律相抵触的行政法规、决定和命令属于全国人民代表大会常务委员会的职权。第89条规定，改变或者撤销各部、各委员会发布的不适当的命令、指示和规章，改变或者撤销地方各级国家行政机关的不适当的决定和命令属于国务院的职权。《地方各级人民代表大会和地方各级人民政府组织法》第11条规定，县级以上的地方各级人民代表大会有权撤销本级人民政府的不适当的决定和命令。第73条规定，县级以上的地方各级人民政府有权改变或者撤销所属各工作部门的不适当的命令、指示和下级人民政府的不适当的决定、命令。因此，凡是不服行政法规、规章或者规范性文件的，可以告知控告人向制定该行政法规、规章、规范性文件的同级人大常委会或上一级行政机关提出控告。

第二，现行体制中已经存在对抽象行政行为的监督和救济制度。除了上述国家权力机关和上级行政机关的监督以外，还可以通过备案审查、法规清理和间接诉讼的方式进行监督。具体而言，国务院各部委和地方各级人民政府制定的规章要向国务院备案，国务院通过备案审查可以发现规章存在的不当或违法问题，从而加以纠正。有些省、自治区、直辖市人民政府也要求所属工作部门和下级人民政府将其规范性文件上报备案。国务院在组织清理规范性文件过程中也可以发现抽象行政行为存在的问题并予以解决。[①] 对于规范性文件，新修订的《行政复议法》第13条明确，行政复议机关可以对规范性文件进行附带审查，公民、法人或者其他组织认为行政机关的行政行为所依据的下列规范性文件不合法，在对行政行为申请行政复议时，可以一并向行政复议机关提出对该规范性文件的附带审查申请：（一）国务院部门的规范性文件；（二）县级以上地方各级人民政府及其工作部门的规范性文件；（三）乡、镇人民政府的规范性文件；（四）法律、法规、规章授权的组织的规范性文件。前述规范性文件不含规章。规章的审查依照法律、行政法规办理。

第三，抽象行政行为具有较多政策性成分和自由裁量因素，不适于行政复议机关审查，行政复议机关主要解决法律问题而非政策问题。

第四，抽象行政行为针对的都是较大范围的对象，如果抽象行政行为侵犯了大多数人的利益，不宜由某一个对象通过一个个申请行政复议来解决，合适的方式是由国家权力机关和上级机关撤销或改变抽象行政行为，进行全面解决。

此项情形为此次《行政复议法》修改新增。本项情形实际上参考了《行政诉讼法》第13条第2项的规定"人民法院不受理公民、法人或者其他组织对下列事项提起的诉讼：……（二）行政法规、规章或者行政机关制定、发布的具有普遍约束力的决定、命令……"同时在

[①] 参见孔繁华：《行政规范性文件法律监督机制探究》，载《法学杂志》2011年第7期。

"决定、命令"之后增加了"等规范性文件"。

(三) 奖惩、任免等决定

行政机关对行政机关工作人员的奖惩、任免等决定不属于行政复议范围。

奖是指奖励。惩是指行政处分，是行政机关内部、上级对有隶属关系的下级违反纪律的行为或尚未构成犯罪的违法行为所给予的纪律制裁，包括警告、记过、记大过、降级、撤职、开除六种类型。任免即行政机关工作人员职务的委任、聘任和撤免。行政机关对行政机关工作人员的奖惩、任免等决定属于行政系统内部的处分行为[①]，由行政系统内部的上级行政机关、人事管理机关或行政监察机关通过申诉途径解决，而不能申请复议。《公务员法》第95条第1款即规定，公务员对涉及本人的下列人事处理不服的，可以自知道该人事处理之日起三十日内向原处理机关申请复核；对复核结果不服的，可以自接到复核决定之日起十五日内，按照规定向同级公务员主管部门或者作出该人事处理的机关的上一级机关提出申诉；也可以不经复核，自知道该人事处理之日起三十日内直接提出申诉：(一) 处分；(二) 辞退或者取消录用；(三) 降职；(四) 定期考核定为不称职；(五) 免职；(六) 申请辞职、提前退休未予批准；(七) 不按照规定确定或者扣减工资、福利、保险待遇；(八) 法律、法规规定可以申诉的其他情形。例如，医师职称评审等专业技术人员职称任职资格的评定工作，属于人事管理范

[①] 参见湛中乐：《论我国〈行政复议法〉修改的若干问题》，载《行政法学研究》2013年第1期。

畴，不属于行政机关颁发许可证、执照、资格证、资质证的范围，不属于行政机关对外作出的行政管理行为，不属于行政复议范围。

此项情形在《行政复议法》（2017年修正）第8条第1款的基础上修改而来。《行政复议法》（2017年修正）第8条第1款规定，不服行政机关作出的行政处分或者其他人事处理决定的，依照有关法律、行政法规的规定提出申诉。本次修订主要修改之处在于，将"行政处分或者其他人事处理决定"修改为"奖惩、任免等决定"。

（四）行政调解

行政机关对民事纠纷作出的调解不属于行政复议范围。

某些行政机关享有调解民事纠纷的权力，即通过说服教育促使当事人友好协商达成协议，从而解决民事纠纷。如《草原法》第16条第1款规定：草原所有权、使用权的争议，由当事人协商解决；协商不成的，由有关人民政府处理。行政调解对双方当事人的约束力取决于其自愿接受，一方当事人如不服行政机关对民事作出的调解，可以向法院提起民事诉讼或申请仲裁解决其争议，不必申请复议。即便允许其提起行政复议，行政复议机关也只能就调解处理是否合法、适当作出判断，而不能最终解决行政调解所针对的民事纠纷，难以达到解决民事纠纷的目的。[1]

此项情形在《行政复议法》（2017年修正）第8条第2款的基础上修改而来。《行政复议法》（2017年修正）第8条第2款规定，不服行政机关对民事纠纷作出的调解或者其他处理，依法申请仲裁

---

[1] 参见王春业：《行政复议受案范围负面清单模式之建构》，载《法商研究》2017年第4期。

或者向人民法院提起诉讼。本次修订主要修改之处在于,删除了"或者其他处理"。

五、规范性文件：行政复议附带审查范围

根据新修订的《行政复议法》第 13 条,公民、法人或者其他组织认为行政机关的行政行为所依据的规范性文件不合法,在对行政行为申请行政复议时,可以一并向行政复议机关提出对该规范性文件的附带审查申请。

规范性文件是指,行政主体制定和发布的具有普遍约束力的决定、命令。实践中,有些地方政府和部门存在乱发文件的现象,不仅侵犯单个公民、法人或其他组织的合法权益,而且在一定范围内侵犯广大相对人的合法权益。允许申请人对行政行为申请行政复议时同时要求审查作为依据的规范性文件,实际上建立了一种由申请人启动对违法规范性文件的监督审查机制,体现了复议机关对规范性文件合法性的监督职能。[1] 不仅能实现个案正义,保障相对人的合法权益,而且可以避免同一规范性文件的多次侵权,有助于节约社会成本。[2] 此外,允许附带审查规范性文件有利于扩大人民群众对政府的监督范围,促进依法行政。

(一) 规范性文件附带审查的基本条件

规范性文件针对不特定的相对人,特定的相对人认为其违法申

---

[1] 曹鎏:《行政复议制度革新的价值立场与核心问题》,载《当代法学》2022 年第 2 期。

[2] 参见湛中乐:《论我国〈行政复议法〉修改的若干问题》,载《行政法学研究》2013 年第 1 期。

请复议的,必须满足以下条件:第一,被审查的规范性文件作为行政行为的依据存在,即与影响相对人权利义务的行政行为相联系。如果规范性文件没有被行政机关作为行政行为的依据,不能成为复议的对象。[1] 第二,申请对规范性文件进行审查的当事人必须是对行政行为申请行政复议的申请人。第三,规范性文件的审查源于公民、法人或其他组织的申请,行政复议机关不得在申请人未提出申请时主动对规范性文件进行审查。[2] 第四,相对人要求审查的只能是规范性文件的合法性,不能是适当性。第五,有权审查规范性文件的主体是行政复议机关。第六,公民、法人或其他组织不能单独申请由行政复议机关审查规范性文件,只能在申请审查行政行为时一并提起。第七,申请人可以在对行政行为提出行政复议申请的同时申请审查规范性文件,但并不意味着必须同时提出审查规范性文件的要求。实践中申请人在对行政行为提出行政复议申请时往往尚不知道该行政行为所依据的规范性文件是什么或其是否属于本条第1款规定的可申请审查的规范性文件。如果要求申请人必须在申请行政复议时就提出审查规范性文件的要求,就剥夺了申请人要求审查规范性文件的权利。因此,申请人在对行政行为提出复议申请时尚不知道行政行为所依据的规范性文件的,应当允许申请人在行政复议机关作出行政复议决定前向行政复议机关提出对该规范性文件的审查申请。但是,一旦行政复议机关作出行政复议决定,行政复议程序即告终结,申请人不能再提出审查规范性文件的申请。

---

[1] 参见姜明安主编:《行政法与行政诉讼法》,北京大学出版社、高等教育出版社2015年版,第382页。

[2] 参见周孝怀:《论违法要求履行义务行政行为的救济》,载《天津法学》2014年第2期。

（二）仅部分规范性文件可附带审查

根据新修订的《行政复议法》第 13 条，可附带审查的规范性文件包含四类：国务院部门的规范性文件；县级以上地方各级人民政府及其工作部门的规范性文件；乡、镇人民政府的规范性文件；法律、法规、规章授权的组织的规范性文件。因此，就针对的主体而言，包括国务院部门、县级以上地方人民政府及其工作部门、乡镇人民政府和法律、法规、规章授权的组织。尤其是不能忽略法律、法规、规章授权的组织的规范性文件，其同属规范性文件范畴，相对人有权就其申请行政复议机关附带审查。由此，新修订的《行政复议法》扩大了规范性文件的附带审查范围，公民、法人或者其他组织对有关行政机关和被授权组织制定的规范性文件都可以提出附带审查申请，以加强对规范性文件的监督。

但是，相对人并非对所有的规范性文件均可提出审查申请。可附带审查的规范性文件首先排除国务院制定的规范性文件，意即国务院作为制定主体产生的规范性文件具有"免检"之特殊性。其次，相对人不可就行政法规和规章向行政复议机关申请附带审查。规范性文件不同于规章也不同于行政法规，行政法规、部门规章和地方人民政府规章的审查依照《宪法》《地方各级人民代表大会和地方各级人民政府组织法》等相关法律规定的立法监督程序进行。《宪法》第 67 条规定："全国人民代表大会常务委员会行使下列职权：……（七）撤销国务院制定的同宪法、法律相抵触的行政法规、决定和命令……"第 89 条规定："国务院行使下列职权：……（十三）改变或者撤销各部、各委员会发布的不适当的命令、指示和规章……"《地方各级人民代表大会和地方各级人民政府组织法》第74条第1款规定，省、自治区、直辖市的人民政府可以根据法律、行政法规和本省、自治区、直辖市的地方性法规，制定规章，报国务院和本级人民代表大会常务委员会备案。设区的市、自治州的人民政府可以根据法律、行政法规和本省、自治区的地方性法规，依照法律规定的权限制定规章，报国务院和省、自治区的人民代表大会常务委员会、人民政府以及本级人民代表大会常务委员会备案。意即地方政府规章的监督权属于国务院、同级人大常委会或上一级行政机关，通过备案审查发现地方政府规章存在的不当或违法问题，从而加以纠正。新修订的《行政复议法》第57条规定，行政复议机关在对被申请人作出的行政行为进行审查时，认为其依据不合法，本机关有权处理的，应当在三十日内依法处理；无权处理的，应当在七日内转送有权处理的国家机关依法处理。

(三) 规范性文件仅可附带审查

相对人不能单独就规范性文件申请审查，只能在对行政行为申请行政复议时"一并"申请行政复议机关对规范性文件进行"附带"审查。换言之，公民、法人或其他组织不能仅因对规范性文件不服而直接针对规范性文件申请行政复议，只有对行政行为不服且认为行政行为的依据——规范性文件是行政行为错误的根源并直接导致行政行为侵犯自己的合法权益时，才能在对行政行为提出复议申请时一并要求行政复议机关附带审查该规范性文件。

第五章　行政复议机关及机构

作为担负着监督和救济双重使命的法律制度，行政复议的有效运行有赖于具有权威性和专业性的机关主导，而这一主导者便是行政复议机关。在行政复议活动中，行政复议机关扮演着法院的角色，居中审理行政行为的合法性、合理性，并作出相应的处理决定，显著区别于普通行政机关，具有独特的地位。此次《行政复议法》修订，对于行政机关方面的规定也做了较大程度的调整。本章将结合最新修订的《行政复议法》，对行政复议机关种类和职责、行政复议机构种类和职责、行政复议队伍建设等方面的理论与现实问题进行阐释。

一、行政复议机关的概念与分类

（一）行政复议机关的概念

《行政复议法》第4条第1款规定，"县级以上各级人民政府以及其他依照本法履行行政复议职责的行政机关是行政复议机关"。根据该条款的规定，行政复议机关是指依法履行行政复议职责的行政机关。而在外延上，行政复议机关包括县级以上人民政府和《行政复议法》规定的行政机关两大类。通过行政复议机关的概念可知，其具备以下特征：

1. 行政复议机关是拥有行政复议权，履行行政复议职责的行政机关。对于行政复议机关而言，行政复议既是一种权力，又是一种责任。拥有法律赋予的行政复议权和复议职责是行政复议机关区别于其他行政机关的关键。在行政系统内，只有行政复议机关有权根据法律的授权和规定行使行政复议权，即运用类似司法程序的行政复议程序裁判和解决行政争议，并作出行政复议决定。[①] 从属性上看，行政复议权其实质是一种行政领导权，即行政复议机关对被申请复议的行政主体作出的行政行为进行监督和审查，发现其违法或不当依法予以撤销或变更的权力。[②] 行政复议权是相对于申请人和被申请人而言的，即其有权处理二者之间的行政争议，并作出相应的决定。但相对于法律或者监督者而言，行政复议则是行政复议机关的法定职责，其应当积极履行。

2. 行政复议机关是能够以自己名义受理行政复议申请，审理行政复议案件，作出权威决定，并对行为后果独立承担法律责任的行政机关。从行政主体理论来看，行政复议机关必须具有行政主体资格，即能够对外以自己的名义作出复议决定，并能够承担行使行政复议权力而产生的法律后果。换言之，行政复议机关在行使行政复议权的时候，其也是行政主体的一种。正因为行政复议机关也属于行政主体，所以行政复议机关也要受到行政法规范的约束。其作出的行为也是一种行政行为，如果利害关系人对行政复议行为不服，同样可以提起行政诉讼。总之，行政复议机关并不因为其行政复议权的存在便可以免于行政法的约束以及行政诉讼的监控。

[①] 崔卓兰、杨平编：《行政复议法学》，北京大学出版社2005年版，第95页。
[②] 参见姜明安主编：《行政执法研究》，北京大学出版社2004年版，第246—247页。

3. 行政复议机关与行政机关是两位一体的国家机关。与部分域外国家设立专司行政复议或者行政裁判职责机构①（如英国的裁判所）的做法不同，我国《行政复议法》设立的行政复议机关同时具备两个身份：在审理行政争议时作为行政复议机关而存在，在行政复议工作之外，则作为行政主体从事行政管理工作。这种双重身份的设计有其优势也有局限性。优势在于行政复议机关同时从事行政管理，因而其对于争议领域具备更加专业的知识，为审理行政行为的合理性提供了坚实的基础。局限性在于行政复议只是行政机关的一小部分义务，行政管理才是其核心业务，行政机关的精力可能会主要放在行政管理上而不是行政复议上，这显然不利于行政复议工作的开展。

4. 行政复议机关的范围受到严格限缩。根据《行政复议法》的规定，并非所有行政机关均可成为行政复议机关，只有获得法律授权的行政机关才具备这个资格。从《行政复议法》第4条的表述来看，行政复议机关的范围仅限于县级以上人民政府和法律授权的机关，其范围显然小于现实中行政机关的范围。法律之所以严格限缩行政复议机关的范围，一方面是为了确保行政复议机关的权威性，即选择更有权威性的机关担任行政复议机关；另一方面是为了实现行政复议机关的相对集中，防止行政复议机关过多可能引发的混乱。而且，对比新旧《行政复议法》的规定，立法者有意将行政复议机关的范围进行进一步的限缩。修订前的《行政复议法》第3条规定，依照本法履行行政复议职责的行政机关是行政复议机关。这一界定显然是比新法的规定要宽。

---

① 石佑启、杨勇萍编著：《行政复议法新论》，北京大学出版社2007年版，第42页。

(二) 行政复议机关的类型

根据《行政复议法》第 4 条的规定，我国行政复议机关为县级以上人民政府和其他依照《行政复议法》履行行政复议职责的行政机关。前者范围相对清晰，而后者范围需要进行科学界定。本次修法的最大亮点之一便是减少了行政复议机关的类型，并且绝大部分情形只设定唯一的行政复议机关，实现了行政复议机关的相对集中。相比之下，修订前的行政复议机关种类更多，同一个情形下存在两个行政复议机关为常态。结合《行政复议法》的相关规定，行政复议机关的类型大体可以分为四类：

1. 县级以上人民政府。根据《行政复议法》的规定，县级以上人民政府可以作以下案件的行政复议机关：第一，对一级地方人民政府的行政行为不服申请复议的，由该政府的上一级人民政府作为行政复议机关。比如，某人对镇政府的行政行为不服申请复议，由区、县人民政府作为复议机关。第二，对地方人民政府设立的派出机关作出的行政行为不服申请复议的，由设立该派出机关的人民政府作为行政复议机关。比如，某人对街道办作出的行政行为不服申请复议，由设立该街道办的区县政府作为行政复议机关。第三，对地方人民政府工作部门作出的行政行为不服申请复议的，由该工作部门所属的人民政府作为复议机关。比如，某人对区公安局的行政行为申请行政复议，由区政府作为复议机关。第四，对本级人民政府或者其工作部门管理的法律、法规、规章授权的组织作出的行政行为不服申请复议的，由本级人民政府作为复议机关。比如，某学生对某省属高校作出的行政行为不服申请行政复议，由省政府作为行政复议机关。第五，对于省政府作出的行政行为不服申请复议的，由省政府自己作为行政复议机关。①

　　这里需要讨论的一个问题是国务院是否属于行政复议机关？如果从《行政复议法》中"县级以上各级人民政府"的表述来看，国务院实际上被包含在内，因为《宪法》对于国务院的定位之一便是中央人民政府。但在具体确定行政复议管辖时，《行政复议法》没有直接给国务院分配管辖的案件，只是规定复议申请人对省政府或者部委作出的复议决定不服时可以向国务院申请裁决，而且裁决具有终局效力。《行政复议法》做出上述制度安排是考虑到国务院的特殊性。基于此，我们认为，国务院在对部委或者政府作出的复议决定进行裁决时是一种特殊的行政复议机关，其地位与其他行政复议机关不同，其行使的是法律赋予的复审权，对于国务院裁决不服的，不能再提起行政诉讼。综上，县级以上人民政府是最重要的行政复议机关，也是一般意义上的行政复议机关。

　　2. 上一级行政主管部门。新修订的《行政复议法》为了实现管辖权的相对集中，打破了以往县级以上人民政府和上级主管部门均可以作为复议机关的传统，改为原则上只由县级以上人民政府作为复议机关。但考虑到部分行政管理领域存在实行垂直管理、高度专业性等情况，《行政复议法》仍然保留了部分案件由上一级行政主管部门作为复议机关的情形。具体分为三种情况：

　　第一，对实行全国垂直领导的行政机关作出的行政行为不服申请行政复议，由上一级行政主管部门作为行政复议机关，且只由上

---

　　① 参见《行政复议法》第25条：国务院部门管辖下列行政复议案件：（一）对本部门作出的行政行为不服的；（二）对本部门依法设立的派出机构依照法律、行政法规、部门规章规定，以派出机构的名义作出的行政行为不服的；（三）对本部门管理的法律、行政法规、部门规章授权的组织作出的行政行为不服的。

一级行政主管部门作为行政复议机关。在我国，有些事项属于中央专属管理的事项，基于这些管理事项建立的多层级的行政机关实行全国垂直领导，如海关业务的管理、金融监管和外汇管理等领域。对于实行全国垂直领导的行政机关管理的业务，地方政府是无权过问的，自然也就不宜由其作为复议机关。基于此，《行政复议法》第 27 条规定，对海关、金融、外汇管理等实行垂直领导的行政机关作出的行政行为不服的，由上一级行政主管部门作为行政复议机关。①

第二，对税务、国家安全机关作出的行政行为不服申请行政复议的，由上一级行政主管部门作为复议机关，且上一级行政主管部门是唯一的行政复议机关。经过 2018 年国务院机构改革，税务和国家安全机关不再实行全国垂直领导，但这两个领域管理的业务具有高度专业性和复杂性，特别是国家安全机关的活动往往具有涉密性，因而新修订的《行政复议法》第 27 条规定，对税务和国家安全机关等行政机关作出的行政行为不服的，由上一级行政主管部门作为复议机关。

第三，对履行行政复议机构职责的地方人民政府司法行政部门的行政行为不服的，上一级司法行政部门可以作为复议机关，与同级人民政府并列。2018 年国务院机构改革方案明确，将司法部和国务院法制办公室的职责整合，重新组建司法部，作为国务院组成部门。不再保留国务院法制办公室。随后，各级政府司法行政部门和地方各级人民政府法制办相继进行职责整合。机构改革之前，各

---

① 《行政复议法》第 27 条规定："对海关、金融、外汇管理等实行垂直领导的行政机关、税务和国家安全机关的行政行为不服的，向上一级主管部门申请行政复议。"

级人民政府的法制办均是所属政府的行政复议机构，机构改革之后司法行政部门自然也就成为所属政府的行政复议机构。这一改革的直接后果是，当申请人对司法行政部门作出的行政行为不服申请行政复议时，将由司法行政部门作为复议机构进行审理，即出现"自己审自己的情况"，不符合"任何人不能做自己案件法官"的自然正义原则。因此，新修订的《行政复议法》在坚持"政府集中管辖"原则的基础上，作了例外性规定，即申请人对履行行政复议机构职责的地方人民政府司法行政部门作出的行政行为不服的，也可以由上一级司法行政部门作为复议机关。实质上是为行政复议申请人提供了更多的选项，供申请人自由选择。

3. 国务院各部门。新修订的《行政复议法》取消了国务院各部门对其主管的下级行政部门的复议管辖权，但仍保留了国务院各部门对部分案件的复议管辖权。根据《行政复议法》第25条规定，国务院各部门可以作为三类案件的复议机关：第一，对国务院各部门作出的行政行为不服申请复议的案件。第二，对国务院各部门依法设立的派出机构以派出机构名义作出的行政行为不服申请复议的案件。比如，审计署驻济南特派员办事处，这类机构由部委直接地方执行特定任务，不受当地政府领导，因而由部委作为复议机关更合适。第三，对国务院各部门管理的法律、法规、部门规章授权组织作出的行政行为不服申请复议的案件。比如，中华全国律师协会便是司法部管理的法律授权组织，对其行为不服申请复议的，由司法部作为行政复议机关。另外，虽然法律没有明确规定，但实践中，国务院直属事业单位在获得法律授权行使行政管理职能时，其地位相当于部委。

4. 行政公署。依照有关行政组织法的规定，省、自治区人民政府可以设立派出机关,即行政公署。行政公署依法受设立它的人民政府的委托,管理所属地区的行政事务。经过多年的发展,行政公署越来越实体化,与设区的市的地位和职权相当接近。[1] 因此,《行政复议法》第 24 条第 3 款规定,省、自治区人民政府依法设立的派出机关参照设区的市级人民政府的职责权限,管辖相关行政复议案件。该条规定的省、自治区人民政府依法设立的派出机关就是行政公署,法律将其视为市一级政府。

二、行政复议机关的职责

依法享有并实际行使行政复议权是成为行政复议机关的关键要素。《行政复议法》第 3 条第 2 款使用的是"行政复议职责"的表述,而没有使用"行政复议职权",意在强调行政复议是行政复议机关的权力,更是其责任。

(一) 行政复议机关的职权

行政复议权是行政复议机关行使的特有行政职权。理论上,行政职权是国家政权的转化形式,是行政主体实施国家行政管理活动的资格及权能。行政复议权是法律赋予部分行政机关的独特行政职权,与普通行政管理职权不同,其包含以下行政权能。

1. 行政复议权具有监督权能。理论上,行政复议权是法律赋予行政复议机关的一种监督权能。[2] 监督是行政复议的核心使命,因而行政复议权必然包含监督权能。强调行政复议权包含监督权能

---

[1] 郜风涛主编:《行政复议法教程》,中国法制出版社 2011 年版,第 99 页。
[2] 石佑启、杨勇萍编著:《行政复议法新论》,北京大学出版社 2007 年版,第 116 页。

意味着行政复议机关具备对被申请人行政行为的合法性和合理性进行审查，并对违法行为进行纠正的权力。行政复议权具备监督权能也意味着行政复议机关在对行政行为进行审查时并不完全受控于行政复议申请人的复议请求，而是可以相对独立地展开监督。比如，行政复议申请人没有请求审查行政行为合理性，行政复议机关可以主动审查，行政复议申请人没有请求审查行政规范性文件的合法性，行政复议机关也可以主动进行审查并作出相应的处理。换言之，行政复议权的监督权能意味着行政复议机关拥有更强的自主权和更大的自主空间。

2. 行政复议权包含领导权能。领导权能是指行政复议机关对于行政复议活动具有组织领导的地位和资格。行政复议活动具有较高的专业性和复杂性，涉及的主体多元、环节较多，因而需要赋予行政复议机关领导权，以便更加有效地组织行政复议活动，确保行政复议活动有序展开。具体到行政复议实践，行政复议机关的领导权具体体现在以下几个方面：一是领导行政复议机构开展行政复议活动的权力。行政复议机关对行政复议机构具有领导权，行政复议机构在行政复议机关的领导下开展相关活动。二是对行政复议的被申请人具有领导权，行政复议机关可以对外发布决定和命令，要求被申请人参加复议活动、履行复议决定，并可以对被申请人违法或者不当的行政行为进行撤销和变更。行政复议权中的领导权能为行政复议机关主导复议活动提供了基础。

3. 行政复议权包含救济权能。行政复议申请人申请复议的起因和核心目的都是寻求救济，即寄希望于行政复议机关为其主持公道，通过撤销行政机关违法不当的行政行为或者要求行政机关履行法定职责来救济行政复议申请人的权益。因此，行政复议权中必然要包含救济权能，即行政复议机关有权通过法定方式为行政复议申请人提供相应的救济。行政复议中救济权能的存在决定了行政复议机关不能仅满足于对涉案行政行为合法性、适当性的监督，还应当考虑行政复议申请人的合法权益是否得到补救。正是基于这个权能，《行政复议法》在规定确认违法或者无效复议决定的同时，还规定行政复议机关应当责令被申请人采取补救措施或者赔偿，这显然是为了更好地发挥行政复议的救济功能。

4. 行政复议权包含准司法权能。根据学者考察，在英美国家，一般都认为行政复议权是行政机关获得的司法权，它也可以被视为传统司法权向行政领域的渗透，是司法的法律特性与行政的专业知识融合的产物。[1] 如前所述，从我国《行政复议法》的制定设计来看，行政复议权本质上是行政权，而不是司法权。但是不可否认，行政复议权是包含司法权能的行政权。司法权本质上是一种被动接受争议、居中裁判争议并对争议作出有法律约束力裁判文书的权力。从行政复议活动的外观来看，行政复议权具备司法权的特征。一是行政复议活动遵循不告不理原则，只有复议申请人申请行政复议，复议机关受理复议案件，行政复议才得以启动。二是行政复议机关居中对涉案行政行为的合法性、适当性进行审查，并作出具有法律约束的裁判，与法院居中裁判在行动逻辑上完全一致。三是行政复议的结案方式包括行政复议决定、调解、和解等，与法院解决行政争议的方式基本相同。行政复议权包含司法权能意味着行政复议机关的复议活动不是单纯的行政行为，其具有裁判争议的使命，因而行政复议活动要受到更加严格的约束，更应当强调行政复议过

---

[1] 邰风涛主编：《行政复议法教程》，中国法制出版社2011年版，第31页。

程的公开性、公正性和说理性。换言之，行政复议权的准司法性质决定了行政复议活动显著区别于普通行政行为。

(二) 行政复议机关的职责

行政复议机关的职责是指，法律为行政复议机关设定的其必须履行的法定义务。根据《行政复议法》和《行政复议法实施条例》的规定，行政复议机关的职责主要包括：

1. 组织领导行政复议工作。《行政复议法》第 4 条规定，"行政复议机关应当加强行政复议工作"。该条实际上为行政复议机关设定了组织领导行政复议工作的义务，即行政复议机关对行政复议工作承担主体责任。具体而言，行政复议机关应当主导行政复议工作的开展，并对行政复议工作对外承担法律责任。因为按照《行政复议法》的规定，行政复议权力属于行政复议机关，而不是行政复议机构，对外发生法律效力的行政复议决定应当加盖行政复议机关印章或者行政复议专用章。

《行政复议法》不仅在总则部分为行政复议机关设定了概括性义务，在各章中也规定了行政复议机关的具体义务。比如，《行政复议法》第 30 条规定了行政复议机关受理复议申请的义务，第 31 条规定了行政复议机关告知复议申请人补正材料的义务，第 36 条、第 37 条规定了行政复议机关依法审理行政行为的义务等，不一而足。行政复议机关承担行政复议主体责任，意味着各级行政复议机关的行政首长是本机关行政复议工作的第一责任人，要责无旁贷地履行好第一责任人的职责，认真负责地签署有关法律文书。行政复议机关还应当加强对其行政复议机构履行行政复议职责的监督，加强对下级行政复议机构的监督和指导。

总之，行政复议机关对行政复议负有主体责任，其有义务组织领导行政复议活动，对外作出各种行政决定，并对行政复议活动的后果承担相应的法律责任。

2. 支持和保障行政复议工作。《行政复议法》第4条规定，行政复议机关应当"支持和保障行政复议机构依法履行职责"。该条规定为行政复议机关设定了支持和保障行政复议机构开展行政复议工作的法定义务。

行政复议机关支持行政复议机构依法履行行政复议职责的义务具体体现在：一是行政复议机关应当支持复议机构依法独立开展行政复议工作。为了确保行政复议机构依法独立开展行政复议工作，行政复议机关的行政首长要经常听取复议机构的工作汇报，认真研究解决行政复议工作中遇到的困难和问题，排除有关方面对行政复议机构审理案件的非法干预，保证行政复议机构依法、公正审理案件。二是采取有效措施加强行政复议机构和队伍建设，为行政复议机构开展工作创造良好的工作条件和工作环境等。[1] 三是为行政复议机构依法独立行使行政复议权提供政策和制度支持。

行政复议机关保障行政复议机构依法履行职责具体体现在：一是行政复议机关应当确保行政复议机构的人员配备与所承担的工作任务相适应，提高行政复议人员专业素质，根据工作需要保障办案场所、装备等设施。行政复议工作专业性强、责任重、关系大，因而对行政复议工作人员的数量和专业性都有较高的要求。行政复议机关一般拥有人事任免和调配的权力，因而法律规定，其应当为行政复议机构配备充足的工作人员。二是加强对行政复议工作的经费

---

[1] 郜风涛主编：《行政复议法教程》，中国法制出版社2011年版，第149页。

支持。《行政复议法》第 7 条规定，"县级以上各级人民政府应当将行政复议工作经费列入本级预算"。如前所述，县级以上各级人民政府同时也是行政复议机关，因而，该条规定实际上为行政复议机关设定了为行政复议工作提供充分经费支持的义务。行政复议活动具有复杂性和环节多元的特点，没有充足的经费支持显然难以开展相应工作。为了确保行政复议工作有序开展，县级以上各级人民政府应当在本级财政预算中专门规定行政复议的工作经费，做到专款专用。

3. 加强行政复议工作信息化建设。《行政复议法》第 8 条规定，"行政复议机关应当加强信息化建设，运用现代信息技术，方便公民、法人或者其他组织申请、参加行政复议，提高工作质量和效率"。根据该条规定，行政复议机关应当加强信息化建设，以数字赋能推动行政复议工作跨越式发展。[①] 中央全面深化改革委员会第二十五次会议审议通过《关于加强数字政府建设的指导意见》，对数字政府建设作出专门部署。行政复议工作作为法治政府建设的重要抓手，要以数字化、信息化手段推动工作质效取得跨越式发展，从数字治理能力、数字监管能力、数字服务能力、数字履职能力四个维度促进法治政府建设。为了更好地推进行政复议工作信息化建设，行政复议机关应当筹集专项经费用于开发符合行政复议特点的信息系统，并通过信息技术实现复议申请、复议受理、复议审理、决定送达和数据统计的信息化，提升行政复议工作效能。

4. 其他职责。根据《行政复议法》的规定，行政复议机关对

---

① 周院生：《以数字赋能推动行政复议工作跨越式发展》，载《中国法治》2023 年第 6 期。

外还要依法履行资料公开、对行政规范性文件进行附带审查或者转送审查、依法作出不予受理决定或行政复议决定、将重大行政复议决定报上级行政复议机关备案、对下级行政机关无正当理由不予受理或者不履行行政复议决定进行监督等职责。上述职责都是行政机关作为行政复议的职权主体，对外作出相应行为的职责。

三、行政复议机构

《行政复议法》规定了一个与行政复议机关相近，但性质殊为不同的组织——行政复议机构。之所以在设立行政复议机关的同时，再创设一个行政复议机构，是与我国行政复议机关的双重属性分不开的。如前所述，在我国，行政复议机关并不是专司行政复议事项的组织，其同样承担行政管理职能，特别是各级人民政府是综合行政部门，承担着各种行政管理事务，因而行政复议机关往往具有权威性，但没有足够的行动能力，因而需要为其专门配备一个机构帮助其办理行政复议业务，这就是行政复议机构的由来。本部分将结合《行政复议法》的规定，对行政复议机构的概念、种类、职责以及其与行政复议机关之间的关系等理论与现实问题进行解读。

（一）行政复议机构的概念与种类

1. 行政复议机构的概念。《行政复议法》第 4 条第 2 款规定，"行政复议机关办理行政复议事项的机构是行政复议机构"。根据该条规定，行政复议机构是指帮助行政复议机关具体承办行政复议事项的机构。修订前的《行政复议法》使用的是行政复议法制机构的表述。根据行政复议机构概念可知，该机构具有以下特征：第一，行政复议机构的主要功能是办理行政复议事项，即具体负责行政复议各项工作的开展，是行政复议机关的办事机构。第二，行政复议机构是帮助行政复议机关具体承办行政复议事项，其在办理行政复议事项时并没有行政主体地位，原则上不能以自己的名义对外作出行为。第三，行政复议机构作为专司行政复议工作的机构，其需要获得相应的职权和保障。

2. 行政复议机构的分类。在 2018 年国务院机构改革之前，行政复议法制机构主要由政府或者政府工作部门内部负责法制工作的机构担任。2018 年国务院机构改革方案明确，将司法部和国务院法制办公室的职责整合，重新组建司法部，作为国务院组成部门。不再保留国务院法制办公室。随后，各级政府司法行政部门和地方各级人民政府法制办相继进行职责整合。在这样的背景下，我国的行政复议机构大体可以分为三类：

一是司法行政部门。各级人民政府作为行政复议机关时，由该政府设立的司法行政部门作为行政复议机构，具体承办行政复议事项。比如，北京市政府作为行政复议机关时，北京市司法局将作为行政复议机构。二是部委内部设立的法制机构。在各部委作为行政复议机关时，各部委内设的法制机构将作为行政复议机构承办行政复议事项。比如，应急管理部作为复议机关时，应急管理部内设的政策法规司将作为行政复议机构。三是上一级行政主管部门的内设法制机构。在实行垂直领导的行政机关、税务、国家安全机关或者司法行政部门作为行政复议机关的情况下，该行政主管部门的内设法制机构将作为行政复议机构承办行政复议事项。

（二）行政复议机构的职责

按照《行政复议法》的规定，行政复议机构应当在本级行政复议机关的领导下，按照法定职权承办行政复议事项。其中，审理行政复议案件是行政复议机构的最基本职责。修订前的《行政复议法》第 3 条第 1 款明确列举了行政复议机构的 7 项职责①，而新修订的《行政复议法》第 4 条则删除了原法条对行政复议机构职权的具体列举，只是原则性规定行政复议机构负责办理行政复议事项。我们可以将此次修改视为对行政复议机构的概括性授权，即与办理行政复议事项有关的职责均由行政复议机构承担，而这些具体的职责分散在《行政复议法》的其他章节，或者由相关部门规章及规范性文件予以进一步明确。② 结合《行政复议法》《行政复议法实施条例》以及相关规章和规范性文件的规定，行政复议机构办理行政复议事项的职责具体包括以下几个方面：

1. 协助复议机关受理、督促受理行政复议申请。《行政复议法》规定受理行政复议申请的职责归属行政复议机关，但对于复议申请材料的接收、审查、转送等则规定由行政复议机构具体负责。

---

① 2017 年《行政复议法》第 3 条第 1 款规定，"……行政复议机关负责法制工作的机构具体办理行政复议事项，履行下列职责：（一）受理行政复议申请；（二）向有关组织和人员调查取证，查阅文件和资料；（三）审查申请行政复议的具体行政行为是否合法与适当，拟订行政复议决定；（四）处理或者转送对本法第七条所列有关规定的审查申请；（五）对行政机关违反本法规定的行为依照规定的权限和程序提出处理建议；（六）办理因不服行政复议决定提起行政诉讼的应诉事项；（七）法律、法规规定的其他职责"。

② 司法部于 2024 年 4 月 3 日印发的《行政复议普通程序听取意见办法》《行政复议普通程序听证办法》《关于进一步加强行政复议调解工作推动行政争议实质性化解的指导意见》都对行政复议机构的职责有具体的规定。

从行政复议的全过程来看，受理申请人的行政复议申请是行政复议申请正式转为行政复议案件的标志，是开展后续工作的前提。因此，行政复议机构的首要职责就是对行政复议申请人提出的复议申请进行审查，并确认是否符合法定条件，从而决定是否受理该行政复议申请。

根据《行政复议法》第30条的规定，行政复议机构应当代表行政复议机关审查行政复议申请是否同时满足以下条件：一是有明确的申请人和符合《行政复议法》规定的被申请人；二是申请人与被申请行政复议的行政行为有利害关系；三是有具体的行政复议请求和理由；四是在法定申请期限内提出；五是属于本法规定的行政复议范围；六是属于本机关的管辖范围；七是行政复议机关未受理过该申请人就同一行政行为提出的行政复议申请，并且人民法院未受理过该申请人就同一行政行为提起的行政诉讼。

根据《行政复议法》第30条、第31条的规定，行政复议机构对复议申请进行审查后，应根据具体情况，以行政复议机关的名义作出如下处理：（1）只要行政复议申请同时满足上述条件，行政复议机构便有义务以行政复议机关的名义作出受理行政复议申请的决定；（2）对不符合行政复议申请条件的，以行政复议机关的名义在法定期限内作出不予受理的决定并说明理由；（3）不属于本机关管辖的，应当以行政复议机关的名义在不予受理决定中告知申请人有管辖权的行政复议机关；（4）对于行政复议申请材料不齐全或者表述不清楚，无法判断行政复议申请是否符合复议条件的，自收到申请之日起五日内以行政复议机关的名义书面通知申请人补正。补正通知应当一次性载明需要补正的事项。同时，根据《行政复议法》第16条，《行政复议法实施条例》第9条、第10条、第20条、第

22条的规定，行政复议期间，行政复议机构认为申请人以外的公民、法人或者其他组织与被审查的具体行政行为有利害关系的，可以通知其作为第三人参加行政复议。申请人口头申请行政复议的，行政复议机构应当依照《行政复议法实施条例》第19条规定的事项，当场制作行政复议申请笔录交申请人核对或者向申请人宣读，并由申请人签字确认。申请人提出行政复议申请时错列被申请人的，行政复议机构应当告知申请人变更被申请人。另外，行政复议机构还应当履行对行政复议工作的督促、指导职责，包括对行政复议申请的受理和行政复议决定履行的督促。①

2. 调查取证、查阅有关文件资料和举行听证。《行政复议法》第45条第1款规定，行政复议机关有权向有关单位和个人调查取证，查阅、复制、调取有关文件和资料，向有关人员进行询问。该条为行政复议机关设定了调查取证、查阅有关文件资料和询问人员的权力，同时也为行政复议机关设定了义务。当然，我国行政复议机关的特点决定了其不可能亲自开展调查取证、查阅文件资料和询问等活动。行政复议机构作为具体办理行政复议事项的机构，调查取证、查阅有关文件资料和询问有关人员的事项自然由其负责具体办理。根据《行政复议普通程序听取意见办法》第2条，行政复议机构适用普通程序办理行政复议案件时，应当面或者通过互联网、电话等方式听取当事人的意见，并将听取的意见记录在案，查明案件事实。

理论上，行政复议是对行政机关作出的行政行为是否合法合理

---

① 石佑启、杨勇萍编著：《行政复议法新论》，北京大学出版社2007年版，第116页。

进行审查并判断的居中裁决活动,具有准司法性。而对被复议的行政行为之合法性合理性进行判断,离不开充分的证据材料,并需查清相关事实,这就要求行政复议机构拥有必要的调查取证、查阅有关文件资料和询问有关人员的权力。这是行政复议机构判断行政行为的合法性与适当性的基础,也是保证行政复议机构正常履行行政复议职责的前提条件之一。[①] 根据《行政复议法》第45条的规定,行政复议机构应当以复议机关的名义开展调查取证活动,具体包含三项内容:一是调查案件事实、调取相关证据;二是查阅、复制和调取有关文件材料,主要是有关单位制作或获取的资料;三是向与案件有关的人员展开询问,了解相关情况。上述活动都是为了更好地了解案件事实,确保行政复议决定建立在充分的事实基础上。

需要指出的是,行政复议机构以复议机关的名义调查取证、查阅资料和询问有关人员主要是为了更清楚查明案件事实,确保其作出的决定公正合法,行政复议机构不应为证明被申请人行政行为合法适当调查取证。换言之,行政复议机构调查取证主要为了判断被复议的行政行为是否合法合理,而不能帮着被申请人补充证据使本来违法的行政行为变得合法。实践中,针对下列情形行政复议机构应当进行调查取证,核实有关证据:(1)涉及国家利益、公共利益或者他人合法利益的事实需要认定的;(2)涉及依据职权追加当事人、中止或者终止行政复议等程序性事项的;(3)申请人或者第三人提供证据或者依据的线索,但是无法自行收集而申请行政复议机构收集的;(4)当事人应当提供原件或者原物而无法提供

---

① 石佑启、杨勇萍编著:《行政复议法新论》,北京大学出版社2007年版,第130页。

的；(5)为了查明事实，确有必要调取其他证据材料的。[①]

3. 审查行政行为的合法性、适当性并提出处理意见。行政复议的核心使命是通过对行政行为合法性、适当性的审查，起到监督行政权力、救济公众权利的功能。因此，对行政行为的合法性、适当性进行审查是行政复议机构的核心职责。根据新修订的《行政复议法》的规定，行政复议机构可以根据案件的复杂程度，通过当面或者互联网听取意见、组织听证、审查材料等方式对行政行为的合法性合理性进行审查。行政复议机构在审理并查明复议案件事实和法律依据的基础上，根据审理结果，向行政复议机关提出维持、撤销、变更原具体行政行为或确认原具体行政行为违法的具体意见，并草拟行政复议决定书。必须强调的是，拟定行政复议决定书是行政复议机构的职责，它必须以行政复议机关的名义作出。行政复议决定的作出应当经行政复议机关负责人批准或者经行政复议机关负责人集体讨论决定。虽然部分行政复议机构也具有行政机关身份，但其在办理行政复议事项时并没有对外作出复议决定的权力，因而行政复议机构中的机关负责人无权批准行政复议决定。

4. 协助行政复议机关处理或者转送对行政规范性文件的审查申请。根据《行政复议法》第13条的规定，公民、法人或者其他组织认为行政机关的行政行为所依据的行政规范性文件不合法，在对行政行为申请行政复议时，可以一并向行政复议机关提出对该行政规范性文件的附带审查申请。因此，虽然行政复议的主要目的是审查具体行政行为的合法性和适当性，但如果复议申请人要求一并审查行政规范性文件，行政复议机构也应当进行审查，并根据审查

[①] 郜风涛主编：《行政复议法教程》，中国法制出版社2011年版，第149页。

结果报请行政复议机关作出相应的处理。具体来讲，如果行政复议机构进行行政复议审查后认为作为行政行为依据的行政规范性文件违法，且行政复议机关有权处理的，报请行政复议机关直接处理；行政复议机关无权处理的，则报请行政复议机关转送有权处理的机关。

5. 以复议机关的名义提出处理建议、改进建议，提交报告。行政复议机构发现行政机关有违反《行政复议法》规定的行政行为或者法律、法规、规章在实施中存在某种比较普遍的问题，以及行政复议工作中存在的问题，有权依据法定权限和程序提出处理意见、改进建议和提交报告。对此可以作如下理解：一是行政复议机构提出处理建议，是针对被申请人有违反《行政复议法》规定的行为。二是行政复议机构提出改进建议，是针对行政复议工作中发现的问题或法律、法规、规章实施中带有普遍性的问题。根据《行政复议法实施条例》第3条、第57条的规定，行政复议机构研究行政复议工作中发现的问题，及时向有关机关提出改进建议；在行政复议期间，行政复议机构发现法律、法规、规章实施中带有普遍性的问题，可以制作行政复议建议书，向有关机关提出完善制度和改进行政执法的建议。三是行政复议机构发现行政复议工作中存有重大问题，应当及时向行政复议机关报告；同时，县级以上各级人民政府行政复议机构，应当定期向本级人民政府提交行政复议工作状况分析报告。

6. 办理行政诉讼的有关应诉、行政赔偿事项。《行政复议法》第4条规定，"行政复议机构同时组织办理行政复议机关的行政应诉事项"。实践中，行政复议机构同时是各级人民政府或者部门专门从事法制工作的机构，具备专业知识和人员，因而《行政复议法》规定行政复议机构在办理行政复议事项的同时，组织办理行政复议机关的行政应诉事项。所谓办理行政应诉事项就是行政复议机构指派专门人员或者委托专门人员，以行政复议机关的名义参与行政复议机关为被告的行政诉讼案件，但法律后果由行政复议机关承担。通俗讲，办理行政应诉事项就是帮助行政复议机关"打官司"。

行政复议机关的行政应诉事项主要包括三种情形：一是经复议的案件，行政复议机关改变原具体行政行为，公民、法人或者其他组织不服提起行政诉讼的，此时行政复议机关为被告，由行政复议机构办理该行政复议机关的应诉事项；二是经复议的案件，行政复议机关经审理作出维持决定，公民、法人或者其他组织仍然不服，针对原具体行政行为提起诉讼的，按照《行政诉讼法》规定，该行政复议机关将作为共同被告参与诉讼，此时行政复议机构办理该行政复议机关的应诉事项；三是公民、法人或其他组织直接针对行政复议机关的行政行为提起行政诉讼，行政复议机构代表行政复议机关出庭应诉。行政复议机构办理应诉事项主要内容有：指派专门人员办理应诉事项，如需要则以行政复议机关的名义联系并代为委托诉讼代理人；进行开庭前的准备工作，如收集证据材料，起草答辩状并经法定代表人审定后提交法院；参加庭审，如在法庭调查和法庭辩论过程中陈述事实，进行辩论质证；在一审结束后代表行政复议机关提起上诉；在终审裁判生效后代表行政复议机关申请再审；协助执行法院判决；等等。[1] 另外，根据《行政复议法实施条例》第 3 条的规定，行政复议机构还应当办理《行政复议法》第 72 条

---

[1] 石佑启、杨勇萍编著：《行政复议法新论》，北京大学出版社 2007 年版，第 132 页。

规定的行政赔偿等事项。①

7. 办理行政复议、行政应诉案件统计和重大行政复议决定备案事项。《行政复议法实施条例》第 3 条第 4 项为行政复议机构设定了办理行政复议、行政应诉案件统计和重大行政复议决定备案事项的职责。案件统计是为了更好地总结行政复议、行政应诉工作情况，是总结行政复议、行政应诉工作经验，剖析问题，是提出完善建议的重要基础性工作，因而各级行政复议机关均应重视行政复议、行政应诉案件的统计工作。作为专门负责办理行政复议、行政应诉事项的机构，行政复议机构精通业务，对行政复议和行政应诉的相关情况更加了解，因而由其负责统计工作更加合理。同时，由于行政复议机构掌握重大行政复议决定的情况和材料，由其进行备案也更加方便。

8. 强化行政复议调解工作和行政争议源头治理工作。司法部于 2024 年 4 月 3 日印发的《关于进一步加强行政复议调解工作推动行政争议实质性化解的指导意见》明确规定了行政复议机构全面强化行政复议调解，推动实质性化解行政争议的职责。该《意见》规定，行政复议机构要完整记载每件行政复议案件征询申请人调解意愿情况、调解工作开展情况、调解书履行情况、调解未成功原因分析情况等。注重在调解过程中了解社情民意，充分研判行政执法不规范、行政管理不科学的问题和类型化矛盾成因，通过推动行政

---

① 《行政复议法》第 72 条第 1 款规定，"申请人在申请行政复议时一并提出行政赔偿请求，行政复议机关对依照《中华人民共和国国家赔偿法》的有关规定应当不予赔偿的，在作出行政复议决定时，应当同时决定驳回行政赔偿请求；对符合《中华人民共和国国家赔偿法》的有关规定应当给予赔偿的，在决定撤销或者部分撤销、变更行政行为或者确认行政行为违法、无效时，应当同时决定被申请人依法给予赔偿；确认行政行为违法的，还可以同时责令被申请人采取补救措施"。

执法机关改进和完善行政执法行为，有效预防各类行政争议的发生。行政复议机构要及时总结、宣传开展行政复议调解工作的先进经验、先进事迹、先进人物，充分发挥示范引领作用。对于涉及面广、利益关系复杂、影响力大、社会关注度高的行政复议案件，行政复议机构要提请行政复议机关组织被申请人和相关政府部门共同参与调解，整合行政资源，推动实质性化解。

（三）业务指导和监督制度

《行政复议法》第4条第3款、第4款规定了上级行政复议机构对下级行政复议机构进行业务指导和监督的职责，并且授权国务院行政复议机关发布行政复议指导性案例，目的在于通过上级复议机构的指导监督，督促下级复议机构依法积极履职，提高行政复议效能。从实际行动角度看，上述条款实际上建立了行政复议机构系统内部的业务指导、监督制度，其中指导性案例制度是特殊的业务指导制度。下文将结合《行政复议法》的规定和行政复议实践对行政复议中的业务指导、监督以及指导性案例制度进行解读。

1. 行政复议业务指导和监督制度。由行政复议实践可知，由于法律规定不完善、复议人员素质参差不齐等原因，各级行政复议机构的行政复议工作实际存在较大差异，常出现"同案不同判""同事不同处"的情况，影响了行政复议工作的权威性和法制的统一性。有鉴于此，加强对行政复议工作的指导和监督显得十分必要。由上级或者国务院行政复议机构在准确理解立法原意、深入分析现实国情、切实把握我国行政争议化解客观规律的基础上，就行政复议制度尚不完善的问题，通过公开发布对有关请示的答复意见和涉及有关问题的典型案例、召开专题研讨会等方式加强对下级行政复议机构的业务指导，有助于提高基层行政复议工作水平，避免因制度不完善而制约行政复议工作的开展和功能的发挥。① 因此，《行政复议法》第 4 条第 3 款规定上级行政复议机构对下级行政复议机构进行指导和监督的职责具有重要意义。

对于上级行政复议机构对下级行政复议机构的指导和监督工作应把握以下几点：一是上级行政复议机构既要对下级行政复议机构进行业务上的指导，也要进行监督，做到指导和监督并重。二是要明确指导偏重为下级行政复议机构答疑解惑，进行专业引导和支持，而监督则重在对下级行政复议机构是否依法履行复议职责进行审查和督促。三是应当将指导和监督有机结合，在指导的过程中监督，在监督的过程中指导，创新指导和监督的方式和方法。四是业务指导的方式应当多元化，包括但不限于对于下级行政复议机构咨询的答复；为下级行政复议机构提供培训；根据下级行政复议机构的申请对个案处理提出专业意见；召开专题研讨会讨论理论和实践问题等。

2. 行政复议指导性案例制度。《行政复议法》第 4 条第 4 款规定，"国务院行政复议机构可以发布行政复议指导性案例"。案例指导制度本质上是以案例为基础构建法律适用的规则，而其运作机制在于在赋予特定案例以明确的规则约束力的基础上，通过案例的比附，将类似规则适用于相同和类似案件的处理。② 指导性案例制度有助于实现同案同处理，并有弥补立法漏洞的价值，因而，在行政复议领域建构行政复议指导性案例制度具有显著意义。根据前述《行政复议法》的规定，有权发布行政复议指导性案例的只有国务

---

① 郜风涛主编：《行政复议法教程》，中国法制出版社 2011 年版，第 149 页。
② 胡斌：《行政执法案例指导制度的法理与构建》，载《政治与法律》2016 年第 9 期。

院行政复议机构，即司法部。这样规定可以确保行政复议指导性案例来源的唯一性和权威性，防止"法出多门"。而为了提高行政复议指导性案例制度的有效性，司法部应当及时制定行政复议指导性案例的相关文件，规定指导性案例的选编、提炼、发布以及适用规则等必要规则。而地方则有义务及时向司法部提供优秀的典型案例。在指导性案例的发布和适用方面，最高人民法院和最高人民检察院已经积累了较为丰富的经验，司法部可以借鉴。另外，省级司法行政部门也可以根据工作实际挑选部分典型案例发布，用于指导下级行政复议机构的工作。由于并未获得法律的授权，省级司法行政部门发布的案例只具有参考价值，没有法律约束力。

（四）行政复议机构与行政复议机关的关系

如前所述，《行政复议法》第4条同时设立了两个关系紧密的组织，即行政复议机关和行政复议机构，且赋予了二者不同的地位，因而有必要厘清二者的关系。从实际运行看，行政复议机关与行政复议机构之间的关系同人民法院与审判庭之间的关系类似。抽象地讲，行政复议机关是行政复议权的实际享有者，且行政复议决定应当以行政复议机关的名义作出，但具体办理行政复议案件的是行政复议机构，即行政复议机构帮助行政复议机关开展行政复议工作，二者的具体关系如下：

1. 行政复议机关与行政复议机构的关系类似行政主体与其内设机构的关系。行政复议机关拥有行政复议权，能够对外作出各种具有法律效力的决定，具备行政主体资格。相反，无论是司法行政部门还是部委内设的法制机构，在其作为行政复议机构时，均不具有独立的行政主体地位，其相当于是行政复议机关的内设机构。因此，从外观上看，承担和履行行政复议职责的是行政复议机关，但实际上，行政复议机关只是名义上的职权主体，真正办理行政复议案件，开展复议活动的是行政复议机构。正是在这个意义上，行政复议机关与行政复议机构之间的关系同人民法院与审判庭之间的关系相似。在司法系统中，人民法院是审判权的享有者，有权对外作出判决，但真正审理案件的是则各个独立的审判庭。

2. 行政复议机关与行政复议机构之间是一种委托代理关系，即行政复议机构接受行政复议机关的委托，以复议机关的名义具体办理行政复议案件。① 基于委托代理理论，行政复议机构只是行政复议机关的代言人，其原则上应当以行政复议机关的名义作出相应决定，同样，行政复议机构以行政复议机关的名义作出的各种行为的法律后果也自然由行政复议机关承担。前已述及，本次《行政复议法》修订删除了列举行政复议机构职责的条款，并且明确规定，需要对外作出决定的行为均应由行政复议机关作出，实际上是对行政复议机关与行政复议机构之间委托代理关系的确认。行政复议机关与行政复议机构之间的特殊关系决定，行政复议决定书必须加盖行政复议机关的公章，并由行政复议机关法定代表人签名，才具有法律效力。与此相适应，行政复议机构并不对外独立承担因行政复议行为引起的法律责任。如果行政复议申请人对行政复议决定或者其他行为不服，向人民法院提起诉讼，行政诉讼的被告应当是行政复议机关，而不是行政复议机构。

3. 行政复议机构具有一定的独立地位。虽然行政复议机构总

---

① 石佑启、杨勇萍编著：《行政复议法新论》，北京大学出版社2007年版，第132页。

体上依附于行政复议机关，在行政复议机关背后开展活动，但在某些事项上，行政复议机构具有一定的独立地位。比如，《行政复议法》第4条第4款规定，"国务院行政复议机构可以发布行政复议指导性案例"。《行政复议法》第16条规定，行政复议机构有权通知没有参加行政复议的利害关系人作为第三人参加行政复议。这些都表明，行政复议机构在处理部分行政复议事项时具有一定的独立地位。适当承认行政复议机构的独立性，可以提高行政复议的效率，因为其可以自主决定一些事项，不用事事经过行政复议机关批准。

4. 行政复议机关应当支持、保障和监督行政复议机构的工作。《行政复议法》第4条第3款，行政复议机关应当支持和保障行政复议机构依法履行职责。该条规定既是为行政复议机关设定的义务，也是确认行政复议机关与行政复议机构之间存在支持和保障的关系，即行政复议机关要采取措施，对行政复议机构的工作给予支持和保障。在支持和保障行政复议机构工作的同时，行政复议机关也需要对行政复议机构的工作进行指导和监督，督促行政复议机构依法办理复议事项，这也是委托代理关系的题中之义。

四、行政复议队伍建设

行政复议是具有高度专业性的工作，因此，对于行政复议工作人员的业务能力和素质有更高的要求。行政复议工作人员不同于一般的政府公务员，在审理行政复议案件时具有准法官的性质，在接待申请人时承担信访员的任务，在行政复议应诉工作中履行政府律师的职责。[1] 这种相对特殊的工作性质和角色定位对行政复议工作

---

[1] 郜风涛主编：《行政复议法教程》，中国法制出版社2011年版，第322页。

者提出了更高的要求。基于此，新修订的《行政复议法》对行政复议队伍的建设进行了更加明确的规定，提出了更高的要求。

(一) 行政复议队伍的专业化、职业化

《行政复议法》第 6 条第 1 款规定，"国家建立专业化、职业化行政复议人员队伍"。该条款有两层含义：一方面，为国家机关设定了建设行政复议人员队伍的义务，即各级国家机关有义务采取各种措施推动行政复议人员队伍建设。另一方面，行政复议人员队伍建设的目标和要求是实现复议人员的专业化和职业化。

行政复议人员队伍的专业化是指具体承办行政复议事项的复议人员应当具备开展行政复议工作的专业知识和业务能力。根据行政复议的特点和本质属性，行政复议人员应当具备的专业知识包括但不限于法律知识、特定行政领域的专业知识。法律知识主要是宪法、行政法等公法理论与规范，而专业知识主要是特定行政管理领域的专业知识，如卫生健康行政管理领域的卫生健康知识。

行政复议人员队伍的职业化是指具体承办行政复议事项的行政复议人员应当是专职人员，不能由兼职人员承担。行政复议活动的专业性和复杂性要求行政复议人员专职化，因为专职化才能保证行政复议人员有足够的精力和时间研究行政复议工作中的问题、提升自身的本领。与司法审判相似，行政复议对于行政复议人员的阅历和经验有着较高的要求，这也需要专职化历练。行政复议人员的职业化要求有与行政复议工作相匹配的专职人员数量，并且专职人员队伍内部应做到知识结构、年龄层次科学合理，确保行政复议人员队伍持续保持生命力。

(二）复议人员资格管理

行政复议活动的专业性要求行政复议人员拥有专业知识和业务能力。但一直以来，我国的行政复议人员一直面临几个方面的困境：一是有些从事行政复议工作的人员专业素质不符合要求。二是具备专业素质基础的人员不一定熟悉掌握行政复议工作必需的特殊技能。三是作为从事准司法性质工作的工作人员，专业技能要求极高，工作也非常辛苦。行政复议工作岗位对人才的吸引力不足。[1]

为了保证行政复议人员的专业性，新修订的《行政复议法》第6条第2款规定，"行政复议机构中初次从事行政复议工作的人员，应当通过国家统一法律职业资格考试取得法律职业资格，并参加统一职前培训"。本条是对于之前没有从事过行政复议工作，之后准备从事行政复议工作的人员的资格要求。具体分为两种情况：第一，之前在行政复议机构中从事其他岗位工作，后被安排从事行政复议工作的人员。第二，从其他单位调入或者应聘进入行政复议机构从事行政复议工作的人员。根据前款规定，行政复议人员应当具备至少两个条件：第一，通过司法部组织的法律职业资格考试，获得法律职业资格。第二，参加过统一的职前培训。当然，2007年国务院制定的《行政复议法实施条例》第4条规定，"专职行政复议人员应当具备与履行行政复议职责相适应的品行、专业知识和业务能力，并取得相应资格"。这意味着行政复议人员还应当具备与履行行政复议职责相适应的品行、专业知识和业务能力。其对于行政复议人员任职资格的限制，有利于提高行政复议人员的从业门

---

[1] 郜风涛主编：《行政复议法教程》，中国法制出版社2011年版，第149页。

槛，保证从事行政复议工作的人员专业素质符合一定要求。

行政复议工作的专业性、技术性和复杂性决定了复议人员仅获得法律职业资格证是远远不够的，还需要为行政复议人员提供专业的培训。从培训阶段看，既包括入职前的业务培训，也包括入职后的定期业务培训。从培训的组织主体看，既可以是上级行政复议机构为下级行政复议机构的工作人员开展培训，也可以是本级行政复议机构开展行政复议工作培训。从培训形式看，对行政复议人员的培训不应拘泥于固定形式，可以采取多种方式，可以是集体授课、案例分享、模拟行政复议庭审等。从培训内容看，对行政复议人员的培训应当包括法律知识、行政复议技能和行政管理专业知识等。

(三) 复议人员的规范和管理

行政复议活动具有准司法性，因而相比其他行政活动有着更高的权威性、公正性和规范性的要求，而行政复议人员行为的规范性和公正性直接关系到行政复议活动的权威性和公信力，故加强行政复议人员行为的规范和管理具有重要意义。正是在这样的背景下，《行政复议法》第6条第3款规定，"国务院行政复议机构应当会同有关部门制定行政复议人员工作规范，加强对行政复议人员的业务考核和管理"。该条款为国务院行政复议机构设定了制定行政复议人员工作规范、加强对行政复议人员业务考核和管理的职责。

根据上述规定，为了提升行政复议人员开展工作的规范性，应当采取以下措施：一是司法部会同人力资源和社会保障部等制定行政复议人员管理办法，规定行政复议人员的工作职责和工作要求。二是各级行政复议机构制定本机构的行政复议人员行为规则，明确行政复议人员的履职要求。三是制定行政复议人员考核办法,并采取科学合理的方法对行政复议人员展开考核,通过考核提升行政复议人员工作的积极性。四是完善行政复议人员管理制度,畅通行政复议人员的晋升、退出机制,确保能者上、庸者下。

(四) 行政复议的表彰和奖励

制约和激励都是引导行为者积极行动的重要机制。前文提到的行政复议指导、监督和管理等制度是典型的行政复议制约机制,但仅靠制约显然是不够的,还需要建构相应的表彰和奖励等激励机制,引导行政复议机关和行政复议人员积极履行职责。有鉴于此,《行政复议法》第9条规定,"对在行政复议工作中做出显著成绩的单位和个人,按照国家有关规定给予表彰和奖励"。除此之外,2007年制定的《行政复议法实施条例》第61条也规定:"各级行政复议机关应当定期总结行政复议工作,对在行政复议工作中做出显著成绩的单位和个人,依照有关规定给予表彰和奖励。"对比两个法条可知,新修订的《行政复议法》并没有明确奖励主体,显然意在强调表彰和奖励主体的多元性。这里的表彰和奖励主体既可以是行政复议机关,也可以是其他组织,为拓展奖励的方式和渠道留下空间。

与监督机制不同,行政复议的表彰和奖励是通过给予表现优秀的单位或者个人正面激励回馈的方式,引导相关单位和个人积极履行复议职责。当然,为了确保表彰和奖励能够真正落地,各级行政复议机关以及其他部门应当制定专门的行政复议工作表彰和奖励办法,为表彰和奖励提供明确的依据。另外,表彰和奖励应当做到公平、公正、透明,物质奖励和精神奖励并重。

第六章　行政复议参加人

行政复议制度旨在保护公民、法人和其他组织的合法权益，同时有利于监督行政机关依法行使职权，防止和纠正违法或不当的行政行为。当事人必须明确行政复议参加人的范围和地位，才能及时、准确、有效地维护自己的合法权益，同时为监督行政机关依法行政提供条件。行政复议参加人包括行政复议当事人和与行政复议当事人法律地位相类似的人。申请人、被申请人、第三人等各类行政复议参加人参加行政复议的原因不同，在行政复议中的地位、法律后果等也不同。

一、行政复议参加人的基本理论

（一）行政复议参加人的概念

行政复议参加人，是指因与所争议的行政行为有利害关系而参加到行政复议活动中的当事人，或者具有与当事人相似地位的人。[1] 行政复议当事人即因发生行政争议，为保护自己的合法权益，依法以自己的名义参加行政复议，并受行政复议机关的复议决定约束的公民、法人或其他组织。[2] 行政复议当事人包括申请人、被申请人

---

[1] 周佑勇：《行政法原论（第三版）》，北京大学出版社2018年版，第369页。
[2] 胡建淼：《行政法学（第五版）》，法律出版社2023年版，第1070页。

和第三人。与行政复议当事人地位相似的人是指，不是为保护自己的合法权益、不以自己的名义参加行政复议也不受行政复议决定约束，但又按照法律规定具有当事人法律地位的人，包括代表人和代理人。

需要注意的是，行政复议参加人不包括行政复议活动中协助行政复议工作的人员，如证人、鉴定人、翻译人员、勘验人员等。他们都与被申请行政复议的行政行为和行政复议结果没有利害关系。但是，他们的复议活动都是围绕查明事实进行的，在行政复议中具有一定的法律地位，享有一定的复议权利，承担一定的复议义务。[1] 此外，行政复议机关也不是行政复议的参加人，其作为中立的第三方受理行政复议申请、进行审查并作出行政复议决定。[2]

(二) 行政复议参加人的类型

行政复议参加人主要是指申请人、被申请人和第三人。其中申请人是认为行政机关的行政行为侵犯其合法权益，以自己的名义向行政复议机关提出申请，要求行政复议机关对该行政行为进行审查并作出行政复议决定的公民、法人或其他组织。被申请人是作出被申请行政复议的行政行为的行政主体，包括行政机关和法律、法规、规章授权的组织。第三人是申请人以外，同被复议的行政行为或行政复议案件处理结果有利害关系的公民、法人或者其他组织。因此，申请人是行政复议的发动者，被申请人是作为行政行为的作

---

[1] 参见罗豪才、湛中乐主编：《行政法学（第三版）》，北京大学出版社2012年版，第499页。

[2] 行政复议机关具有中立性。参见梅扬：《多元纠纷解决机制视域中行政复议制度的双重面相》，载《法学家》2023年第5期。

出机关参与到行政复议程序中的参与者,第三人是复议程序启动后通过申请或行政复议机关通知参加到行政复议程序中的参与者。

在申请人、被申请人和第三人这三类主要的行政复议参加人之外,行政复议参加人还包括代表人和代理人。其中代表人是在同一行政复议案件申请人人数众多的情形下,由申请人推选出代表所有申请人参加行政复议的人,代表人同为申请人。代理人是代表申请人、第三人代为参加行政复议的人,一般为律师、基层法律服务工作者等。代理人不是行政复议案件的当事人,与被复议的行政行为或行政复议案件处理结果均没有利害关系。此外,申请人如果符合法律援助条件,有权向法律援助机构申请法律援助,法律援助机构应当按照《法律援助法》等法律规定为申请人提供法律援助。

二、申请人

(一) 申请人的含义和条件

新修订的《行政复议法》第 2 条第 1 款规定,公民、法人或者其他组织认为行政机关的行政行为侵犯其合法权益,向行政复议机关提出行政复议申请,行政复议机关办理行政复议案件,适用本法。据此,申请人是指,认为行政机关的行政行为侵犯其合法权益,以自己的名义向行政复议机关提出行政复议申请的公民、法人或其他组织。并非所有的公民、法人或者其他组织都可以提起行政复议,而是必须具备一定的条件,才具有申请人资格。

第一,享有行政复议申请权的申请人只能是作为行政行为相对人的公民、法人或其他组织。行政法律关系的主体为行政机关与行政相对人，行政相对人向复议机关申请行政复议后，行政机关成为行政复议中的被申请人，行政相对人成为申请人。① 因此，作出行政行为的行政机关或法律、法规、规章授权的组织不能成为行政复议的申请人。

第二，申请人既可以是公民，也可以是法人或其他组织。公民是指具有一国国籍并享有该国法律所规定的权利、履行该国法律所规定的义务的自然人。根据《民法典》第 57 条，法人是具有民事权利能力和民事行为能力，依法独立享有民事权利和承担民事义务的组织。法人包括营利法人、非营利法人和特别法人。其他组织是指没有取得法人资格的社会组织，包括合伙企业和其他合伙组织以及其他非法人组织。

第三，申请人必须是认为行政机关的行政行为侵犯其合法权益的公民、法人或者其他组织。即申请人必然与被复议的行政行为有法律上的利害关系，其权利义务受到行政行为的不利影响。如果公民、法人或者其他组织与被复议的行政行为不构成法律上的利害关系，则无法通过行政复议寻求救济。例如，举报人为维护自身合法权益而举报相关违法行为人，要求行政机关查处，对行政机关就举报事项作出的处理或者不作为行为不服申请行政复议的，具有行政

---

① 王万华：《完善行政复议与行政诉讼的衔接机制》，载《中国司法》2019 年第 10 期。

复议申请人资格。① 反之，举报人为维护公共利益而举报的，不具有行政复议申请人资格。这个决策的基础是行政复议的解决纠纷功能，表达的愿望是行政复议能发挥解决行政纠纷的潜在优势。②

第四，申请人既可以是行政行为的相对人，也可以是行政行为的第三人。行政行为在影响相对人合法权益的同时，客观上也对相对人以外的第三人的合法权益产生影响。③ 相对人是行政行为直接针对的公民、法人或者其他组织，这是行政复议中数量最多也是最直接的申请人，如被处以行政拘留的个人。第三人是与行政行为有利害关系但不是行政行为的直接对象的申请人，如甲因殴打乙被行政拘留，甲是行政拘留决定的相对人，乙为第三人。此外，行政机关裁决民事纠纷的当事人也可能成为行政复议案件的申请人。民事纠纷双方当事人任何一方对行政裁决不服，都可以依法申请行政复议。④

（二）申请人的类型

第一，合伙企业申请行政复议的，应以核准登记的企业为申请

---

① 《最高人民法院关于举报人对行政机关就举报事项作出的处理或者不作为行为不服是否具有行政复议申请人资格问题的答复》（[2013]行他字第14号）：辽宁省高级人民法院：……根据《中华人民共和国行政复议法》第九条第一款、《行政复议法实施条例》第二十八条第（二）项规定，举报人为维护自身合法权益而举报相关违法行为人，要求行政机关查处，对行政机关就举报事项作出的处理或者不作为行为不服申请行政复议的，具有行政复议申请人资格。此复。

② 贺奇兵：《行政复议申请人资格标准的基本定位——基于行政复议与行政诉讼目的差异的视角》，载《法学》2015年第12期。

③ 参见李延荣、张岩：《土地征收行政复议中申请人的认定》，载《法学杂志》2012年第4期。

④ 张树义主编：《行政法学（第二版）》，北京大学出版社2012年版，第346页。

人，由执行合伙事务的合伙人代表该企业参加行政复议。其他合伙组织申请行政复议的，由合伙人共同申请行政复议。不具备法人资格的其他组织申请行政复议的，由该组织的主要负责人代表该组织参加行政复议；没有主要负责人的，由共同推选的其他成员代表该组织参加行政复议。第二，股份制企业的股东大会、股东代表大会、董事会认为行政机关作出的行政行为侵犯企业合法权益的，可以企业的名义申请行政复议。第三，中外合作经营企业的合作一方，认为中外合作经营企业的合法权益受行政行为侵害的，可以依法以自己的名义申请行政复议。第四，行政复议期间，法人的法定代表人发生职务变动的，自职务变动之日起，原担任法定代表人的人员即不得以该法人的名义进行行政复议活动。第五，对涉及农村集体土地的行政行为不服的，具有适格行政复议申请人主体资格的组织和个人主要有三类：一是作为集体土地所有权人的村民委员会或者农村集体经济组织；二是在集体经济组织不申请复议的情形下，也可以是过半数的集体经济组织成员；三是土地使用权人或者实际使用人。①

（三）行政复议申请人资格的转移

申请人并不总是具备亲自申请行政复议的能力：第一，有权申请行政复议的公民、法人或其他组织可能因死亡或终止而不复存在；第二，有权申请行政复议的公民可能失去行为能力。这两种情形下的公民、法人或其他组织并不会失去申请人资格，为了保障其通过行政复议获得救济的权利、监督行政机关依法行政，新修订的

---

① 参见中国裁判文书网最高人民法院（2018）最高法行再55号行政裁定书。

《行政复议法》第 14 条设计了行政复议申请人资格转移制度。即有权申请行政复议的公民死亡的，其近亲属可以申请行政复议。有权申请行政复议的法人或者其他组织终止的，其权利义务承受人可以申请行政复议。有权申请行政复议的公民为无民事行为能力人或者限制民事行为能力人的，其法定代理人可以代为申请行政复议。

行政复议申请人资格转移的条件有三：第一，有复议申请人资格的主体在法律上不复存在或失去行为能力。即公民死亡、为无民事行为能力人或者限制民事行为能力人，法人或其他组织终止。第二，有复议申请人资格的主体死亡、失去行为能力或终止时，仍然处在法定复议期限之内。第三，复议申请人资格转移发生于申请人和与申请人有特定关系的主体之间。对于公民来说，这种转移发生于公民与其近亲属、法定代理人之间。有权申请行政复议的公民死亡的，申请人的权利由其近亲属继承，其近亲属可以申请行政复议。有权申请行政复议的公民为无民事行为能力人或者限制民事行为能力人的，其法定代理人具有相当于被代理人的法律地位，可以代为申请行政复议。根据《最高人民法院关于适用〈中华人民共和国行政诉讼法〉的解释》第 14 条第 1 款，"近亲属"包括配偶、父母、子女、兄弟姐妹、祖父母、外祖父母、孙子女、外孙子女和其他具有扶养、赡养关系的亲属。对于法人或其他组织而言，有权申请行政复议的法人或者其他组织终止的，承受其权利的法人或者其他组织可以申请行政复议。这是因为，"承受其权利"当然应当包括程序层面的复议申请权。法人或其他组织的终止有两种情况：一是灭失，即法人或其他组织的资格在法律上最终归于消灭和结束，如撤销、破产，其权利由法律规定的组织承受，如清算组；二是变更，即原法人或其他组织以新的法人或其他组织的形式出现，并且与原法人或其他组织之间在法律上仍然存在继承关系，包括分立和合并。当然，承受申请人资格的公民、法人或其他组织应当向行政复议机关提供其属于法定近亲属、法定代理人范围的证明或作为被终止组织的权利承受者的证明文件。

需要注意的是，一旦发生复议申请人资格的转移，由于申请人自身不再具有权利能力，由申请人资格转移而获得申请人资格的公民、法人或其他组织并非作为代理人申请复议，而是以其本人的名义申请复议。

三、被申请人

（一）被申请人的含义

根据新修订的《行政复议法》第19条第1款，公民、法人或者其他组织对行政行为不服申请行政复议的，作出行政行为的行政机关或者法律、法规、规章授权的组织是被申请人。

被申请人是与申请人相对的概念，指作出申请人不服的行政行为的行政机关或法律、法规、规章授权的组织，也是申请人认为侵犯了其合法权益而向复议机关"指控"并由复议机关通知参加复议的主体。只要行政机关或者法律、法规、规章授权的组织作出的行政行为在复议范围内，公民、法人或其他组织依法申请复议，复议机关依法受理复议申请，该作出行政行为的行政机关或法律、法规、规章授权的组织就成为被申请人。

被申请人必然是行政主体，但其范围不限于行政机关，而是包括行政机关与法律、法规、规章授权的组织两大类。行政机关是最主要的被申请人类型，指行使国家行政职能、依法独立享有与行使行政权的国家机关。其特征有五：第一，执掌国家行政职能，管理国家的行政事务；第二，依法享有国家行政权，有规范人们行为的权力；第三，能以自己的名义独立行使行政权；第四，有一定的独立组织形式，而非一个机关的内部单位；第五，有一定的国家财政拨款。行政机关包括下列几类：一是依照宪法、组织法规定成立的机关，如各级人民政府、国务院各部委等；二是列入国务院编制序列的行政机关，如国务院所属的专业局；三是依照宪法、组织法以外的法律、法规、规章授权而享有行政权的机关，如根据《商标法》第2条第2款，国务院工商行政管理部门设立商标评审委员会，负责处理商标争议事宜。法律、法规、规章授权的组织虽然不是行政机关，但按照权力来源，凡是法律、法规、规章授权的组织作出的行政行为，该组织也属于被申请人。《行政处罚法》第19条即规定：法律、法规授权的具有管理公共事务职能的组织可以在法定授权范围内实施行政处罚。

（二）被申请人的特征

第一，并非只有具有外部行政管理职能的行政机关或者法律、法规、规章授权的组织才可能成为被申请人，所有实施了外部行政管理行为的行政机关或者法律、法规、规章授权的组织都可能成为被申请人。比如，人事、监察部门虽没有外部管理职能，但如果其对外作出了影响公民、法人或其他组织的行政行为如罚款，也可能成为被申请人。因此，被申请人是否为法定的行政主体并不重要，只要声称自己享有行政管理权，便具备成为被申请人的资格。至于其是否是法定的行政主体、是否具有自称的法定职权，正是需要通过行政复议加以判别的。此外，自然人不可能成为行政复议的被申请人。即使行政行为由行政机关或法律、法规、规章授权的组织的工作人员作出，被申请人也只能是行政机关或法律、法规、规章授权的组织。原因在于，公务人员的执法行为代表其所属行政机关或法律、法规、规章授权的组织的意志，属于其所从属的行政机关或法律、法规、规章授权的组织的行政行为。

第二，必须是运用行政权，作出有争议的行政行为的行政机关或法律、法规、规章授权的组织。行政复议中必须存在可被公民、法人或其他组织申请的复议标的——行政行为。没有实施行政行为，或者虽实施了行政行为，但其与申请人的合法权益之间没有因果关系的，不能成为被申请人。首先，被申请人是行政权的行使者。行政机关和法律、法规、规章授权的组织都具有双重身份：一方面是拥有行政权的管理者，另一方面是民事主体。如果它们只参与民事法律关系，则不具备被申请人资格。其次，被申请人作出了有争议的行政行为。并非所有的行政机关或法律、法规、规章授权的组织都可以成为被申请人，只有当它们实施的行政行为给公民、法人或其他组织的合法权益造成侵害，并被公民、法人或其他组织申请复议时才能成为被申请人。

第三，被申请人由行政复议机关通知参加复议。由复议机关通知参加复议是行政复议案件发生的标志，也是行政机关或法律、法规、规章授权的组织作为被申请人的必要条件，复议机关没有通知其参加复议的，行政机关或法律、法规、规章授权的组织不能成为被申请人。换言之，被申请人资格最终由复议机关确认。行政机关或法律、法规、规章授权的组织即使作出了损害申请人权益的行政行为，但如果没有公民、法人或其他组织提起复议申请，也不会成为被申请人。

（三）被申请人的认定

认定被申请人必须契合权责一致原则，依行政机关或法律、法规、规章授权的组织与被申请复议的行政行为之间的直接关系而定。

第一，两个以上行政机关以共同名义作出同一行政行为的，共同作出行政行为的行政机关是被申请人。实践中经常出现行政机关与其他行政机关联合作出行政行为的情形。如《行政许可法》第26条第2款规定：行政许可依法由地方人民政府两个以上部门分别实施的，本级人民政府可以确定一个部门受理行政许可申请并转告有关部门分别提出意见后统一办理，或者组织有关部门联合办理、集中办理。为了实现对多个行政机关的共同监督，保障公民、法人或其他组织的合法权益，应当把共同作出同一行政行为的行政机关一起列为被申请人。《行政复议法》（2017年修正）第15条第1款规定：对本法第12条、第13条、第14条规定以外的其他行政机关、组织的具体行政行为不服的，按照下列规定申请行政复议：……（四）对两个或者两个以上行政机关以共同的名义作出的具体行政行为不服的，向其共同上一级行政机关申请行政复议……由此可见，尽管《行政复议法》（2017年修正）没有明确提出两个以上行政机关共同作出行政行为时如何确定被申请人，但实际上通过管辖规则即"向其共同上一级行政机关申请行政复议"默认了"共同作出行政行为的行政机关"都是被申请人。新修订的《行政复议法》在此基础上进一步加以明确。《行政复议法实施条例》尽管没有规定两个以上行政机关共同作出行政行为时如何确定被申请人，但第12条第1款规定：行政机关与法律、法规授权的组织以共同的名义作出具体行政行为的,行政机关和法律、法规授权的组织为共同被申请人。这同样佐证了多个行政主体联合作出行政行为时共同作为被申请人的基本原理。其适用条件有三:第一,只存在一个行政行为;第二,这一个行政行为的作出机关为两个或两个以上的行政机关;第三,两个以上的行政机关必须以共同的名义作出这一行政行为。满足以上三个条件的,共同作出这一行政行为的两个以上行政机关都是被申请人。关于对共同作出的行政行为之认定,简单的方法是看行政决定文书上的署名和印章。

第二,行政机关委托的组织作出行政行为的,委托的行政机关是被申请人。行政机关委托的组织主要是指行政机关以外的社会组织,也包括行政机关。实践中经常出现行政机关委托其他组织作出行政行为的情形。如《行政许可法》第 24 条规定:行政机关在其法定职权范围内,依照法律、法规、规章的规定,可以委托其他行政机关实施行政许可。委托行政机关对受委托行政机关实施行政许可的行为应当负责监督,并对该行为的后果承担法律责任。受委托行政机关在委托范围内,以委托行政机关的名义实施行政许可。《行政处罚法》第 20 条规定,行政机关依照法律、法规、规章的规定,可以在其法定权限内书面委托符合《行政处罚法》第 21 条规定条件的组织实施行政处罚。委托行政机关对受委托组织实施行政处罚的行为应当负责监督,并对该行为的后果承担法律责任。受委托组织在委托范围内,以委托行政机关的名义实施行政处罚。由于受委托的组织不以自己的名义作出行政行为,不能对受委托作出的行政行为承担法律后果,因而不能作为行政复议的被申请人。无论从理论上还是从《行政许可法》《行政处罚法》的相关规定看,都要求委托行政机关负责对受委托的组织的行为进行监督,并对行为后果负法律责任。因此，行政相对人申请行政复议，委托机关是被申请人。关于委托的认定需要特别注意，非经法律、法规、规章授权行使行政权的其他组织，包括内部机构、派出机构、临时机构、事业单位和其他组织等，而是由行政机关以规章、规范性文件的形式予以"授权"的，均不属于行政复议法意义上的授权，而属于委托。①

第三，作出行政行为的行政机关被撤销或者职权变更的，继续行使其职权的行政机关是被申请人。改革开放以来，我国政府的机构调整和职能转变一直在进行当中，有的行政机关被撤销、合并、分解、解散，有的部门职权发生调整，原来行使的职权转由别的部门行使。在这种情形下，行政相对人对原行政机关作出的行政行为不服申请行政复议的，需要明确被申请人是谁。行政机关被撤销或职权变更属于行政机关的内部组织变化，不能因此影响对当事人的权利救济。在行政机关被撤销或变更职能后，会发生被申请人资格的承继或转移。作出行政行为的行政机关被撤销或者发生职权变更的，其原有的职权不会就此消失，而是随着机构改革转移至其他行政机关，包括合并后的行政机关、分解后的相应行政机关、解散它的上级行政机关或有关机关指定的其他行政机关。② 相应地，其行为效果也应由继续行使其职权的行政机关承受，包括担当被申请人。需要强调的是，由于被申请人应当具备承担复议结果的能力，此种情形下的被申请人必须是具备相应职能的行政机关。

---

① 《最高人民法院关于适用〈中华人民共和国行政诉讼法〉的解释》第 20 条第 3 款规定：没有法律、法规或者规章规定，行政机关授权其内设机构、派出机构或者其他组织行使行政权的，属于行政诉讼法第二十六条规定的委托……

② 参见胡建淼：《行政法学（第五版）》，法律出版社 2023 年版，第 1071 页。

此外，还需把握其他几种情形下被申请人的认定：第一，行政机关独自作出行政行为的，作出该行政行为的行政机关是被申请人。第二，法律、法规、规章授权的组织独自作出行政行为的，作出该行政行为的法律、法规、规章授权的组织是被申请人。第三，行政机关与法律、法规、规章授权的组织以共同名义作出行政行为的，行政机关与法律、法规、规章授权的组织为共同被申请人。第四，行政机关与其他组织以共同名义作出行政行为的，行政机关为被申请人。第五，行政机关依照法律、法规、规章规定，经上级行政机关批准作出行政行为的，批准机关是被申请人。[1] 第六，行政机关设立的派出机构、内设机构或者其他组织未经法律、法规、规章授权，对外以自己的名义作出行政行为的，该行政机关为被申请人。

四、第三人

（一）第三人的认定标准

根据新修订的《行政复议法》第 16 条第 1 款，行政复议第三人是指，同被申请行政复议的行政行为或者行政复议案件处理结果有利害关系，经行政复议机关批准参加复议的申请人以外的公民、法人或者其他组织。因此，利害关系标准是认定第三人的根本标准，第三人或者"同被申请行政复议的行政行为有利害关系"，或者"同行政复议案件处理结果有利害关系"。前者是直接的利害关系，后者是间接的利害关系，具体是指，行政行为或者复议机关作

---

[1] 参见《行政复议法实施条例》第 13 条。

出的复议决定会影响其合法权益。尤其是"同行政复议案件处理结果有利害关系"属于新修订的《行政复议法》新增,《行政复议法》(2017年修正)第10条仅规定了第三人的一种情形,即"同申请行政复议的具体行政行为有利害关系"。关于利害关系的认定,可以参考《最高人民法院关于适用〈中华人民共和国行政诉讼法〉的解释》第12条:有下列情形之一的,属于《行政诉讼法》第25条第1款规定的"与行政行为有利害关系":(一)被诉的行政行为涉及其相邻权或者公平竞争权的;(二)在行政复议等行政程序中被追加为第三人的;(三)要求行政机关依法追究加害人法律责任的;(四)撤销或者变更行政行为涉及其合法权益的;(五)为维护自身合法权益向行政机关投诉,具有处理投诉职责的行政机关作出或者未作出处理的;(六)其他与行政行为有利害关系的情形。

行政复议第三人与申请人不同。第三人与申请人的共同点在于,均与被申请行政复议的行政行为有利害关系。同一个公民、法人或其他组织,既有可能是申请人也有可能是第三人。但是,第三人与申请人身份不可能由同一个公民、法人或其他组织同时享有。第三人参加的行政复议的情形之所以存在,乃是源于申请人提出了行政复议申请。如果公民、法人或其他组织以自己的名义申请行政复议而非参加到其他公民、法人或组织作为申请人的行政复议案件中,那么这些公民、法人或其他组织应被归为行政复议案件的申请人而非第三人。

行政复议第三人与行政管理第三人也不同。行政管理第三人是与相对人而言的概念,指与行政行为有利害关系的相对人以外的公民、法人或其他组织。如甲因殴打乙而受到行政处罚,甲是行政处罚决定的相对人,乙为第三人。行政复议第三人是与申请人相对的概念，指两个或两个以上的当事人与某个行政行为均有利害关系，部分当事人申请行政复议的，其他当事人可以不再单独提出行政复议申请，而是作为第三人参加到他人已经申请的行政复议案件中，实现保护自身合法权益的目的。因此，行政复议第三人并非天生只能作为第三人，其之所以成为第三人是因为参加了其他当事人申请的行政复议案件，正如行政管理相对人申请行政复议时成为申请人一样。如果与行政行为有利害关系的当事人都分别申请行政复议，则他们都是申请人，无第三人可言。

（二）第三人的种类

第一，在行政处罚案件中，被处罚人或被侵害人一方申请行政复议，另一方可以作为第三人申请参加行政复议。例如，甲因殴打乙受到行政处罚，被处罚人甲不服行政处罚申请行政复议，受害人乙可作为第三人申请参加行政复议；同理，受害人乙不服行政处罚申请行政复议，被处罚人甲可作为第三人参加行政复议。

第二，在行政确权案件中，被驳回请求的人申请复议，被授予权利的人或其他被驳回请求的人，可以作为第三人申请参加行政复议。

第三，在行政裁决案件中，民事纠纷的一方当事人申请复议，另一方当事人可以作为第三人申请参加行政复议。

第四，两个或两个以上的行政主体基于同一事件针对同一行政相对人作出相互矛盾的行政行为，相对人对其中一个行政行为不服申请复议，其他行政主体可以作为第三人申请参加复议。[1] 这是因

---

[1] 参见梁凤云、朱晓宇：《关于行政复议法修改若干重大问题的思考》，载《浙江工商大学学报》2021年第6期。

为，被复议的行政行为的复议结果会影响到其他行政主体作出的行政行为的效力。

第五，行政主体与其他非行政主体的组织以共同名义作出行政行为的，行政主体为被申请人，其他组织可以作为第三人参加行政复议。

(三) 第三人制度的意义

设立行政复议第三人制度的意义主要有以下三点：

第一，维护第三人的合法权益。第三人在法律上具有独立的复议地位，同申请人和被申请人一样，为了维护自己的合法权益而参加行政复议。[1] 申请人和被申请人所争议的行政行为常常涉及第三人的利益，允许第三人通过申请或者由行政复议机构通知参加行政复议，不仅充分尊重了第三人不愿申请行政复议的自主意愿，而且有助于第三人充分参与行政复议案件的审理过程，维护自身的合法权益。[2]

第二，有利于复议机关查清案件事实，促进"案结事了"。行政复议决定是否公正客观，与是否查清事实密切相关，而查明事实又是关键中的关键。[3] 第三人了解有关行政行为的情况，且为了自己的利益会积极向复议机关举证。因此，行政复议第三人的参与，使得行政复议机关在作出行政复议决定之前可以广泛听取包括行政

---

[1] 参见马怀德主编：《行政法学（第二版）》，中国政法大学出版社2009年版，第318-319页。

[2] 第三人参加复议反映了行政复议过程的亲历性。参见梅扬：《多元纠纷解决机制视域中行政复议制度的双重面相》，载《法学家》2023年第5期。

[3] 参见王春业：《论行政复议审理程序的再优化》，载《法学杂志》2023年第4期。

复议第三人在内的各方当事人的意见，有利于行政复议机关及时查清案件的全部事实真相，准确把握和分析有关法律问题，作出正确的行政复议决定，促进"案结事了"，实现社会稳定。

第三，实现并案审理，节约复议资源。实质性化解行政争议要求行政复议机关主动推进相关争议的整体性解决。[1] 设立行政复议第三人制度能够通过对一个行政复议案件的审理解决与同一行政行为都有利害关系的多个当事人的诉求，统一解决行政争议，可以节约行政复议资源、提高行政复议效率。反之，如果不允许与正在进行的行政复议案件有利害关系的公民、法人或其他组织参加已开始的行政复议，势必迫使其另行申请行政复议或提起行政诉讼。如此一来，不仅会浪费人力物力资源，而且可能导致就同一个问题作出的行政复议决定之间发生矛盾和冲突，损害行政复议的权威性。

（四）第三人参加行政复议的方式

根据新修订的《行政复议法》第16条第1款，行政复议第三人参加行政复议有两种方式：一是主动申请参加行政复议，二是行政复议机构通知其参加行政复议。

首先，申请人以外的公民、法人或者其他组织与被复议的行政行为或者案件处理结果有利害关系的，可以向行政复议机关申请作为第三人参加行政复议。对此，应由行政复议机关决定其能否最终以第三人的身份参加行政复议，对此，行政复议机关有权进行审查，即第三人参加行政复议必须经过行政复议机关的批准。

---

[1] 参见李月：《论实质性化解行政争议视角下的行政复议变更决定》，载《中国法律评论》2023年第5期。

其次，行政复议机构可依职权主动通知第三人参加复议。如果行政复议机构认为申请人以外的公民、法人或者其他组织与被复议的行政行为或者案件处理结果之间有利害关系，则必须通知第三人参加。换言之，通知第三人参加行政复议是行政复议机构的法定义务，且复议机关须在作出复议决定之前认定和通知第三人。① 例如，在"张成银诉徐州市人民政府房屋登记行政复议决定案"中，二审法院指出，根据正当程序的要求，行政机关在可能作出对他人不利的行政决定时，应当专门听取利害关系人的意见。本案中，复议机关审查的对象是颁发鼓房字第 1741 号房屋所有权证行为，复议的决定结果与现持证人张成银有着直接的利害关系，故复议机关在行政复议时应正式通知张成银参加复议。② 行政复议机构在此种情形下通知第三人参加行政复议有助于全面、及时查清案件事实，促进行政争议的实质性解决。行政复议机构通常以制作参加行政复议通知书的形式通知第三人参加行政复议。

（五）第三人不参加行政复议的法律后果

根据新修订的《行政复议法》第 16 条第 2 款，第三人不参加行政复议，不影响行政复议案件的审理。这是因为，第三人并非行政复议案件中必需的当事人。第三人虽然与申请人享有很多共性的权利，如委托代理人，但与申请人存在本质区别。申请人是行政复议案件的必备角色，第三人则可有可无，即便其不主动申请乃至拒

---

① 参见蒋红珍：《行政复议第三人认定中的时点判断》，载《东方法学》2023 年第 2 期。

② 参见《张成银诉徐州市人民政府房屋登记行政复议决定案》，载《最高人民法院公报》2005 年第 3 期。

绝参加行政复议，都不会对行政复议案件的审理产生实质影响。而允许第三人参加行政复议的主要目的在于保障第三人的参与权，主动放弃这种参与权的，只会影响自身，而不会拖累整个行政复议案件的进度，尤其是不能因为第三人不参加而影响申请人通过行政复议寻求救济的合法权利。

五、代表人

根据新修订的《行政复议法》第15条，同一行政复议案件申请人人数众多的，可以由申请人推选代表人参加行政复议。代表人参加行政复议的行为对其所代表的申请人发生效力，但是代表人变更行政复议请求、撤回行政复议申请、承认第三人请求的，应当经被代表的申请人同意。

（一）行政复议代表人制度的意义

根据新修订的《行政复议法》第15条第1款，同一行政复议案件申请人人数众多的，可以由申请人推选代表人参加行政复议。意即对于申请人人数众多的行政复议案件，并非所有的申请人都必须参加行政复议，而可以推选部分申请人作为代表。因此，行政复议代表人有别于代理人，代表人本身就是行政复议申请人，代理人则不是行政复议申请人，而是以委托其的申请人或第三人的名义参加行政复议。

新修订的《行政复议法》之所以要增设行政复议代表人制度，首先，是为了适应行政复议的实践需要，完善和发展我国的行政复议主体制度。在整个国家机关系统中，行政机关不仅工作机构最为庞大、工作范围最为广泛，对国家政治、经济、社会、文化生活的干预也最为直接、最为有效，行政权已经延伸到社会的方方面面。在这种客观形势下，行政机关的某些行政行为所针对的往往不只是一两个人，而是一定范围内的公众，他们人数众多，从而形成具有某种共同利益、息息相关的群体。如果同一行政行为或同样的行政行为被申请行政复议，并且人数众多达到一定程度时，会出现根本无法审理的情形。在此情况下，适用行政复议代表人制度，将行政复议代表人参加行政复议的行为视为全体申请人的行为，便于保护申请人的合法权益。其次，适用行政复议代表人制度符合市场经济的效益原则，能达到复议经济的目的。市场经济的核心内容是优化资源配置，充分发挥市场调节作用，追求最大经济效益。在行政复议中适用代表人制度，有助于简化行政复议程序，节省大量人力、物力、财力，促进行政复议机关依法、全面、彻底解决行政纠纷，有效保护当事人的合法权益，达到复议经济的目的。

（二）行政复议代表人制度的适用条件

根据新修订的《行政复议法》第15条第1款，行政复议代表人制度仅适用于"同一行政复议案件申请人人数众多"的情形。总结起来，行政复议代表人制度的适用条件主要有四：第一，同一行政复议案件。即申请人之间存在共同的法律问题或事实问题，不得多个行政复议案件一并计算。这是适用行政复议代表人制度最主要的条件。只有不同的申请人之间都存在共同的法律问题或事实问题，才有共同的利益，否则便失去了存在基础。第二，同一行政复议案件"申请人人数众多"。即涉及同一法律问题或事实问题的利害关系人人数众多。新修订的《行政复议法》未对"人数众多"加以具体界定，一般可理解为"超过十人"。之所以要将"人数众多"作为推选代表人的条件，主要是考虑到一旦人数过多，一般行政复议机关的接待场所难以容纳，且不便于行政复议人员与申请人交流，可能降低行政复议的效率。第三，复议请求和抗辩事由属同一类型。即行政复议代表人提出的请求或抗辩事由能代表绝大多数被代表的申请人的意志。但是，不排斥各申请人在实际请求中标的额上的差异以及某些申请人存在某些特殊抗辩事由。第四，行政复议代表人合格。行政复议代表人是否合格关系到其能否维护其他申请人的合法权益，关系到行政复议机关是否能够作出正确判决。合格的行政复议代表人需符合以下条件：是本案的申请人；具有民事行为能力；能公正妥善地维护全体申请人的利益；合法产生并为其他申请人所信赖。

当然，即便同时满足以上四个条件，申请人也并非必须推选代表人参加行政复议，而是具有选择的权利，既可以推选代表人参加，也可以不推选代表人，由自己参加。

（三）行政复议代表人参加行政复议的效力

根据新修订的《行政复议法》第15条第2款，代表人参加行政复议的行为对其所代表的申请人发生效力，但是代表人变更行政复议请求、撤回行政复议申请、承认第三人请求的，应当经被代表的申请人同意。

首先，代表人本身就是行政复议申请人，代表人参加行政复议的行为不仅对其自身发生效力，而且对其代表的申请人发生效力。其原理在于，代表人由申请人推选而来，行政复议代表人参加行政复议的行为理应视为全体申请人的行为。

其次，代表人参加行政复议的行为对其所代表的申请人不总能够发生效力。代表人变更行政复议请求、撤回行政复议申请、承认第三人请求的，必须经被代表的申请人同意，否则对其所代表的申请人不生效力。

六、代理人

行政复议代理人是指在行政复议中接受当事人的委托，以被代理人的名义代理他人进行复议的人。[①] 在行政复议中，当事人既可以亲自参加复议，也可以委托代理人参加行政复议。

（一）行政复议代理人的特点和意义

根据新修订的《行政复议法》第17条第1款，申请人、第三人可以委托一至二名律师、基层法律服务工作者或者其他代理人代为参加行政复议。意即行政复议代理人代表申请人或第三人参加行政复议，代理人不是申请人也不是第三人。行政复议代理人具有以下几个特点：第一，行政复议代理人以委托其的申请人或第三人的名义，为维护申请人或第三人的合法权益而参加行政复议，代理人自身与被复议的行政行为没有利害关系；第二，行政复议代理人应在代理权限范围内参加行政复议活动；第三，行政复议代理人参加行政复议的法律后果由委托其的申请人或第三人承担；第四，行政复议代理人在同一个行政复议案件中只能代理一方当事人。

行政复议代理人制度是行政复议制度的重要组成部分，其意义有三：第一，维护当事人的权利。复议代理人可以解决无复议行为能力的当事人不能参加复议的问题，也可以为那些虽有复议能力但

[①] 张树义主编：《行政法学（第二版）》，北京大学出版社2012年版，第348页。

因故不能亲自复议或不善于进行复议的当事人提供帮助，还可以解决法人、其他组织及行政机关的法定代表人或负责人因忙于自身业务活动或不熟悉复议程序及有关法律法规而不便实施复议行为的困难。进言之，复议代理人制度有利于协助公民、法人或其他组织实现权利、履行义务、有效维护自身的合法权益。第二，有助于进一步查清事实，更好地维护申请人和第三人的合法权益。代理人，尤其是律师和基层法律服务工作者往往比较专业，相较于申请人和第三人具有专业优势，[1]有助于复议机关迅速查清行政复议案件事实、维护申请人和第三人的合法权益。第三，有利于行政复议机关正确、合法、及时审理案件，解决当事人之间的行政争议。代理人可利用其专业优势及时配合行政复议机关审理行政复议案件的各项程序，顺利推进行政复议案件的审理，及时化解行政争议。

（二）申请人、第三人委托代理人的权利

新修订的《行政复议法》赋予了申请人、第三人委托代理人的权利。根据新修订的《行政复议法》第17条第1款，申请人、第三人可以委托一至二名律师、基层法律服务工作者或者其他代理人代为参加行政复议。

第一，申请人与第三人均享有委托代理人的权利。体现了行政复议平等保护复议当事人合法权益的原则，对申请人和第三人的合法权益平等保护，而不偏袒任何一方。[2]第二，委托的对象不受限制但在人数上有要求。新修订的《行政复议法》没有规定代理人

---

[1] 参见杨森箐：《建议建立律师代理行政复议》，载《法学》1991年第12期。
[2] 参见杨建顺：《行政规制与权利保障》，中国人民大学出版社2007年版，第563页。

的条件,意味着申请人、第三人可以委托任何他们满意或信任的人作为代理人,包括律师、基层法律服务工作者或者其他代理人。《行政诉讼法》第31条即规定:当事人、法定代理人,可以委托一至二人作为诉讼代理人。下列人员可以被委托为诉讼代理人:(一)律师、基层法律服务工作者;(二)当事人的近亲属或者工作人员;(三)当事人所在社区、单位以及有关社会团体推荐的公民。就委托人数而言,以一至两名为宜。第三,委托代理人是申请人、第三人的权利而非义务。申请人、第三人既可以选择委托代理人,也可以选择不委托代理人,还可以变更或者解除代理人的权限。

(三)申请人、第三人委托代理人的形式

根据新修订的《行政复议法》第17条第2款,申请人、第三人委托代理人的,应当向行政复议机构提交授权委托书、委托人及被委托人的身份证明文件。意即申请人、第三人应当以书面形式委托代理人。其意义有三:一是有利于明确代理权限,二是有利于准确掌握代理人的情况,三是有利于行政复议机构与代理人进行交流。授权委托书应当载明委托事项、权限和期限,三者缺一不可,并由委托人签名盖章。委托事项、权限和期限一般由委托人决定,申请人、第三人既可以全权委托,也可以部分委托。代理人基于委托人的委托而参加复议,其代理行为受委托事项、委托权限和期限的限制。对于申请人、第三人委托的代理人,行政复议机构应当依其与申请人签订的授权委托书,在授权范围内视之为申请人、第三人;代理人在授权范围内之行为,视为被代理人的行为。申请人、第三人委托代理人的,除了向行政复议机构提交授权委托书之外,还应当提交委托人及被委托人的身份证明文件，以防止代为委托、被委托人转委托等现象的发生。

此外，申请人、第三人有权对代理人之权限进行变更甚至解除。委托代理关系成立后，委托人根据需要，可以对代理权限作必要的变更、扩大或缩小，委托人可以解除委托，代理人也可以辞去委托。但是，这并不意味着申请人、第三人可以随意变更或者解除代理人权限，而必须遵守一定的程序要求：一是必须告知行政复议机构，二是必须以书面形式告知，以便行政复议机构及时作出工作调整。

七、法律援助

（一）法律援助的概念和意义

根据新修订的《行政复议法》第 18 条，符合法律援助条件的行政复议申请人申请法律援助的，法律援助机构应当依法为其提供法律援助。法律援助是国家建立的为经济困难的公民和符合法定条件的其他当事人无偿提供法律咨询、代理、刑事辩护等法律服务的制度，是公共法律服务体系的组成部分。法律援助是最基础的现代公共法律服务形式，也是普法工作的基本抓手，还是落实依法治国的重要基础。[①] 新修订的《行政复议法》第 18 条之所以建立为符合法律援助条件的行政复议申请人提供法律援助的制度，主要是因为实践中很多相对人出于种种原因和顾虑未能提出或不能及时提出

---

① 樊崇义、孙道萃：《推进实施法律援助法的新机遇与新方向》，载《人民检察》2023 年第 3 期。

行政复议申请。行政复议法律援助制度是行政复议便民原则之落实,一则有助于消除相对人的顾虑,增强提出复议申请的自信心和申请的专业性;①二则有助于充分保护申请人的合法权益,彻底化解行政争议,同时有利于监督行政机关依法行政。

(二)法律援助制度的内容

第一,法律援助的对象。就主体而言,凡是符合法律援助条件的行政复议申请人均可能获得法律援助。《法律援助法》明确了法律援助的范围,其中第31条与行政复议相关:下列事项的当事人,因经济困难没有委托代理人的,可以向法律援助机构申请法律援助:(一)依法请求国家赔偿;(二)请求给予社会保险待遇或者社会救助;(三)请求发给抚恤金;(四)请求给付赡养费、抚养费、扶养费;(五)请求确认劳动关系或者支付劳动报酬;(六)请求认定公民无民事行为能力或者限制民事行为能力;(七)请求工伤事故、交通事故、食品药品安全事故、医疗事故人身损害赔偿;(八)请求环境污染、生态破坏损害赔偿;(九)法律、法规、规章规定的其他情形。因此,只有特定事项的行政复议申请人且其必须经济困难,才具备得到法律援助的资格。此外,只有行政复议申请人有权获得法律援助,第三人没有获得法律援助的权利。

第二,提供法律援助的主体。有义务为"符合法律援助条件的行政复议申请人"提供法律援助的主体是法律援助机构,法律援助机构不得无故推托。

---

① 参见莫于川:《行政复议机制和方法创新路径分析——从修法提升行政复议规范性、效率性和公正性的视角》,载《行政法学研究》2019年第6期。

第三，法律援助的启动。行政复议中，法律援助的启动通常源于行政复议申请人的主动申请。行政复议申请人向法律援助机构申请法律援助的，法律援助机构有权进行审查，包括自身的管辖权限、申请人是否符合法律援助的条件等。如果申请人符合法律援助条件，法律援助机构即应当依法为其提供法律援助，不得无故拒绝。如果申请法律援助的行政复议申请人并不符合获得法律援助的条件，法律援助机构有权拒绝。如果收到法律援助申请的法律援助机构对案件没有管辖权，即与申请法律援助的公民"异地"，应当告知申请法律援助的行政复议申请人向有管辖权的法律援助机构提起法律援助申请。

第四，法律援助的要求。本条规定，法律援助机构应当"依法"提供法律援助，这里的"依法"主要是指依照《法律援助法》，包括程序、实施等方面的内容。《法律援助法》第44条即规定：法律援助机构收到法律援助申请后，发现有下列情形之一的，可以决定先行提供法律援助：（一）距法定时效或者期限届满不足七日，需要及时提起诉讼或者申请仲裁、行政复议……

第七章　行政复议管辖

行政复议管辖是行政复议制度的重要内容，它决定了不同行政机关之间受理行政复议案件的分工。新修订的《行政复议法》在第二章行政复议申请中专设第四节对行政复议管辖作出专门规定，确立了相对集中的行政复议管辖体制，分别确定了各级政府和特殊部门的管辖权限，为相对人通过行政复议化解行政争议提供了有效指引。

一、行政复议管辖的基本理论

（一）行政复议管辖

行政复议管辖简称复议管辖，指不同层级、不同职能的行政机关之间受理复议案件的分工。[1] 复议管辖意在解决某一具体行政复议案件由哪个行政机关行使行政复议权，复议管辖的主体即行政复议机关。因此，复议管辖的本质在于确定负责审理具体案件的行政复议机关。对于相对人而言，复议管辖决定了其认为行政机关的行政行为侵犯其合法权益时，应当向哪一个行政机关提出行政复议申请。对于行政复议机关而言，复议管辖是其复议活动发生的基础，也是其复议活动合法化的前提。[2] 与此同时，复议管辖还决定了行

---

[1] 胡建淼：《行政法学（第五版）》，法律出版社2023年版，第1069页。
[2] 张树义主编：《行政法学（第二版）》，北京大学出版社2012年版，第342页。

政复议机关的行政复议权的大小，即有权审理行政复议案件的范围。

行政复议管辖的原则一般有三：一是符合行政机关内部的领导体制。行政机关对有关行政行为的复议系基于对有关行政机关的治理管辖权即领导权。[①] 相对人对行政行为不服的，应当依据作出行政行为的主体来判断向哪个行政机关申请行政复议。二是便民原则。行政复议管辖主体的确定应当符合便民原则，尽可能方便申请人申请和参加行政复议。如让申请人不用跑很远的路程即可申请行政复议。三是稳定性与灵活性相结合。对于绝大多数的行政复议案件，只要被申请人确定，行政复议机关应当具有唯一性；但对于少数比较特殊的行政复议案件，应赋予申请人一定的管辖选择权，允许申请人结合自身情况进行灵活选择。

（二）行政复议管辖体制

行政复议管辖体制是行政复议的制度基础。习近平总书记指出：要落实行政复议体制改革方案，优化行政复议资源配置，推进相关法律法规修订工作，发挥行政复议公正高效、便民为民的制度优势和化解行政争议的主渠道作用。[②] 新修订的《行政复议法》充分落实管辖体制改革要求，优化行政复议管辖体制，着力构建统一、科学、公正的行政复议管辖体制。

1. 《行政复议法》（2017 年修正）的管辖体制

《行政复议法》（2017 年修正）确立了"条块结合"的行政复

[①] 叶必丰：《行政复议机关的法律定位》，载《法学》2021 年第 5 期。

[②] 习近平：《推进全面依法治国，发挥法治在国家治理体系和治理能力现代化中的积极作用》，载《求是》2020 年第 22 期。

议管辖体制，即"条条管辖"与"块块管辖"相结合，有条件地选择管辖。第 12 条第 1 款规定了选择管辖制度：对县级以上地方各级人民政府工作部门的具体行政行为不服的，由申请人选择，可以向该部门的本级人民政府申请行政复议，也可以向上一级主管部门申请行政复议。第 12 条第 2 款与第 13 条规定了"条条管辖"的情形：对海关、金融、国税、外汇管理等实行垂直领导的行政机关和国家安全机关的具体行政行为不服的，向上一级主管部门申请行政复议。对地方各级人民政府的具体行政行为不服的，向上一级地方人民政府申请行政复议。对省、自治区人民政府依法设立的派出机关所属的县级地方人民政府的具体行政行为不服的，向该派出机关申请行政复议。第 14 条规定了自我管辖的情形：对国务院部门或者省、自治区、直辖市人民政府的具体行政行为不服的，向作出该具体行政行为的国务院部门或者省、自治区、直辖市人民政府申请行政复议。

《行政复议法》（2017 年修正）之所以规定"条块结合"的管辖体制，意在充分结合"条条管辖"与"块块管辖"二者的优势。"条条管辖"即政府工作部门作为行政复议机关审查下一级政府工作部门作出的行政行为或者政府作为行政复议机关审查下一级政府作出的行政行为，其优势在于专业性强；"块块管辖"即本级政府作为行政复议机关审查本级人民政府工作部门或者其他被管理者作出的行政行为，其优势在于便利性。"条块结合"的选择管辖体制契合了我国以"双重领导"为主的行政管理体制，而且将行政复议管辖的选择权交给申请人，充分尊重申请人的意思，在一定程度上有利于增强行政复议结果的可接受性和认可度。[①] 此外，"条块结合"的管辖体制在维护相对人的合法权益、监督行政机关依法行政、实质性化解行政争议等方面都发挥了积极作用。

但是，随着社会经济的发展，这种"条块结合"的管辖体制也暴露出一些问题：第一，不方便相对人找准行政复议机关。"条块结合"的管辖体制相对复杂，对于同一个行政复议案件，往往对应两个复议机关且均享有复议管辖权。专业人士有时尚难把握具体应向哪个行政机关申请行政复议，一般的申请人更是一头雾水，面对复杂的行政复议管辖体制，很多时候很难找到、找准行政复议机关，且多头复议容易造成有管辖权的行政复议机关之间相互推诿，使得申请人无所适从[②]。第二，复议资源过于分散，严重影响行政复议效能的发挥。[③] "条块结合"的管辖体制造就了数量极其庞大的行政复议机关组织体，享有行政复议管辖权的行政机关的种类、数量都很多，包括县级以上地方各级人民政府、县级以上地方各级人民政府工作部门、国务院部门、国务院等。由此导致的问题是，行政复议的工作力量过于分散，无法形成监督合力、发挥规模效益，不利于集中复议资源审理行政复议案件，且由于复议机关过于分散，复议人员专业性不足，行政复议的效能偏低。第三，行政复议案件的办案标准不统一，导致"同案不同判"。"条块结合"的管辖体制必然导致行政复议的管辖权趋于分散，而不同复议机关对

[①] 参见王青斌、马逸鸣：《论我国行政复议管辖制度之完善》，载《浙江学刊》2013年第5期。

[②] 王万华：《以行政复议权集中行使为基础重构行政复议体制》，载《财经法学》2015年第1期。

[③] 参见周佑勇：《行政复议的主渠道作用及其制度选择》，载《法学》2021年第6期。

于如何认定事实、适用法律、选择程序等问题存在诸多区别，从而导致出现"同案不同判"现象，也不利于行政复议公信力的提升。

此外，允许上一级主管部门管辖行政复议案件也存在很多突出的问题。第一，不符合便民原则。申请人与被申请人的上一级主管部门往往分处异地，申请人选择向上一级主管部门申请复议，无疑会增加复议成本，有违便民原则。第二，容易引发矛盾上移。允许申请人到上一级主管部门申请复议，实际上为责任上移、矛盾上交提供了制度通道，把上一级主管部门也卷入了行政纠纷之中，不利于就地就近解决矛盾纠纷。第三，实质性解决行政争议的效果不佳。一般情况下，申请人与被申请人之间的行政纠纷往往涉及多个地方政府部门的行为，利益关系复杂，仅依靠某一个上级部门的力量很难有效解决当事人的实际利益诉求。① 第四，存在部门保护主义的风险。上一级主管部门可能会偏袒作为被申请人的下一级工作部门，牺牲申请人的合法权益。

2. 新修订的《行政复议法》的管辖体制

针对"条块结合"管辖体制存在的诸多问题，新修订的《行政复议法》将"条块结合"的分散性管辖体制修改为"块块管辖"为主、"条条管辖"为补充的相对集中管辖体制。除垂直领导等特殊情形外，申请人对县级以上地方各级人民政府工作部门及其派出机构、授权组织等作出的行政行为不服的，统一向本级人民政府申请行政复议。具体而言：

第一，整合地方行政复议职责，全面实行集中行使行政复议

---

① 参见曹鎏、李月：《我国行政复议体制改革的发展演进、目标构成及修法回应》，载《行政管理改革》2022年第4期。

权，即取消了地方人民政府工作部门的行政复议职责，改由县级以上地方人民政府统一行使行政复议权。新修订的《行政复议法》第24条第1款规定：对本级人民政府工作部门作出的行政行为不服的，由县级以上地方各级人民政府管辖。行政复议权必须集中行使，以形成一定规模的案件数量，这是健全复议机构，加强复议工作队伍专业化、专门化等工作的前提。[①] 一些地方如重庆也曾进行相对集中行政复议审理权的探索，在大中城市的各城区或各县城，在行政服务中心集中由区（县）政府统一受理行政复议案件，社会接受程度很高，且未见明显的负面效果。[②]

第二，保留了垂直管辖与自我管辖的规定。一则保留了部分部门的行政复议管辖权，规定海关、金融、外汇管理等实行垂直领导的行政机关、税务和国家安全机关，保留行政复议职责。新修订的《行政复议法》第27条规定：对海关、金融、外汇管理等实行垂直领导的行政机关、税务和国家安全机关的行政行为不服的，向上一级主管部门申请行政复议。二则保留了自我管辖的规定。对省、自治区、直辖市人民政府与国务院部门作出的行政行为，实行原级管辖。第24条第2款规定：省、自治区、直辖市人民政府同时管辖对本机关作出的行政行为不服的行政复议案件。第25条规定：对国务院部门作出的行政行为不服的，由本部门管辖。此外，国务院部门同时管辖以本部门依法设立的派出机构及本部门管理的法律、行政法规、部门规章授权的组织作为被申请人的行政复议案件。

---

① 王万华：《以行政复议权集中行使为基础重构行政复议体制》，载《财经法学》2015年第1期。

② 参见莫于川：《行政复议机制和方法创新路径分析——从修法提升行政复议规范性、效率性和公正性的视角》，载《行政法学研究》2019年第6期。

第三，设置了灵活管辖规则。一是对直辖市、设区的市人民政府工作部门依法设立的派出机构作为被申请人的行政复议案件，作出相对灵活的管辖制度安排。新修订的《行政复议法》第24条第4款规定：对县级以上地方各级人民政府工作部门依法设立的派出机构依照法律、法规、规章规定，以派出机构的名义作出的行政行为不服的行政复议案件，由本级人民政府管辖；其中，对直辖市、设区的市人民政府工作部门按照行政区划设立的派出机构作出的行政行为不服的，也可以由其所在地的人民政府管辖。因此，相对人对直辖市、设区的市人民政府工作部门按照行政区划设立的派出机构作出的行政行为不服的，既可以向直辖市、设区的市人民政府申请行政复议，也可以选择向派出机构所在地的人民政府提出复议申请。二是对履行行政复议机构职责的地方人民政府司法行政部门作为被申请人的行政复议案件，作出相对灵活的管辖制度安排。新修订的《行政复议法》第28条规定：对履行行政复议机构职责的地方人民政府司法行政部门的行政行为不服的，可以向本级人民政府申请行政复议，也可以向上一级司法行政部门申请行政复议。由此，履行行政复议机构职责的地方人民政府司法行政部门与一般的政府工作部门区分开来，相对人有权在本级人民政府与上一级司法行政部门之间择一申请复议。

新修订的《行政复议法》将"条块结合"的分散性管辖体制修改为"块块管辖"为主、"条条管辖"为补充的相对集中管辖体制具有重要意义。一则便于申请人找准行政复议机关，有利于保护申请人的合法权益；二则有助于减少数量众多的行政复议机关与人员配备，优化行政复议资源配置，集中行政复议资源和力量，增强复议工作的专业性,有效提升行政复议的工作质量[①];三则有助于破除部门保护主义的痼疾,遏制政府统一领导权部门化[②];四则有利于统一办案标准,实现"同案同判",增强行政复议的公正性,发挥化解行政争议主渠道作用。此外,"块块管辖"为主、"条条管辖"为补充的相对集中管辖体制也是落实《法治政府建设实施纲要(2021—2025年)》有关深化行政复议体制改革要求的必然选择。《法治政府建设实施纲要(2021—2025年)》中指出,全面深化行政复议体制改革,整合地方行政复议职责,按照事编匹配、优化节约、按需调剂的原则,合理调配编制资源,2022年年底前基本形成公正权威、统一高效的行政复议体制。

(三) 新修订的《行政复议法》中管辖体制的特点

1. 相对集中管辖而非全部集中管辖

近年来,集中行政复议管辖权并借此提高行政复议人员的专业性已成为学界公认的复议改革方向。实践也证明,复议权的集中行使是有利于推进复议制度的发展的。[③] 新修订的《行政复议法》即采纳了此种集中管辖权改革方案,直接变更了《行政复议法》(2017年修正)的复议管辖制度。与此同时,新修订的《行政复议法》也放弃了全部集中管辖的模式,而只是进行了行政复议管辖权的相对集中。

全部集中管辖即全面取消政府部门的管辖权限,将分散在政府

---

① 参见刘莘、陈悦:《行政复议制度改革成效与进路分析——行政复议制度调研报告》,载《行政法学研究》2016年第5期。
② 叶必丰:《行政复议机关的法律定位》,载《法学》2021年第5期。
③ 应松年:《对〈行政复议法〉修改的意见》,载《行政法学研究》2019年第2期。

部门的行政复议管辖权集中到政府统一行使。根据新修订的《行政复议法》第二章第四节有关管辖的规定，新修订的《行政复议法》只是取消了地方人民政府工作部门的复议管辖权，但仍有部分政府部门有权管辖特定的行政复议案件。第一，海关、金融、外汇管理等实行垂直领导的行政机关、税务和国家安全机关有权管辖下一级部门作出的行政行为。第二，国务院部门对以下三类案件享有管辖权：（一）对本部门作出的行政行为不服的；（二）对本部门依法设立的派出机构依照法律、行政法规、部门规章规定，以派出机构的名义作出的行政行为不服的；（三）对本部门管理的法律、行政法规、部门规章授权的组织作出的行政行为不服的。第三，对履行行政复议机构职责的地方人民政府司法行政部门的行政行为不服的，可以向上一级司法行政部门申请行政复议。

新修订的《行政复议法》之所以没有采用全部集中管辖的改革方案，一则行政复议集中管辖体制改革不能一蹴而就，需要循序渐进；二则避免"一刀切"。为了克服《行政复议法》（2017年修正）分散型管辖体制导致的复议资源过于分散、"同案不同判"等问题，固然需要集中行政复议权，取消"条块结合"的行政复议管辖体制。但另一方面，如果全部向"块"上集中，推行全面集中管辖制度，则忽略了一些行政复议案件的特殊性。尤其是那些专业性、政策性较强或者"条"上管辖更具有优势的案件，如税务、国家安全等，即应向"条"上集中。[1]

---

[1] 参见赵德关：《新时期行政复议制度的定位与展望》，载《行政法学研究》2016年第5期。

2. 以领导隶属关系为基础

行政复议是一种行政系统内部的层级监督制度,[1] 行政复议体现为上级行政机关对下级行政机关的监督。行政复议管辖权以行政复议的层级监督性为基础,行政复议机关与被申请人之间一般具有领导与被领导的隶属关系。

行政系统的领导隶属关系主要见于《宪法》和《地方各级人民代表大会和地方各级人民政府组织法》。《宪法》第108条规定:县级以上的地方各级人民政府领导所属各工作部门和下级人民政府的工作,有权改变或者撤销所属各工作部门和下级人民政府的不适当的决定。第89条规定:"国务院行使下列职权:……(十三)改变或者撤销各部、各委员会发布的不适当的命令、指示和规章……"《地方各级人民代表大会和地方各级人民政府组织法》第73条规定:"县级以上的地方各级人民政府行使下列职权:……(二)领导所属各工作部门和下级人民政府的工作……"第83条规定,省、自治区、直辖市的人民政府的各工作部门受人民政府统一领导,并且依照法律或者行政法规的规定受国务院主管部门的业务指导或者领导。自治州、县、自治县、市、市辖区的人民政府的各工作部门受人民政府统一领导,并且依照法律或者行政法规的规定受上级人民政府主管部门的业务指导或者领导。这正是层级监督原则的体现,上级机关有权全面评价下级行政机关的活动。因此,复议机关发现被申请人有不当行为时,可以对其审查并作出相应的决定。[2] 换言之,行政复议机关之所以能管辖行政复议案件,就是因为行政复议机关与被

---

[1] 章志远:《行政法学总论》,北京大学出版社2014年版,第363页。
[2] 崔梦豪:《行政复议变更决定的异化与回归》,载《法学》2021年第4期。

申请人之间存在行政领导隶属关系。

从新修订的《行政复议法》的规定来看，除了自我管辖这类特殊情况，行政复议管辖主体均依照行政领导隶属关系而确立。例如，对本级人民政府工作部门、下一级人民政府、本级人民政府依法设立的派出机关、本级人民政府或者其工作部门管理的法律、法规、规章授权的组织作出的行政行为不服的，均由其领导者本级人民政府管辖。再如，对海关、金融、外汇管理等实行垂直领导的行政机关、税务和国家安全机关的行政行为不服的，实行"条条管辖"，即向上一级主管部门申请行政复议。可以说，原则上，有领导隶属关系才有可能有复议管辖权，没有领导隶属关系一般没有复议管辖权。行政复议管辖制度以领导隶属关系为基础，不仅与我国的行政管理体制相一致，也便于行政复议机关对被申请人进行充分监督，如既能审查行政行为的合法性，又能审查行政行为的合理性。① 如果缺乏这种领导隶属关系，则行政复议机关对被申请人无威慑力可言，行政复议决定很难得到认可和服从，新修订的《行政复议法》有关"监督和保障行政机关依法行使职权""防止和纠正违法的或者不当的行政行为"的目的亦很难实现。

二、政府的管辖

新修订的《行政复议法》实行相对集中管辖体制后，绝大多数的复议管辖权都归到政府手中。具体而言，新修订的《行政复议法》关于政府管辖的规定可以划分为以下四类：一是县级以上地方

---

① 参见王青斌、马逸鸣：《论我国行政复议管辖制度之完善》，载《浙江学刊》2013年第5期。

政府的管辖，二是省级政府设立的派出机关的管辖，三是省级政府的管辖，四是国务院的管辖。

(一) 县级以上地方政府的管辖

新修订的《行政复议法》第 24 条第 1 款规定：县级以上地方各级人民政府管辖下列行政复议案件：（一）对本级人民政府工作部门作出的行政行为不服的；（二）对下一级人民政府作出的行政行为不服的；（三）对本级人民政府依法设立的派出机关作出的行政行为不服的；（四）对本级人民政府或者其工作部门管理的法律、法规、规章授权的组织作出的行政行为不服的。第 24 条第 4 款规定：对县级以上地方各级人民政府工作部门依法设立的派出机构依照法律、法规、规章规定，以派出机构的名义作出的行政行为不服的行政复议案件，由本级人民政府管辖；其中，对直辖市、设区的市人民政府工作部门按照行政区划设立的派出机构作出的行政行为不服的，也可以由其所在地的人民政府管辖。由此，县级以上地方政府管辖的行政复议案件可分为五类：

第一类是对本级人民政府工作部门作出的行政行为不服的行政复议案件。本级人民政府工作部门受本级人民政府和上一级人民政府工作部门的双重领导，根据确立行政复议机关的一般原则，对本级人民政府工作部门作出的行政行为不服的，应向其领导者即本级人民政府或上一级人民政府工作部门申请行政复议。《行政复议法》（2017 年修正）第 12 条第 1 款规定：对县级以上地方各级人民政府工作部门的具体行政行为不服的，由申请人选择，可以向该部门的本级人民政府申请行政复议，也可以向上一级主管部门申请行政复议。出于集中行政复议力量、统一办案标准等考虑，新修订的

《行政复议法》取消了地方人民政府工作部门的行政复议职责,对本级人民政府工作部门作出的行政行为不服的,统一由本级人民政府作为行政复议机关。这里的"本级人民政府工作部门",是指"海关、金融、外汇管理等实行垂直领导的行政机关、税务和国家安全机关"以外的部门。根据新修订的《行政复议法》第 27 条,对海关、金融、外汇管理等实行垂直领导的行政机关、税务和国家安全机关的行政行为不服的,向上一级主管部门申请行政复议。

第二类是对下一级人民政府作出的行政行为不服的行政复议案件。地方人民政府之间系上下级领导关系,地方一级人民政府作出的行政行为,自然归上一级人民政府领导和管理,且除了上一级人民政府之外,没有其他行政机关有权管理地方一级人民政府。因此,下一级人民政府由上一级人民政府负责监督,对下一级人民政府作出的行政行为不服的,应当且只能由其上一级人民政府管辖。此外,地方一级人民政府作出的行政行为,往往具有综合性、复杂性,难度较大,办理这类行政复议需要协调诸多关系。① 解决此类复议案件,宜由作出行政行为的地方人民政府的上一级人民政府作为行政复议机关。

第三类是对本级人民政府依法设立的派出机关作出的行政行为不服的行政复议案件。派出机关,是指县级以上地方人民政府因工作需要,经有关机关批准而在一定区域内设立的,承担该区域内各项行政事务的国家行政机关。目前主要包括三类:省、自治区人民政府经国务院批准设立的行政公署,如西藏自治区人民政府设立的

---

① 参见张树义主编:《行政法学(第二版)》,北京大学出版社 2012 年版,第 343 页。

阿里地区行政公署、黑龙江省人民政府设立的大兴安岭地区行政公署；县、自治县人民政府经省、自治区、直辖市人民政府批准设立的区公所，如涿鹿县人民政府设立的赵家蓬区公所、泽普县设立的奎依巴格区公所；市辖区、不设区的市的人民政府经上一级人民政府批准设立的街道办事处，如瑞安市人民政府设立的安阳街道、玉海街道等，义乌市人民政府设立的福田街道、北苑街道等。此外，目前县级以上地方各级人民政府设立的管理委员会，也属于派出机关，如北京市人民政府设立的天安门地区管理委员会、正定县人民政府设立的石家庄正定新区管理委员会等。对于本级人民政府依法设立的派出机关而言，派出机关代表设立它的本级人民政府履行行政职能，对其作出的行政行为不服，只能向设立这些派出机关的本级人民政府申请复议。①

第四类是对本级人民政府或者其工作部门管理的法律、法规、规章授权的组织作出的行政行为不服的行政复议案件。法律、法规、规章授权的组织，是指根据法律、法规、规章的规定行使国家权力的非行政机关的组织，如证监会、高校等。法律、法规、规章授权的组织具有独立的行政主体资格，根据确立行政复议机关的一般原则，对其作出的行政行为不服的，应向其管理者、领导者申请行政复议。首先，对于本级人民政府管理的法律、法规、规章授权的组织，既然法律、法规、规章授权的组织由本级人民政府管理，对其作出的行政行为不服的，自然应由其管理者即本级人民政府管辖。其次，对于本级人民政府工作部门管理的法律、法规、规章授

---

① 参见张树义主编：《行政法学（第二版）》，北京大学出版社2012年版，第343页。

权的组织而言，对其作出的行政行为不服的，根据管辖的一般原则，本应由其管理者即本级人民政府工作部门管辖。但是，新修订的《行政复议法》取消了本级人民政府工作部门的管辖权，因而应升级至本级人民政府管辖。

第五类是对县级以上地方各级人民政府工作部门依法设立的派出机构依照法律、法规、规章规定，以派出机构的名义作出的行政行为不服的行政复议案件。派出机构，是指政府职能部门根据工作需要，在一定区域内设置的代表该职能部门管理某项行政事务的派出工作机构。在实践中，县级以上地方各级人民政府工作部门设立派出机构的现象非常多见，如县公安局设立的派出所、县市场监督管理局设立的市场监督管理所等。派出机构本来不是独立的行政主体，但在法律、法规、规章授权的条件下，可以成为独立的行政主体，准确地说是授权主体。[1] 例如，派出所依据《治安管理处罚法》作出警告、五百元以下的罚款这两类行政处罚。对县级以上地方各级人民政府工作部门依法设立的派出机构依照法律、法规、规章规定，以派出机构的名义作出的行政行为，根据复议管辖的一般原则，应由其设立者即本级人民政府工作部门管辖。但是，同政府工作部门管理的法律、法规、规章授权的组织一样，由于新修订的《行政复议法》取消了地方人民政府工作部门的管辖权，因而应升级至本级人民政府管辖。

需要注意的是，并非所有针对地方政府工作部门设立的派出机构作出的行政行为都必须由本级人民政府管辖。对直辖市、设区的市人民政府工作部门按照行政区划设立的派出机构（如北京市卫生

---

[1] 参见胡建淼：《行政法学（第五版）》，法律出版社2023年版，第71页。

健康委员会设立的北京市卫生健康监督所）作出的行政行为不服的，考虑到这些派出机构可能分布于各个行政区划范围，出于便民原则考虑，新修订的《行政复议法》作出了相对灵活的制度安排，同时允许派出机构所在地的人民政府享有管辖权限，即直辖市、设区的市人民政府与派出机构所在地的人民政府均享有管辖权限，公民、法人或其他组织对此具有选择权。

（二）省级政府设立的派出机关的管辖

新修订的《行政复议法》第24条第3款规定：省、自治区人民政府依法设立的派出机关参照设区的市级人民政府的职责权限，管辖相关行政复议案件。省、自治区人民政府依法设立的派出机关是行政公署，如西藏自治区人民政府设立的阿里地区行政公署、黑龙江省人民政府设立的大兴安岭地区行政公署。这些行政公署虽然不是一级人民政府，但在行政级别上与设区的市级人民政府相同。因此，新修订的《行政复议法》明确，省、自治区人民政府依法设立的派出机关，参照设区的市级人民政府的职责权限，管辖相关行政复议案件。此外，允准这些行政公署作为行政复议机关管辖行政复议案件也是便民原则的体现，方便了申请人提出复议申请或参加复议。

参照新修订的《行政复议法》第24条第1款和第4款规定，省、自治区人民政府依法设立的派出机关有权管辖以下四类行政复议案件：第一类，对行政公署工作部门作出的行政行为不服的行政复议案件。如对阿里地区自然资源局作出的行政行为不服的，向阿里地区行政公署申请行政复议。第二类，对行政公署下一级政府作出的行政行为不服的行政复议案件。一个行政公署往往辖有若干县，按照上一级管辖的复议原则，对行政公署所辖的下一级政府即县级人民政府作出的行政行为不服的，应向该行政公署申请行政复议。如对改则县人民政府作出的行政行为不服的，由阿里地区行政公署管辖。第三类，对行政公署或者其工作部门管理的法律、法规、规章授权的组织作出的行政行为不服的行政复议案件。第四类，对行政公署工作部门依法设立的派出机构依照法律、法规、规章规定，以派出机构的名义作出的行政行为不服的行政复议案件。

(三) 省级政府的管辖

新修订的《行政复议法》第24条第2款规定："除前款规定外，省、自治区、直辖市人民政府同时管辖对本机关作出的行政行为不服的行政复议案件。"也就是说，对省、自治区、直辖市人民政府作出的行政行为不服的，适用原级复议原则，即由省、自治区、直辖市人民政府自我管辖。在这类行政复议案件中，省、自治区、直辖市人民政府既是被申请人，同时又是行政复议机关。新修订的《行政复议法》之所以允准自我管辖，是因为根据行政复议管辖的一般原则，对省、自治区、直辖市人民政府作出的行政行为不服的，应向其上一级人民政府即国务院申请行政复议。但是，国务院是最高国家行政机关，其主要职责是制定方针政策和从全局上处理行政事务，一般不宜也难以处理大量的具体行政纠纷。如果规定国务院作为行政复议机关，可能会影响国务院的正常工作。[1]

结合新修订的《行政复议法》第24条第1款和第4款，省、自治区、直辖市人民政府管辖的行政复议案件可划分为以下六类：

---

[1] 杨建顺：《行政规制与权利保障》，中国人民大学出版社2007年版，第566页。

第一类，对省、自治区、直辖市人民政府作出的行政行为不服的行政复议案件。如对山东省人民政府作出的行政行为不服申请行政复议的，由山东省人民政府自我管辖。第二类，对省、自治区、直辖市人民政府工作部门作出的行政行为不服的行政复议案件。如对山东省公安厅作出的行政行为不服的，向山东省人民政府申请复议。第三类，对市一级人民政府作出的行政行为不服的行政复议案件。如对济南市人民政府作出的行政行为不服的，应向山东省人民政府申请复议。第四类，对省、自治区人民政府依法设立的派出机关作出的行政行为不服的行政复议案件。如对阿里地区行政公署作出的行政行为不服的，向西藏自治区人民政府申请行政复议。第五类，对省、自治区、直辖市人民政府或者其工作部门管理的法律、法规、规章授权的组织作出的行政行为不服的行政复议案件。第六类，对省、自治区、直辖市人民政府工作部门依法设立的派出机构依照法律、法规、规章规定，以派出机构的名义作出的行政行为不服的行政复议案件。

（四）国务院的管辖

新修订的《行政复议法》第 26 条规定：对省、自治区、直辖市人民政府依照本法第 24 条第 2 款的规定、国务院部门依照本法第 25 条第 1 项的规定作出的行政复议决定不服的，可以向人民法院提起行政诉讼；也可以向国务院申请裁决，国务院依照本法的规定作出最终裁决。由此，国务院管辖的案件有两类：一类是申请人就省、自治区、直辖市人民政府作出的行政行为申请行政复议，对省、自治区、直辖市人民政府作出的行政复议决定不服的行政复议案件；另一类是申请人就国务院部门作出的行政行为申请行政复议，对国务院部门作出的行政复议决定不服的行政复议案件。

新修订的《行政复议法》赋予了申请人就这两类案件中的行政复议决定向国务院申请裁决的权利。当然，国务院行使裁决权亦有制度依据。根据《宪法》第89条，国务院对省、自治区、直辖市人民政府与国务院部门均享有监督权。而赋予国务院行政复议裁决权不仅有助于国务院强化对省、自治区、直辖市人民政府与国务院部门所作行政复议决定的监督，纠正省、自治区、直辖市人民政府与国务院部门的违法行为，而且能够为申请人提供充分的救济渠道，更好地保护申请人的合法权益。

国务院对以上两类案件的管辖首先打破了一级复议制。所谓一级复议制，即行政复议案件经一个行政复议机关审理，行政复议程序即告终结，其他行政主体不得对该行政复议案件进行再复议或对复议决定进行复核。[①] 简言之，行政复议原则上只得进行一次，申请人不得就一个行政争议多次申请行政复议，或者就复议决定申请复核。国务院对以上两类行政复议决定享有裁决权意味着，省、自治区、直辖市人民政府和国务院部门就本机关的行政行为作出的行政复议决定并不能起到终结行政复议程序之效，申请人仍有权就这两类行政复议决定向国务院申请裁决。意即，国务院对这两类行政复议决定作出的裁决之实质是二次复议或二级复议。

其次，国务院对以上两类案件的管辖还打破了司法最终原则。所谓司法最终，即司法是权利救济的最后一道防线。[②] 而对于省、

[①] 参见杨建顺：《行政规制与权利保障》，中国人民大学出版社2007年版，第565页。

[②] 熊俊勇、周觅：《行政赔偿诉讼中的司法最终原则》，载《法律适用》2020年第10期。

自治区、直辖市人民政府和国务院部门就本机关的行政行为作出的行政复议决定，如果申请人选择向国务院申请裁决，国务院作出的裁决具有终局性。

三、部门的管辖

在县级以上地方各级人民政府相对集中管辖权之外，新修订的《行政复议法》依然保留了部分主管部门对行政复议案件的管辖权。一类是国务院部门，一类是海关、金融、外汇管理等实行垂直领导的行政机关、税务和国家安全机关，还有一类是履行行政复议机构职责的地方人民政府司法行政部门。

（一）国务院部门的管辖

新修订的《行政复议法》第 25 条规定：国务院部门管辖下列行政复议案件：（一）对本部门作出的行政行为不服的；（二）对本部门依法设立的派出机构依照法律、行政法规、部门规章规定，以派出机构的名义作出的行政行为不服的；（三）对本部门管理的法律、行政法规、部门规章授权的组织作出的行政行为不服的。由此，国务院部门管辖的行政复议案件可分为三类：

第一类是对本部门作出的行政行为不服的行政复议案件，即被申请人是国务院部门的，适用原级复议原则，由国务院部门自我管辖。国务院部门既是这类行政复议案件的被申请人，又作为行政复议机关审理具体的行政复议案件。按照依据行政隶属、领导关系确立行政复议机关的一般原则，对国务院部门作出的行政行为不服的，应由其上级行政机关即国务院管辖。新修订的《行政复议法》之所以免除了国务院的管辖权，主要原因有三：其一，国务院作为我国的最高国家行政机关，需要承担大量重要的行政事务，如果再对国务院科以管辖行政复议案件的重任，可能会影响国务院的正常工作。① 其二，国务院部门的层次较高，人员素质也较高，依法作出行政复议决定的概率较高。② 其三，即便申请人不服行政复议决定，仍然享有获得救济的法律渠道。新修订的《行政复议法》第26条规定：对国务院部门依照本法第25条第1项的规定作出的行政复议决定不服的，可以向人民法院提起行政诉讼；也可以向国务院申请裁决，国务院依照本法的规定作出最终裁决。由此可见，这种自我管辖的设置既不是基于领导权也不是基于监督权，③ 而系基于实践需要作出的例外管辖规定。

第二类是对本部门依法设立的派出机构依照法律、行政法规、部门规章规定，以派出机构的名义作出的行政行为不服的行政复议案件。在实践中，国务院部门设立派出机构并不少见。例如，审计署设置了30个派出审计局，如外交审计局、政法审计局、教育审计局等；生态环境部下设19个派出机构，如长江流域生态环境监督管理局、华北督察局、西南核与辐射安全监督站等；商务部下设16个驻地方特派员办事处，如驻大连特派员办事处、驻天津特派员办事处等；自然资源部下设16个派出机构，如自然资源部北海

---

① 参见杨景宇：《关于〈中华人民共和国行政复议法（草案）〉的说明》，载中国人大网，http://www.npc.gov.cn/zgrdw/npc/zfjc/xzfyfzfjc/2013-10/11/content_1809238.htm，最后访问日期：2024年4月11日。

② 参见李伯勇：《全国人大法律委员会关于〈中华人民共和国行政复议法（草案）〉修改情况的汇报》，1998年12月23日在第九届全国人民代表大会常务委员会第六次会议上，载中国人大网，http://www.npc.gov.cn/zgrdw/npc/zfjc/xzfyfzfjc/2013-10/11/content_1809240.htm，最后访问日期：2024年4月11日。

③ 参见周汉华主编：《行政复议司法化：理论、实践与改革》，北京大学出版社2005年版，第221页。

局、海南测绘地理信息局、国家自然资源督察广州局等。这些派出机构具有独立的行政主体资格，其依照法律、行政法规、部门规章规定，以派出机构的名义作出的行政行为，应视为派出机构自身的行为。因此，根据行政复议管辖的一般原则，对此类行政行为不服的，应以派出机构为被申请人，向派出机构的领导者、管理者或者监督者申请复议。既然此类派出机构由国务院部门管理，故而对此类派出机构作出的行政行为不服的行政复议案件应由国务院部门管辖。

第三类是对本部门管理的法律、行政法规、部门规章授权的组织作出的行政行为不服的行政复议案件。在实践中，由国务院部门管理的法律、行政法规、部门规章授权的组织亦不在少数。如国家林业和草原局、中国地质调查局均由自然资源部管理，国家烟草专卖局、国家航天局均由工业和信息化部管理，国家消防救援局、国家矿山安全监察局、中国地震局均由应急管理部管理等。根据行政职权的产生方式，行政主体可划分为职权行政主体和授权行政主体，职权行政主体即行政机关，授权行政主体即法律、法规、规章授权的组织。[1] 法律、行政法规、部门规章授权的组织具有独立的行政主体资格，其作出的行政行为应视为自己的行为。对此类行政行为不服的，应以法律、行政法规、部门规章授权的组织为被申请人提起行政复议。根据行政复议管辖的一般原则，既然这些法律、行政法规、部门规章授权的组织由国务院部门管理，其作出的行政行为理应由担任管理者的国务院部门作为行政复议机关。需要注意的是，能够作为此类组织授权依据的只能是法律、行政法规和部门

---

[1] 参见胡建淼：《行政法学（第五版）》，法律出版社2023年版，第70-71页。

规章,不能是地方性法规和地方政府规章。

(二) 垂直领导部门的管辖

新修订的《行政复议法》第 27 条规定:对海关、金融、外汇管理等实行垂直领导的行政机关、税务和国家安全机关的行政行为不服的,向上一级主管部门申请行政复议。这就意味着,海关、金融、外汇管理等实行垂直领导的行政机关、税务和国家安全机关的行政行为,并非像一般政府工作部门一样依据新修订的《行政复议法》第 24 条由县级以上地方各级人民政府管辖,而是在相对集中管辖权之外,保留了相关主管部门的复议管辖权。主要原因有二:

第一,海关、金融、外汇管理等实行垂直领导的行政机关、税务和国家安全机关与其上一级主管部门之间存在领导与被领导的关系,具有管辖基础。行政复议管辖体制以行政领导隶属关系为基础,是层级监督在行政复议领域的具体制度设计。[1] 其中海关、金融、外汇管理等实行垂直领导的行政机关,其上下级之间是垂直领导关系,即不受同级政府管理,直接受上级主管部门管理。进言之,对于实行垂直领导的行政机关而言,其管理者、领导者、监督者仅有上级主管部门而已,并不受同级政府的管理、领导和监督。税务机关受到中央与地方政府双重领导,国家安全机关实行中央垂直管理,因而上下级之间同样成立领导关系。

第二,专业性考虑。"条条管辖"在一定程度上能够有效排除地方保护主义对复议案件裁决的干扰,并使得行政复议技术性和专

---

[1] 马怀德:《论我国行政复议管辖体制的完善——〈行政复议法(征求意见稿)〉第 30—34 条评介》,载《法学》2021 年第 5 期。

业性的特点得以保留。① 海关、金融、外汇管理、税务和国家安全机关的共同点在于专业性较强，② 海关、金融、外汇管理、税务和国家安全机关的上级主管部门相较于本级政府而言具有专业优势，能够"更好地体现专门化的管理，发挥部门拥有的大量技术专家的作用，迅速有效地处理部门或行业行政争议"③。一则具有专业知识优势。这些部门工作人员长期接触并能够熟练掌握本部门所涉领域的政策法规和行政管理知识。二则具有职业经验优势。这些部门工作人员在履职过程中积累了大量有关本部门工作的职业经验。三则具有专门技能优势。这些部门工作人员能够在培训和日常工作中掌握本行政领域的行政管理和执法技能。④《税务行政复议规则》第16条第1款即规定：对各级税务局的具体行政行为不服的，向其上一级税务局申请行政复议。此外，将国家安全机关作为行政复议机关也是出于保守国家秘密和维护国家安全的考虑。⑤

此外，海关、金融、外汇管理等实行垂直领导的行政机关、税务和国家安全机关所管理的行政事务具有统一性、全局性和特殊性，由其上一级行政机关管辖更有利于对下一级行政机关的监督。⑥

---

① 王青斌、马逸鸣：《论我国行政复议管辖制度之完善》，载《浙江学刊》2013年第5期。

② 参见刘权：《主渠道视野下行政复议与诉讼关系的重构》，载《中国政法大学学报》2021年第6期。

③ 参见杨建顺：《行政规制与权利保障》，中国人民大学出版社2007年版，第564页。

④ 参见贺奇兵：《论行政复议管辖集中后的部门专业性保障》，载《行政法学研究》2022年第2期。

⑤ 马怀德：《论我国行政复议管辖体制的完善——〈行政复议法（征求意见稿）〉第30—34条评介》，载《法学》2021年第5期。

⑥ 参见姜明安主编：《行政法与行政诉讼法（第六版）》，北京大学出版社、高等教育出版社2015年版，第385页。

（三）司法行政部门的管辖

新修订的《行政复议法》第 28 条规定：对履行行政复议机构职责的地方人民政府司法行政部门的行政行为不服的，可以向本级人民政府申请行政复议，也可以向上一级司法行政部门申请行政复议。由此，对履行行政复议机构职责的地方人民政府司法行政部门的行政行为不服的，公民、法人或其他组织拥有选择权，既可以选择向本级人民政府申请行政复议，也可以选择向上一级司法行政部门申请行政复议，本级人民政府与上一级司法行政部门均不得拒绝受理。

根据新修订的《行政复议法》第 24 条第 1 款，对地方人民政府工作部门作出的行政行为不服的，由本级人民政府统一行使行政复议职责，取消了地方各级人民政府工作部门的行政复议职责。这里的"工作部门"显然不包括履行行政复议机构职责的地方人民政府司法行政部门。履行行政复议机构职责的地方人民政府司法行政部门是指县一级司法局、市一级司法局和省一级司法厅，其与一般的工作部门适用不同的管辖规则。前者适用双重管辖规则，即既可以向本级人民政府申请行政复议，也可以向上一级司法行政部门申请行政复议。后者则适用单一的"条块管辖"规则，即只能向本级人民政府申请行政复议。

对于履行行政复议机构职责的地方人民政府司法行政部门作为被申请人的行政复议案件的规定，实际上回到了修法之前的双重管辖规则。《行政复议法》（2017 年修正）第 12 条第 1 款规定：对县级以上地方各级人民政府工作部门的具体行政行为不服的，由申请人选择，可以向该部门的本级人民政府申请行政复议，也可以向上一级主管部门申请行政复议。新修订的《行政复议法》之所以如此规定，主要原因有二：

第一，缓冲"自己当自己案件法官"之困境[①]。对本级人民政府工作部门作出的行政行为不服的行政复议案件，本级人民政府担任行政复议机关的实质是由本级人民政府司法行政部门具体负责审理行政复议案件。这就意味着，对履行行政复议机构职责的地方人民政府司法行政部门的行政行为不服的，如果只能向本级人民政府申请行政复议，实际上具体审理此类行政复议案件的主体仍是"履行行政复议机构职责的地方人民政府司法行政部门"，即客观上形成了"自己当自己案件法官"的局面。如此一来，显然不利于践行新修订的《行政复议法》第3条第2款规定的公正原则，更不利于培植相对人对行政复议制度的信任。

第二，赋予上一级司法行政部门对此类行政复议案件的管辖权亦有利于减轻地方人民政府的复议工作量。新修订的《行政复议法》采取"相对集中管辖体制"之后，县级以上地方各级人民政府的管辖范围得到进一步扩充，复议工作量也大大增加。为履行行政复议机构职责的地方人民政府司法行政部门的行政行为保留双重管辖主体，允许申请人在本级人民政府与上一级司法行政部门之间自由选择，一定程度上减轻了地方人民政府的复议工作量，有助于地方人民政府集中精力管辖其他类别的行政复议案件。

需要注意的是，并非所有司法行政部门作出的行政行为均适用双重管辖规则。第一，仅包括地方人民政府司法行政部门，排除非

[①] 参见曹鎏、李月：《我国行政复议体制改革的发展演进、目标构成及修法回应》，载《行政管理改革》2022年第4期。

地方的司法行政部门，即国务院司法行政部门。第二，必须是"履行行政复议机构职责"的地方人民政府司法行政部门，排除不履行行政复议机构职责的地方人民政府司法行政部门，如乡镇司法所。

四、行政复议管辖的提级

新修订的《行政复议法》第38条规定：上级行政复议机关根据需要，可以审理下级行政复议机关管辖的行政复议案件。下级行政复议机关对其管辖的行政复议案件，认为需要由上级行政复议机关审理的，可以报请上级行政复议机关决定。由此，行政复议案件的管辖权并非固定不变，而是可以提级至上级行政复议机关管辖。

行政复议管辖的提级，是指本来应由下级行政复议机关管辖的行政复议案件，转由上级行政复议机关审理。一种情形是，上级行政复议机关根据需要，直接决定审理下级行政复议机关管辖的行政复议案件。例如，本应由济南市人民政府管辖的行政复议案件，山东省人民政府决定由自己负责审理。另一种情形是，下级行政复议机关对其管辖的行政复议案件，认为需要由上级行政复议机关审理的，可以报请上级行政复议机关决定。但是，对于下级行政复议机关的报请，上级行政复议机关并非必须同意不可，而是享有决定权。上级行政复议机关既可能决定由自己审理，也可能决定仍由下级行政复议机关审理。概言之，行政复议管辖的提级既可能源于上级行政复议机关的主动要求，也可能源于下级行政复议机关的申请。这两种情形中的"需要"，主要指以下三种情形：一是案件本身的需要，如案情重大、复杂、涉及面广、业务性强，下级行政复议机关审理有困难；二是客观原因，如下级行政复议机关的负责人与案件有牵连，存在回避等情形；三是自然灾害、不可抗力等。新修订的《行政复议法》之所以规定行政复议案件管辖的提级制度，正是为了应对这些复杂多变的情况，赋予上级行政复议机关灵活处理的权力。《行政诉讼法》也设计了类似的制度，该法第 24 条规定：上级人民法院有权审理下级人民法院管辖的第一审行政案件。下级人民法院对其管辖的第一审行政案件，认为需要由上级人民法院审理或者指定管辖的，可以报请上级人民法院决定。此外，允准行政复议案件提级管辖也有助于提升行政复议案件审理的公正性，进而提高行政复议的公信力，使行政复议取信于民。

需要注意的是，行政复议案件管辖权的转移只能下转上，不能上转下。理论上，行政复议管辖权的转移有两种情况，一种是将管辖权上移，包括上直接审下和下报请上，即上级行政复议机关可以审理下级行政复议机关管辖的行政复议案件；下级行政复议机关对其管辖的行政复议案件，认为需要由上级行政复议机关审理的，可以报请上级行政复议机关决定。另一种是将管辖权下放，即上级行政复议机关将本应自己管辖的行政复议案件交给下级行政复议机关来审理。但行政复议案件管辖权的转移只限于第一种情况，不允许上级行政复议机关将本应由自己管辖的行政复议案件交给下级行政复议机关来审理。其目的在于，避免下级行政复议机关因为级别太低受到过度干预，影响行政复议案件的公正审理。

还需注意的是，新修订的《行政复议法》第 38 条规定的行政复议管辖提级发生于上下级行政复议机关之间，而非必须是上一级与下一级之间，可以是一级也可以是多级。例如，省一级人民政府有权直接审理本应由县一级人民政府管辖的行政复议案件。

第八章　行政复议程序

行政复议是具有准司法性的行政过程，严格遵循程序规定才能确保行政复议决定的公正性和权威性。因此，行政复议程序构成了《行政复议法》的核心内容。此次《行政复议法》修订对行政复议程序作了较大幅度的修改，使其具有显著的司法化特征。本章将结合《行政复议法》的最新规定，对行政复议程序的理论与实践问题进行阐释。

一、行政复议程序的基本原理

《行政复议法》规定了行政复议活动应当遵循的各类程序性规则。为了更好地理解和把握这些程序，本节将对行政复议程序的概念、特征、基本构造以及行政复议程序的变革方向进行分析。

（一）行政复议程序的概念与特征

行政复议程序是指《行政复议法》规定的行政复议申请人（以下简称申请人）、被申请人、第三人和行政复议机关等开展行政复议活动解决行政争议应当遵循的步骤、方式、顺序以及时限的总称。结合《行政复议法》的有关规定，行政复议程序具有以下特征：

首先，行政复议程序具有法定性。行政复议程序是由《行政复议法》《行政复议法实施条例》明确规定的。行政复议程序具有法定性意味着各方主体都应当严格遵守法律规定的程序，否则便可能招致不利的后果。比如，行政复议机关不遵守法定复议程序，其行政复议决定在未来行政诉讼中可能会被认定为违法。

其次，行政复议程序具有多元性。行政复议程序的多元性体现在几个方面：一是行政复议程序的适用主体具有多元性。行政复议程序既适用于行政复议机关，也适用于行政复议参加人。二是行政复议程序的环节具有多元性。行政复议程序由申请、受理、审理和决定等几个环环相扣的环节构成。三是行政复议程序的类型具有多元性。比如，行政复议审理程序就分为普通程序和简易程序。

最后，行政复议程序具有"准司法性"。从《行政复议法》规定的程序构造来看，其包括申请、受理、审理和决定几个环节，而这几个环节与行政诉讼程序具有高度相似性：申请类似于向法院提起诉讼，受理类似于法院受理案件，审理类似于法院居中审理案件，决定类似于法院作出有法律效力的裁判。

（二）行政复议程序的基本构造

《行政复议法》设计的行政复议程序构造，紧紧围绕化解行政争议展开，且契合行政复议的本质属性。因而，行政复议程序由多个紧密联系的程序环节构成。根据行政复议的特点，行政复议程序的基本构造包括：行政复议申请的提出、行政复议的受理、行政复议的审理和行政复议的决定。[1]

---

[1] 郜风涛主编：《行政复议法教程》，中国法制出版社2011年版，第217页。

1. 行政复议申请的提出程序。行政复议遵循"不告不理"的原则，因而启动行政复议的前提是申请人向行政复议机关提出复议申请。为了规范行政复议申请的提出程序，《行政复议法》第二章第三节规定了申请人提出复议申请的各项程序规则。

2. 行政复议的受理程序。行政复议申请人提出复议申请并不意味着行政复议正式启动，只有行政复议机关受理了复议申请，才意味着行政复议案件真正确立。行政复议的受理程序是行政复议机关对申请人提出的复议申请进行审查并作出相应处理的程序，是行政复议机关决定是否启动行政复议案件审理的前置性程序。行政复议受理类似于电影院的检票环节，直接决定行政案件是否能够进入审理，意义重大。因此，《行政复议法》第三章专章规定了行政复议受理程序的各项规则。

3. 行政复议的审理程序。行政复议的核心功能是通过审查行政行为的合法性、适当性起到监督行政权、救济民众权益的作用。因而，审理程序是行政复议的核心环节，审理程序设计科学与否，直接影响行政复议决定的公正性、权威性和可靠性。《行政复议法》第四章专章规定了行政复议的审理程序规则。

4. 行政复议的决定程序。行政复议机关解决行政争议的主要方式是作出行政复议决定。理论上，行政复议审理和决定应当是一个整体，即审理之后就作出决定。但由于我国行政复议机构和行政复议机关是存在分工的，即行政复议机构负责审理，行政复议机关负责决定，审理程序与决定程序必然存在一定的独立性。《行政复议法》第五章规定了行政复议机关作出复议决定的部分程序规则。

(三) 行政复议程序的司法化改革

修订前的《行政复议法》虽然仿照诉讼程序搭建起了"申请—受理—审理—决定"四个环节构成的行政复议程序框架,但该行政复议程序与诉讼程序只具有宏观上的相似性,在内在构造上则更加突出行政色彩,仍遵照行政系统的工作风格。比如,行政复议基本套用一般的行政程序,以书面审查为主,听证程序适用范围有限,不利于充分听取双方当事人特别是相对人的意见。同时,行政复议机构拟定的行政复议决定需要逐级报请行政复议机关的领导审批,这种裁决模式不仅牵扯了行政领导的大量精力,使没有参与具体办案的行政领导置身于矛盾纠纷的焦点,而且容易引发公众对行政复议是否"官官相护"的猜测。[①]

行政复议作为行政争议的化解机制,在程序上应当体现公开、公平、公正的原则,修订前的《行政复议法》规定的程序显然无法完全彰显上述原则。正是在这样的背景下,此次《行政复议法》修订,对行政复议程序作了较大幅度的修改,特别是行政复议审理程序方面修改力度最大。通过对内容的整体梳理可知,此次修改的主要方向便是推进行政复议程序进一步司法化,即尽可能通过"庭审"的方式而不是书面的方式审理案件。

实际上,行政复议程序迈向司法化是域外国家和地区的重要经验。东亚国家和地区普遍制定了行政复议方面的法律规范,规定了不同于一般行政执法程序的专门程序。[②] 这些程序的主要特点是,

---

[①] 郜风涛主编:《行政复议法教程》,中国法制出版社2011年版,第35页。
[②] 韩国现行宪法明文规定,行政审判作为法院行政诉讼的前审程序,适用司法程序。

在保障效率的原则下移植了司法程序的有关内容，以确保行政复议的公正性。比如，行政复议过程公开，当事人双方均可全程参与，并获取有关信息；对于事实方面的争议，当事人可以要求举行听证，与对方当事人相互质证并进行言词辩论等。[1]

二、行政复议申请的提出

行政复议申请的提出是指公民、法人或者其他组织认为行政主体的行政行为侵犯其合法权益，依法向有管辖权的行政复议机关提出对该行政行为进行审查和处理，以保护自己合法权益的意思表示。[2]《行政复议法》第二章第三节规定了行政复议申请提出的基本程序规则。

（一）提出行政复议申请的条件

提出行政复议申请的条件是指法律预先规定的申请人向行政复议机关申请行政复议必须具备的法定条件和要求。为了确保有限的行政复议资源能够用于解决"有价值"的行政争议，《行政复议法》和《行政复议法实施条例》均规定了行政复议申请的条件。只有同时满足法定条件的申请人，其行政复议申请才可能得到受理。根据《行政复议法》和《行政复议法实施条例》的规定，申请人申请行政复议应当同时具备以下条件：

1. 申请人适格。根据《行政复议法》第 2 条规定，适格的申请人应当是认为行政机关的行政行为侵犯其合法权益的公民、法人

---

[1] 邰风涛主编：《行政复议法教程》，中国法制出版社 2011 年版，第 35 页。
[2] 石佑启、杨勇萍编著：《行政复议法新论》，北京大学出版社 2007 年版，第 181 页。

或者其他组织。对于申请人的适格应作如下理解：一是申请人应当是具备权利能力的公民、法人或者其他组织。未经依法成立的组织不能作为申请人，公民死亡或者组织终止也不能作为申请人，其申请人资格要转移给有资格的主体。二是申请人必须与被复议的行政行为具有法律上的利害关系。这里的利害关系可以理解为申请人的权益受到行政行为的实质影响。三是申请人只要主观上认为行政机关的行政行为侵犯其合法权益即可。

2. 被申请人适格。被申请人适格主要体现在两个方面：一是有明确的被申请人。行政复议的目的是对被申请人作出的行政行为之合法性进行审查，因此，没有明确的被申请人，审查便没有对象。二是被申请人应当具有行政主体资格。《行政复议法》第19条第1款规定，"公民、法人或者其他组织对行政行为不服申请行政复议的，作出行政行为的行政机关或者法律、法规、规章授权的组织是被申请人"。根据该条规定，只有行政主体才能成为被申请人。

3. 有具体的行政复议请求和事实根据。作为一种法律救济机制，行政复议的功能和目的在于解决行政争议，而这就需要申请人能够清楚地表达自己希望通过行政复议实现何种诉求。因为只有复议请求明确，行政复议机关才能判断其主张是否能够成立并进而作出相应的处理。相反，如果复议请求不具体，那么行政复议机关无从进行审理。另外，为了防止申请人提出的复议申请纯属主观臆想而浪费行政复议资源，申请人还应当提供行政行为违法侵犯其合法权益的一些事实根据。比如，行政机关作出某行政行为的书面材料或者申请人权益受到侵犯的材料。这个材料只要存在即可，真实性由行政复议机关在审理时进行判断。

4. 属于行政复议范围。《行政复议法》第二章第一节规定了行政复议范围，属于行政复议范围的行政行为，申请人可以申请复议；不属于行政复议范围的行政行为，申请人不能申请行政复议。所以，申请人在提出复议申请时，应当判断自己提出复议申请的行政行为是否属于行政复议的范围。

5. 符合行政复议的管辖规则。《行政复议法》第二章第四节规定了行政复议管辖制度，申请人应当向有管辖权的行政复议机关申请复议，否则行政复议申请将无法被受理。当然，由于《行政复议法》建构的管辖规则较为复杂，申请人可能无法准确找到有管辖权的复议机关。如果申请人向无管辖权的行政复议机关提出了复议申请，该机关不能直接不予受理，还应当告知申请人到有管辖权的行政复议机关处申请复议。

6. 符合行政复议的申请期限。《行政复议法》规定了申请人提出复议申请的具体期限，这个期限属于除斥期间，即如果申请人提出复议申请时超过法定期限，则其行政复议申请将不会被受理。

7. 法律、法规规定的其他条件。一般情况下，行政复议申请只要同时满足上述六个条件即可，但在某些领域，其他法律、法规可能规定一些特殊条件。比如，《税收征收管理法》第88条第1款规定，"纳税人、扣缴义务人、纳税担保人同税务机关在纳税上发生争议时，必须先依照税务机关的纳税决定缴纳或者解缴税款及滞纳金或者提供相应的担保，然后可以依法申请行政复议；对行政复议决定不服的，可以依法向人民法院起诉"。根据该条规定，申请人就纳税争议提起行政复议以履行缴纳税款或者提供担保的义务为前提。

(二) 行政复议的申请方式

《行政复议法》第 22 条对申请人申请行政复议的方式和要求作了明确规定，与修订前的《行政复议法》相比，增加了互联网渠道和"一行为一复议"的原则。结合《行政复议法》的规定，行政复议的申请方式应注意以下几点：

1. 申请人原则上应书面申请，书面申请有困难的，可以口头申请。换言之，行政复议申请原则上应当以书面形式提出，只有申请人书面申请有困难的，才允许其口头提出。这里的"有困难"主要是指申请人因身体缺陷、智力障碍或者文化水平等原因无法书面表达自己主张的情况。

2. 书面申请方式可以采取多种途径。申请人书面申请行政复议，可以采取的方式包括但不限于：一是当面提交行政复议申请书；二是向行政机关邮寄复议申请书；三是通过行政机关指定的互联网渠道提交行政复议申请书。互联网渠道是新修订的《行政复议法》增加的内容。随着信息化技术的普及，人们越来越习惯通过互联网传输信息，法律规定申请人可以通过互联网渠道提交行政复议申请书是高效便民原则的体现。另外，《行政复议法》第 22 条第 2 款规定，行政机关通过互联网渠道送达行政行为决定书的，应当同时提供提交行政复议申请书的互联网渠道。该条款实际上为行政机关设定了为申请人提交行政复议申请开通互联网渠道的义务，当然前提是该行政机关已经具备了通过互联网渠道送达决定书的条件。

3. 行政复议机关有记录口头申请的义务。根据《行政复议法》《行政复议法实施条例》的规定，申请人口头提出复议申请的，行政复议机关应当当场记录申请人的基本情况、行政复议请求、申请行政复议的主要事实、理由和时间。行政复议机关当场制作的行政复议申请笔录应交申请人核对或者向申请人宣读,并由申请人签字确认。

4. 行政复议申请的提出应坚持"一行为一复议"原则。《行政复议法》第 22 条第 4 款规定,"申请人对两个以上行政行为不服的,应当分别申请行政复议"。该条款实际上明确了"一行为一复议"的原则。该原则借鉴的是司法实践中法院受理案件时坚持的"一行为一诉"原则。在行政诉讼实践中,法院一般要求原告在起诉时原则上只能针对一个行政行为,如果对多个行政行为不服,应当分别起诉,法院也会分别立案。该原则并没有明确的法律依据,只是司法实践的惯例,目的是更加明确审理对象,减少诉累。此次《行政复议法》修订实现了"一行为一复议"原则的法定化。具体来讲,申请人可以针对同一案件对同一被申请人作出的行政行为提出多个相关联的复议请求,但不能针对不同被申请人作出的多个行政行为一并提起复议,也不能针对同一被申请人作出的多个相互独立的行政行为一并提起行政复议。申请人对同一被申请人作出的多个行为提出复议申请的,应当分别受理,并可以视情况决定是否合并审理,再分别作出决定。

需要指出的是,"一行为一复议"原则的执行不宜过分机械。因为机械适用该原则可能会过分地限制申请人的复议权利,不利于实质性地解决纠纷。[①] 在作为该原则来源的行政诉讼中,该原则的适用已经受到限制:在多个案件中,最高人民法院表示,"一行为一诉"并非强制性规定,司法实践中亦不排除在同一诉讼中审理多

---

① 何海波:《行政诉讼法(第 3 版)》,法律出版社 2022 年版,第 606-609 页。

个行政行为。①

(三) 行政复议的申请期限

新修订的《行政复议法》第20条、第21条对行政复议的申请期限作了规定,与修订前的《行政复议法》相比,本次修订增加了行政机关未履行告知义务的复议期限和最长复议期限制度。

1. 提出行政复议申请的一般期限

根据《行政复议法》第20条规定,申请行政复议的一般期限,应遵循以下规则:

(1) 申请行政复议的一般期限为60日,其他法律规定超过60日的除外。公民、法人或者其他组织认为行政行为侵犯其合法权益的,可以自知道或者应当知道该行政行为之日起60日内提出行政复议申请;其他法律规定的申请期限超过60日的,按照其他法律规定的申请期限,其他法律规定的申请期限短于60日的,行政复议申请期限为60日。

(2) 行政复议申请期限从知道或者应当知道该行政行为之日起计算。"知道或者应当知道"的表述,是借鉴了《民法典》和《行政诉讼法》的规定。② 理论上,申请人只有知道行政行为的存在才可能提起行政复议,但实践中申请人有可能否认自己知道行政行为,这就可能导致申请期限的计算陷入困境。因此,法律规定"应当知道"的情形,意在强调申请人否认自己知道行政行为时,可以通过相关证据材料推定其"知道"的时间。

---

① 参见中国裁判文书网最高人民法院行政裁定书(2017)最高法行申2799号。
② 梁凤云:《行政复议法讲义》,人民法院出版社2023年版,第108页。

依照《行政复议法实施条例》第 15 条的规定，不同送达方式下的知道行政行为的起算时间也各不相同：一是行政行为当场作出的，自行政行为作出之日起计算。二是载明行政行为的法律文书直接送达的，自受送达人签收之日起计算。三是载明行政行为的法律文书邮寄送达的，自受送达人在邮件签收单上签收之日起计算；没有邮件签收单的，自受送达人在送达回执上签名之日起计算。四是行政行为依法通过公告形式告知受送达人的，自公告规定的期限届满之日起计算。五是行政机关作出行政行为时未告知公民、法人或者其他组织，事后补充告知的，自该公民、法人或者其他组织收到行政机关补充告知的通知之日起计算。六是被申请人能够证明公民、法人或者其他组织知道行政行为的，自证据材料证明其知道行政行为之日起计算。七是行政机关作出行政行为，依法应当向有关公民、法人或者其他组织送达法律文书而未送达的，视为该公民、法人或者其他组织不知道该行政行为。

（3）因正当理由耽误期限的处理。根据"法律不强人所难"的法理，如果申请人因不可抗力或者其他正当理由耽误法定申请期限的，申请期限自障碍消除之日起继续计算。根据《行政复议法》第 20 条第 2 款的规定，如果申请人遭遇不可抗力或者客观障碍确实无法申请复议，那么从其遭遇不可抗力或者客观障碍之日起，行政复议期限暂停计算，直到不可抗力或者客观障碍消除后，继续计算。具体到行政复议实践，行政复议机关在审查申请人的申请是否超过复议期限时，应当将申请人因不可抗力和客观障碍耽误的时间扣除。这里的不可抗力主要是指自然灾害、战争等无法预见、无法避免、无力克服的原因，而客观障碍主要是指不可归责于申请人的原因无法按时申请复议。比如，遭遇交通事故、罹患重疾等。

(4) 行政不作为案件的复议期限的起算。行政不作为是指行政机关有义务履行相应的职责但拒不履行或者拖延履行的情况。当然，要求行政机关履行职责一般要给予其一定的履行期，只有其在履行期满之日仍不履行才能算作不作为。而只有行政机关构成不作为，复议申请人原则上才具备提出复议的资格和权利。因此，申请人针对行政不作为申请行政复议的复议期限应当从履行期限届满之日起计算。具体到行政管理实践，行政机关的履行期限分为三种情况：一是法律、法规明确规定履行期限的，比如《中华人民共和国政府信息公开条例》规定依申请公开的政府信息政府答复期为20个工作日；二是法律没有规定具体的履行期限，此时一般给行政机关60日的履行期；三是情况紧急需要行政机关立即履行的，申请人可以立即申请复议。

(5) 针对无效行政行为的行政复议期限。无效行政行为是指存在重大且明显违法情形的行政行为。新修订的《行政复议法》第67条规定，"行政行为有实施主体不具有行政主体资格或者没有依据等重大且明显违法情形，申请人申请确认行政行为无效的，行政复议机关确认该行政行为无效"。根据该条规定，申请人认为行政行为重大且明显违法的，可以申请确认行政行为无效。对于无效行政行为的复议期限，新修订的《行政复议法》仍然没有规定。但根据行政行为效力理论，无效行政行为没有公定力，自始无效、当然无效、绝对无效，因此也就没有确定力，申请人无论何时均可以申请行政复议要求行政复议机关确认行政行为无效。换言之，无效行政行为不受行政复议期限的限制。[①]

---

① 王名扬：《法国行政法》，中国政法大学出版社1988年版，第173页。

（6）行政协议案件的复议期限。新修订的《行政复议法》第11条明确将行政协议案件纳入行政复议的受案范围，因而行政协议案件的复议期限也值得关注。新修订的《行政复议法》并没有规定行政协议案件的复议期限，但行政协议案件有自身的特殊性，因而完全适用行政复议一般期限显然不合适。这一点，行政诉讼值得借鉴。《最高人民法院关于审理行政协议案件若干问题的规定》第25条规定，"公民、法人或者其他组织对行政机关不依法履行、未按照约定履行行政协议提起诉讼的，诉讼时效参照民事法律规范确定；对行政机关变更、解除行政协议等行政行为提起诉讼的，起诉期限依照行政诉讼法及其司法解释确定"。该条规定实际上是按照行政协议案件的争议类型设定了不同的诉讼时效（期限），基本思路是：如果原告起诉的是行政协议不履行等违约情形，适用民事诉讼时效；如果原告起诉的是行政机关存在行政行为违法，则适用行政诉讼期限。借鉴行政诉讼的经验，行政协议类行政复议案件也应当根据争议具体类型来确定复议期限：如果是复议行政机关的违约行为，应当适用民事诉讼时效；如果是复议行政行为合法与否，应当适用一般复议期限。

2. 未履行告知义务的行政复议期限

根据正当程序原则和相关法律的规定，行政机关在作出对相对人不利的决定后，应当告知当事人寻求救济的途径、方式和期限，我们将此称为行政机关的告知义务。一般而言，在行政机关告知相对人救济途径和期限的情况下，适用的是前述一般复议期限。但实践中，也会出现大量行政机关不告知相对人复议权利和复议期限的情况，此时如果仍然适用60日的复议期限显然对相对人是极其不利的，且是不公平的。因此，对于行政机关未告知复议权利和复议期限的案件，行政复议期限有必要作特殊安排。基于此，新修订的《行政复议法》第20条第3款规定，"行政机关作出行政行为时，未告知公民、法人或者其他组织申请行政复议的权利、行政复议机关和申请期限的，申请期限自公民、法人或者其他组织知道或者应当知道申请行政复议的权利、行政复议机关和申请期限之日起计算，但是自知道或者应当知道行政行为内容之日起最长不得超过一年"。

对于上述条款的理解适用，应当注意把握以下几点：一是该条款适用的是申请人知道行政行为内容，但行政机关没有履行告知义务的情况。知道行政行为内容是指申请人对于行政行为记载的事实、作出的处理有一定的了解，而不是仅知道行政机关作出了一个行政行为。二是行政机关告知义务的内容包括申请行政复议的权利、行政复议机关和申请期限等内容。按照《行政复议法》的精神，行政机关只有同时告知三种事项，才适用一般复议期限，反之，只告知部分内容的，仍然适用前述条款的规定。三是行政机关未履行告知义务的，复议期限仍然是60日，只是起算点由行为作出之日起改为知道或应当知道申请行政复议的权利、行政复议机关和申请期限之日起。复议申请人最晚应当从知道或者应当知道行政行为内容之日起1年内申请行政复议。所以，对于行政机关未履行告知义务的情况，申请人申请复议的期限仍然是60日，只是起算点不同，1年可以视为对行政复议权利的最长保护期限。

3. 行政复议最长期限

修订前的《行政复议法》没有规定行政复议的最长期限制度，但现实中存在行政相对人连行政行为内容都不知道的情况，其显然不可能在法律规定的期限内申请复议。因而有必要针对行政相对人不知道行政行为内容以及其他特殊情形作出特殊安排。基于此，《行政复议法》修订时借鉴了《行政诉讼法》第46条第2款的规定①，明确了行政复议的最长期限。《行政复议法》第21条规定，"因不动产提出的行政复议申请自行政行为作出之日起超过二十年，其他行政复议申请自行政行为作出之日起超过五年的，行政复议机关不予受理"。对于本条规定的理解适用，应注意以下几点：

（1）本条适用的情形是申请人不知道行政行为存在的情形。虽然《行政复议法》第21条没有明确指出该条适用的情形是申请人不知道行政行为的情形。但如果将《行政复议法》第20条和第21条结合起来看，就能发现该条显然不适用申请人知道行政行为内容的情形。如前所述，申请人如果知道行政行为内容，其原则上应当在60日内申请复议，就算行政机关未履行告知义务，其最迟也应当在知道行政行为内容之日起1年内申请复议，因而如果申请人知道行政行为内容，那么就没有适用5年或者20年的空间了。另外，从《行政诉讼法》第46条第2款的起源来看，该条款实际上源于最高人民法院2000年公布的《最高人民法院关于执行〈中华人民共和国行政诉讼法〉若干问题的解释》（已失效）第42条的规定，即"公民、法人或者其他组织不知道行政机关作出的具体行政行为内容的，其起诉期限从知道或者应当知道该具体行政行为内容之日起计算。对涉及不动产的具体行政行为从作出之日起超过20年、其他具体行政行为从作出之日起超过5年提起诉讼的，人民法院不予受理"。这一条款清晰地表明，最长保护期适用的情形是原告不

---

① 《行政诉讼法》第46条第2款规定："因不动产提起诉讼的案件自行政行为作出之日起超过二十年，其他案件自行政行为作出之日起超过五年提起诉讼的，人民法院不予受理。"

知道行政行为内容。

（2）不动产案件仅限于因行政行为导致不动产物权发生变动的案件。对于"不动产案件"的理解，可以准用最高人民法院2018年发布的《最高人民法院关于适用〈中华人民共和国行政诉讼法〉的解释》第9条第1款的规定，即《行政诉讼法》第20条规定的"因不动产提起的行政诉讼"是指因行政行为导致不动产物权变动而提起的诉讼。实践中，不动产物权变动的行为主要有两种：一种是因登记产生物权变动效力的行为。例如，《民法典》规定，不动产物权的设立、变更、转让和消灭，经依法登记，发生效力；未经登记，不发生效力，但是法律另有规定的除外。另一种是因征收等行为产生物权变动效力的行为，即未经登记的情况下，也存在行政行为导致物权变动的情形。例如，因人民政府的征收决定、拆除行为等事实导致物权设立、变更、转让或者消灭。[①]

三、行政复议的受理

行政复议受理是指行政机关接收申请人的复议申请材料并进行审查，根据审查结果确定是否启动行政复议审理程序的各种程序规则的总称。行政复议受理是行政争议进入行政复议审理程序成为真正的行政复议案件的关卡，因而直接决定着行政复议是否能够发挥化解行政争议的主渠道作用。行政复议案件经受理后会产生以下法律后果：一是申请人、被申请人和行政复议机关之间形成行政复议法律关系。各行政复议法律关系主体均享有一定的权利，也应承担相应的义务。二是同一申请人不得就同一复议请求，以同一理由重

[①] 梁凤云：《行政复议法讲义》，人民法院出版社2023年版，第116页。

复提起复议申请。三是申请人在法定复议期限内不得向人民法院提起行政诉讼。① 修订前的《行政复议法》对于行政复议受理制度规定得较为原则,新修订的《行政复议法》第三章对行政复议受理问题作了补充完善。

(一) 行政复议受理的条件

符合行政复议受理的条件是行政复议机关受理案件的前提,因而,行政复议机关受理活动是围绕行政复议申请是否符合受理条件展开的。修订前的《行政复议法》第17条第1款规定,"行政复议机关收到行政复议申请后,应当在五日内进行审查,对不符合本法规定的行政复议申请,决定不予受理,并书面告知申请人;对符合本法规定,但是不属于本机关受理的行政复议申请,应当告知申请人向有关行政复议机关提出"。该条款只是原则上规定了行政复议机关对行政复议申请的处理规则,但对于到底复议申请达到何种条件行政复议机关才会受理,修订前的《行政复议法》则没有规定,这容易导致实践中各行政复议机关审查尺度不一的情况。因此,在修订草案征求意见过程中,部分学者便提出有必要明确列举行政复议的受理条件。正是在这样的背景下,新修订的《行政复议法》第30条明确规定了行政复议受理应当同时满足以下条件:一是有明确的申请人和符合本法规定的被申请人;二是申请人与被申请行政复议的行政行为有利害关系;三是有具体的行政复议请求和理由;四是在法定申请期限内提出;五是属于本法规定的行政复议范围;

---

① 石佑启、杨勇萍编著:《行政复议法新论》,北京大学出版社2007年版,第185-186页。

六是属于本机关的管辖范围；七是行政复议机关未受理过该申请人就同一行政行为提出的行政复议申请，并且人民法院未受理过该申请人就同一行政行为提起的行政诉讼。对于行政复议受理条件的理解适用，应当注意以下几点：

1. 行政复议申请应当有明确的申请人和符合《行政复议法》规定的被申请人。《行政复议法》第 14 条就申请人的资格和资格转移作了规定。有权申请行政复议的公民死亡的，其近亲属可以申请行政复议。有权申请行政复议的公民为无民事行为能力人或者限制民事行为能力人的，其法定代理人可以代为申请行政复议。有权申请行政复议的法人或者其他组织终止的，承受其权利义务的法人或者其他组织可以申请行政复议。需要指出的是，法律的表述是"明确的申请人"，而不是"正确的申请人"。这就意味着在这个阶段申请人是否适格并不重要。在此阶段，应当坚持较低的审查标准。"符合本法规定的被申请人"，是指行政复议的被申请人应当具备《行政复议法》规定的资格条件。根据《行政复议法》第 19 条的规定，行政复议的被申请人应当具有行政主体资格。一般而言，作出行政行为有几个行政主体，那么就有几个被申请人。需要指出的是，在受理阶段，行政复议机关对于被申请人资格应作形式审查，只要通过一些现有信息能够判断行为主体的行政主体资格即可，不宜要求申请人承担过重的举证责任。

2. 申请人应当与被复议的行政行为之间存在利害关系。根据《行政复议法》第 2 条第 1 款的规定，我国行政复议的主要功能之一是为行政相对人提供权益救济，因而申请人应当与被复议的行政行为有利害关系，即行政复议的前提是申请人的权益受到被复议行政行为的实质影响。这里需要强调的是，对于"利害关系"一词的理解应当持开放的态度,即利害关系既包括法律上的利害关系,也包括事实上的利害关系;既包括直接的利害关系,也包括间接的利害关系;既包括既往的利害关系,还包括未来的利害关系。①

3. 行政复议申请应当有具体的行政复议请求和理由。申请人的复议申请应当包含具体的复议请求和理由。对于此款内容,应当注意以下两点:一是申请人的申请应当有请求和理由,没有任何请求和理由的复议申请便没有审理必要性和价值。二是申请人的请求和理由应当"具体"。这里的"具体"指的是申请人的请求和理由能够为行政复议机关所知悉,而且这些请求和理由是与基本的生活常识吻合的。但是应当注意,"具体"不是正确,也不是有明确的请求权基础,只要申请人表达的请求和理由,行政复议机关能够理解,且能够判断出这个争议属于行政争议即可,不应对此提出过高的要求。

4. 行政复议申请应当在法定申请期限内提出。如前所述,行政复议申请期限是除斥期间,超过行政复议期限的,申请人丧失申请复议的资格。根据《行政复议法》第20条、第21条的规定,行政复议申请期限分为三种情况:一是申请人既知道行政行为又知道申请行政复议的权利、行政复议机关和申请期限的,复议期限为60日。二是申请人知道行政行为内容但不知道申请行政复议的权利、行政复议机关和申请期限的,复议期限最长不得超过1年。三是申请人不知道行政行为内容的,复议期限最长5年,不动产案件最长20年。

5. 属于行政复议范围和复议机关管辖。《行政复议法》第2

---

① 梁凤云:《行政复议法讲义》,人民法院出版社2023年版,第151页。

条、第 11 条和第 12 条通过"概括式+正面列举+反向排除"的方式框定了行政复议的受案范围。原则上,只要被复议的行政行为符合《行政复议法》的概括式规定,且不属于《行政复议法》明确排除的行为,行政复议机关应当承认其属于行政复议范围。《行政复议法》第二章第四节规定了行政复议管辖制度,复议申请人只能向有管辖权的行政复议机关提出复议申请,否则行政复议机关无法受理。

6. 该行政行为尚未被其他行政复议机关受理,且还未被提起行政诉讼。该条件实际上是"一事不再理"原则的体现。"一事不再理"原则是为了防止申请人滥用行政救济资源。根据《行政复议法》的规定,行政复议中的"一事不再理"包括两种情形:一是不能同时提起行政复议和行政诉讼。二是不能就同一行政行为重复提起行政复议。

(二) 行政复议申请的审查和处理

根据《行政复议法》的规定,行政复议机关对于申请人的复议申请要进行审查,并根据审查结果作出相应的处理。新修订的《行政复议法》第 30 条对行政复议机关的审查期限和审查后的处理作出了规定。

1. 审查期限。对于行政复议机关的审查期限,需要注意以下几点:第一,根据《行政复议法》第 30 条第 1 款的规定,行政复议机关收到行政复议申请后,应当在五日内进行审查。第二,根据《行政复议法》第 88 条第 2 款的规定,此处的"五日"是指工作日。第三,根据《行政复议法》第 30 条第 3 款规定,如果行政复议机关未能在五个工作日内作出受理或者不予受理的决定,则视为其已经受理。

2. 审查后的处理。根据《行政复议法》第 30 条的规定，行政复议机关对于复议申请进行审查后，应根据审查结果作出如下处理：第一，行政复议机关经审查认为，申请人提出的复议申请同时满足前述七个条件的，应当受理该复议申请并启动行政复议审理程序。这里涉及一个细节问题，即行政复议机关是否应当出具一个书面的决定。对此，部分学者认为，行政复议机关无须作任何法律文书而直接进入行政复议审理阶段即可。[①] 第二，行政复议机关经审查认为，申请人提出的复议申请不能同时满足前述七个条件，即只要有其中一个条件不满足，行政复议机关便可以作出不予受理的决定。第三，行政复议机关决定不受理案件的还应当说明理由。行政复议机关应当在不予受理决定书中全面阐释不予受理的理由，因为未来不予受理决定书有可能被单独提起行政诉讼，充分的说理可以避免不予受理决定书在法院审查时被确认违法。第四，行政复议机关经审查认为，申请人提出的复议申请符合其中六个受理条件，只是不属于本机关管辖，其不能直接不予受理，而应告知申请人向有管辖权的行政复议机关提出申请。

(三) 申请材料的补正

申请人并不都是法律专家，因而其提交的材料有可能存在瑕疵或者遗漏，而这些材料又是判断行政复议申请是否满足受理条件的关键依据，因此如果申请人提交的材料不齐全或者表述不清楚，应当允许申请人补正，而且为了补正能够高效进行，还应当为行政复

---

① 梁凤云：《行政复议法讲义》，人民法院出版社 2023 年版，第 151 页。

议机关设定指导和释明义务。遗憾的是，修订前的《行政复议法》并没有对申请材料补正作出相应的规定，此次《行政复议法》修改则弥补了这一缺憾。《行政复议法》第 31 条规定，"行政复议申请材料不齐全或者表述不清楚，无法判断行政复议申请是否符合本法第三十条第一款规定的，行政复议机关应当自收到申请之日起五日内书面通知申请人补正。补正通知应当一次性载明需要补正的事项。申请人应当自收到补正通知之日起十日内提交补正材料。有正当理由不能按期补正的，行政复议机关可以延长合理的补正期限。无正当理由逾期不补正的，视为申请人放弃行政复议申请，并记录在案。行政复议机关收到补正材料后，依照本法第三十条的规定处理"。该条规定了行政复议申请材料补正制度，具体包括行政复议机关的告知义务、申请人的补正要求以及申请材料补正后的处理等三个方面内容。

1. 行政复议机关的告知义务。根据《行政复议法》第 31 条第 1 款规定，行政复议机关在审查复议申请材料时，如果发现申请材料不齐全或者表述不清楚，无法判断其是否符合受理条件，那么应当在审查期限届满前一次性告知申请人补正相关材料。该条款为行政复议机关设定了告知申请人补正材料的义务。对于这项义务应当注意以下几点：一是行政复议机关应当主动审查申请人提供的材料是否齐全和清楚。二是行政复议机关经审查认为申请人提供的材料不齐全或者表述不清楚，应当仔细梳理和研判，确认申请人提供哪些材料或者对哪些表述进行修改，才能满足受理条件。换言之，行政复议机关应当先总结申请人提供哪些材料或者做哪些修改可以满足受理条件。三是行政复议机关应当全面告知申请人需要补正的材料，即只要申请人按照补正通知提供了相关材料，那么其就能满足受理条件，而不需要再次告知。四是行政复议机关应当履行指导和释明义务，给申请人科学的指导。五是行政复议机关应当自收到复议申请之日起5日内告知，超过5日的就视为已经受理。

2. 申请人补正材料的期限。根据《行政复议法》第31条第2款规定，申请人应当自收到补正通知之日起10内提交补正材料，这是一个除斥期间，申请人无正当理由逾期不补正的视为放弃复议申请，行政复议机关将这一情况记录在案，之后按照申请人撤回行政复议申请来处理即可。当然，实践中，申请人可能遇到不可抗力或者因其他不可归责于自身的原因无法按期补正，其应当向行政复议机关提出申请，行政复议机关根据实际情况为申请人延长补正期限。

3. 申请人补正材料后的处理。根据《行政复议法》第31条第3款规定，行政复议机关收到补正材料后，依照《行政复议法》第30条的规定处理。根据该条款的规定，申请人补正材料后，视为申请人初次申请复议，因而行政复议机关的审查期限应当重新开始计算，即应当在收到申请人补正材料之日起5日内作出处理。行政复议机关应当将申请人之前提交的材料与补正材料整合之后进行审查，并根据对整合后材料的审查结果作出如下处理：第一，经过审查认为复议申请符合受理条件的，决定予以受理。第二，经过审查发现申请材料仍然不符合受理条件的，决定不予受理。

（四）处罚机关代为提交复议申请

实践中，当场处罚和非现场执法处罚案件具有数量巨大、涉案金额小、事实清楚等特点。如果这类案件均涌向行政复议机关，无疑会给行政复议机关受理案件带来不小的压力，而且很多案件事实清楚，完全可以先由行政机关自我纠错。正是基于这样的考虑，新修订的《行政复议法》第32条规定了由作出行政处罚的行政机关代为提交复议申请的制度。《行政复议法》第32条规定，"对当场作出或者依据电子技术监控设备记录的违法事实作出的行政处罚决定不服申请行政复议的，可以通过作出行政处罚决定的行政机关提交行政复议申请。行政机关收到行政复议申请后，应当及时处理；认为需要维持行政处罚决定的，应当自收到行政复议申请之日起五日内转送行政复议机关"。对于该条的理解，应当注意以下几点：

1. 只有当场作出的处罚和基于电子技术监控设备记录的违法事实作出的行政处罚才能通过处罚机关代为提交复议申请。当场作出的处罚就是行政机关适用简易程序作出的行政处罚。《行政处罚法》第51条规定，"违法事实确凿并有法定依据，对公民处以二百元以下、对法人或者其他组织处以三千元以下罚款或者警告的行政处罚的，可以当场作出行政处罚决定"。实践中，部分行政机关会通过电子技术监控设备捕捉违法行为，并根据电子技术监控设备记录的违法事实进行处罚。比较典型的就是交警部门根据电子监控记录处罚各类交通违法行为。申请人如果对上述两种处罚不服，可以要求处罚机关代为提交复议申请。除此之外，申请人只能自己向行政复议机关提交复议申请。

2. 对行政机关当场作出的行政处罚和基于电子技术监控设备记录的违法事实作出的行政处罚，复议申请人可以选择直接向行政复议机关申请复议，不是必须通过处罚机关提交行政复议申请。该条只是给申请人提供一个更便利的途径，而不是剥夺其直接提交复议申请的权利。

3. 行政处罚机关的处理义务。根据《行政复议法》第32条第

2款规定，收到复议申请的行政机关有及时处理的义务。虽然法律没有明确规定及时处理的内涵，但根据该条款后半部分的表述可知，这里的及时处理就是行政机关应当主动审查自己作出的处罚决定是否合法适当，如果存在违法或者不适当的情况，应当主动纠错，以便与申请人达成谅解直接化解矛盾纠纷。当然，如果行政机关经审查，认为其行政处罚决定合法合理，申请人的复议申请不应得到支持，那么，其有义务自收到行政复议申请之日起 5 日内转送行政复议机关。从上述分析可知，该条款的目的之一就是给处罚机关一个自我纠错的机会，自行将矛盾纠纷化解。

（五）驳回申请决定

尽管行政复议机关在审查时可以将绝大多数不符合受理条件的复议申请拒之门外，但仍可能有漏网之鱼，即对于某些不符合受理条件的行政复议申请，行政复议机关予以受理。出现上述错误的原因很多，有的是因为审查人员专业性不足或者不够细心，有的是因为案件量大未能及时作出决定，被视为已经受理等。无论何种情况，行政复议机关受理不符合受理条件的复议申请，都是不合法的，应当予以纠正。为此，《行政复议法》第 33 条规定，"行政复议机关受理行政复议申请后，发现该行政复议申请不符合本法第三十条第一款规定的，应当决定驳回申请并说明理由"。对于该条款，应注意以下几点：

1. 驳回申请的决定适用于行政复议申请被受理后。如果是在审查时发现不符合受理条件，应当作出不予受理的决定。这里不予受理的决定和驳回申请的决定针对的情形是一样的，即复议申请不符合受理条件，只是适用的阶段不同。二者的关系与行政诉讼中裁定不予受理和裁定驳回起诉相似。

2. 作出驳回申请的决定的原因是复议申请不符合受理条件。只有行政复议机关发现复议申请不符合《行政复议法》第30条第1款规定的七个条件时，才能作出驳回申请的决定，申请人的复议请求是否应当得到支持，要通过实体审理之后作出实体决定。

3. 行政复议机关应当对驳回申请的决定说明理由。行政复议机关以复议申请不符合受理条件为由决定驳回复议申请的，应当全面阐释复议申请不符合受理条件的理由。驳回申请的决定在未来也可能被提起行政诉讼，因而充分的说理可以避免在未来诉讼中遭到否定性评价。

（六）复议前置案件中复议机关不作为的救济

《行政复议法》第23条规定了复议前置制度，对于特定领域的行政争议，申请人应当先申请行政复议，对行政复议决定不服时，才能提起行政诉讼。相应地，如果申请人违反了复议前置制度，法院亦不会受理其起诉。但现实中会存在一种情形，即申请人按照复议前置制度要求，先向行政复议机关申请复议，行政机关经审查后可能作出不予受理、驳回复议申请决定或者受理后迟迟不予答复。一旦出现此种情况，意味着申请人已经履行了先复议的义务，是行政复议机关拒绝受理或者怠于履行职责导致申请人拿不到《行政复议法》第23条规定的实体复议决定，此时应当允许申请人直接提起行政诉讼。基于此，新修订的《行政复议法》第34条规定，"法律、行政法规规定应当先向行政复议机关申请行政复议、对行政复议决定不服再向人民法院提起行政诉讼的，行政复议机关决定不予受理、驳回申请或者受理后超过行政复议期限不作答复的，公民、法人或者其他组织可以自收到决定书之日起或者行政复议期限届满之日起十五日内，依法向人民法院提起行政诉讼"。该条实际上赋予了申请人针对复议前置情形下行政复议机关拒绝受理或者怠于履行职责的直接起诉权。对于该条，应当注意以下几点：

1. 该条适用于复议前置情形下行政复议机关的三种行为。《行政复议法》第34条列举了三类行为：不予受理、驳回复议申请和超过复议期限不予答复。从依法履行复议职责角度，前两个决定是行政复议机关拒绝实质审理案件，后一个行为构成复议不作为。在复议前置案件中，复议机关的上述三类行为都可能导致申请人拿不到实体复议决定，但申请人已经履行了先复议的义务，不应对其过分苛责，应当允许申请人直接提起行政起诉。

2. 申请人应当自收到决定书之日起或者行政复议期限届满之日起15日内，依法向人民法院提起行政诉讼。首先，申请人在接到行政复议机关作出的不予受理决定、驳回复议申请决定，或者出现行政复议机关超期不予答复的情况时，便可以依法提起行政诉讼。《行政复议法》强调"依法"提起诉讼，是指申请人起诉还应当符合行政诉讼的起诉条件。其次，申请人起诉的期限是15日，起算时间根据行为类型不同而有所不同。如果是基于行政复议决定起诉，自收到决定书之日起15日内；如果是基于行政复议机关的不作为行为起诉，自行政复议期限届满之日起15日内。

（七）对行政复议受理的监督和内部救济

现实中，由于各种原因，行政复议机关可能存在怠于履行受理、审理职责的情况，即对于符合受理条件的复议申请，作出不予受理决定或者驳回复议申请的决定，或者受理复议申请后超过行政复议期限不作答复。当出现上述情况时，新修订的《行政复议法》赋予了申请人直接提起行政诉讼的权利。但直接起诉只是保障了申请人的诉权，行政复议机关的违法或者失职行为并没有得到救济，相对人的复议权也没有得到保障，因此有必要在行政系统内部建立监督和救济机制。修订前的《行政复议法》第 20 条便规定，"公民、法人或者其他组织依法提出行政复议申请，行政复议机关无正当理由不予受理的，上级行政机关应当责令其受理；必要时，上级行政机关也可以直接受理。"该条规定了对行政复议机关不予受理决定的监督和内部救济途径，对驳回复议申请决定和行政复议机关不作为的情况没有规定。为此，新修订的《行政复议法》第 35 条作了补充规定，具体条文内容为："公民、法人或者其他组织依法提出行政复议申请，行政复议机关无正当理由不予受理、驳回申请或者受理后超过行政复议期限不作答复的，申请人有权向上级行政机关反映，上级行政机关应当责令其纠正；必要时，上级行政复议机关可以直接受理。"对于该条，在理解时应当注意以下几点：

1. 该条针对的是行政复议机关无正当理由不予受理、驳回申请或者受理后超过行政复议期限不作答复的情形。根据《行政复议法》的规定，行政复议机关有依法受理行政复议申请并及时作出复议决定的职责。但现实中，部分行政机关基于各种原因怠于履行行政复议受理和答复职责，属于行政违法行为，理应进行纠正。这里的"无正当理由"应当包括行政复议机关没有出具理由和申请人认为理由不成立两种情况，即申请人不服行政复议机关的做法都应当允许其提出异议。

2. 申请人拥有反映权。根据《行政复议法》第 35 条规定，申请人对行政复议机关违法或者怠于履行职责的情况可以向上级行政机关反映。该条赋予申请人对行政复议机关怠于履职情况的反映权。反映权并非严格意义上的法律概念，《行政复议法》之所以使用反映权这一概念，意在强调申请人与上级行政机关沟通的灵活性。另外，申请人是向上级行政机关反映，而这里的上级行政机关是指行政复议机关的上级行政机关。具体上级行政机关的确定遵照我国行政系统的管理体制。

3. 上级行政机关负有纠正行政复议机关违法违规行为的义务。对于申请人反映的情况，上级行政机关应当认真调查核实。经调查，认定行政复议机关确实存在违法或者怠于履行职责情形的，上级行政机关应当责令行政复议机关纠正自己的违法行为。必要时，行政复议机关可以直接行使管辖权，受理该行政复议申请。这里的"必要时"，主要是指行政复议机关拒绝纠正或者上级行政机关认为行政复议机关不再适合审理该案件时，突破《行政复议法》设定的管辖制度。类似于行政诉讼中的"飞跃起诉"制度，即人民法院既不立案，又不作出不予立案裁定的，当事人可以向上一级人民法院起诉。

四、行政复议的审理

行政复议的审理程序是指行政复议机关对被复议的行政行为之合法性、适当性进行审查所应遵循的步骤、方式、顺序以及时限。行政复议审理是判断行政行为是否合法适当的关键，因而是行政复议程序中的核心程序。然而或许是为了凸显行政复议的特殊性，修订前的《行政复议法》对于审理程序的规定仅停留在原则层面，只是在第22条规定行政复议原则上采用书面审查的办法，特殊情况下可以进行调查并听取各方意见。① 由于修订前的《行政复议法》缺乏对行政复议审理程序的制度设计，导致行政复议机关发现行政行为违法、适当解决争议的功能受到减损，显然无法发挥行政复议化解行政争议的主渠道作用。正是在这样的背景下，此次《行政复议法》修订，对行政复议审理程序进行了全面修改：一方面专门增加了第四章且以"行政复议审理"命名，另一方面对审理程序进行了重大调整，彻底转变以书面审查为原则的行政复议审理模式。

（一）行政复议审理的一般规定

新修订的《行政复议法》第四章第一节规定了行政复议审理的一般要求，即各类行政复议审理程序都应当遵守的规则。这些规则包括：行政复议审理程序的分类、人员指派、行政复议审理依据、行政复议管辖权转移、行政复议中止制度、行政复议终止制度和复议不停止执行及其例外等制度。

1. 选择复议程序和指派办案人员

新修订的《行政复议法》第36条规定，"行政复议机关受理行政复议申请后，依照本法适用普通程序或者简易程序进行审理。行政复议机构应当指定行政复议人员负责办理行政复议案件。行政复议人员对办理行政复议案件过程中知悉的国家秘密、商业秘密和个人隐私，应当予以保密"。该条规定的行政复议机关为具体案件选择复议程序和指派办案人员，是行政复议审理的第一步。对于这一条，应当注意以下几点：

---

① 《行政复议法》（2017年修正）第22条规定："行政复议原则上采取书面审查的办法，但是申请人提出要求或者行政复议机关负责法制工作的机构认为有必要时，可以向有关组织和人员调查情况，听取申请人、被申请人和第三人的意见。"

（1）行政复议审理程序分为普通程序和简易程序两种，行政复议机关在受理案件后应根据实际情况选择适用普通程序还是简易程序来审理案件。其中，"依照本法"的表述意味着行政复议机关审理案件时，对于普通程序还是简易程序的选择并不是自由的，而是应以《行政复议法》规定的条件为依据。

（2）行政复议机构负责指派行政复议人员具体办理案件。行政复议案件的审理需要专人负责，因而在正式审理案件之前，行政复议机构应当指派行政复议人员来办理该案件，做到每个复议案件都有专人负责。

（3）行政复议人员的保密义务。根据《行政复议法》第36条第2款规定，行政复议人员对办理行政复议案件过程中知悉的国家秘密、商业秘密和个人隐私，应当予以保密。为了确保复议人员恪守保密义务，行政复议机构应当加强对复议人员的培训，并建立相应的保密机制。

2. 行政复议的审理依据

行政复议审理依据，是指行政复议机关在审理行政复议案件时，用以判断被申请复议的行政行为是否合法与适当所根据的法律规范。[1] 行政复议审理依据是行政复议机关衡量行政行为合法性、适当性的标尺，因而依据本身是否权威规范也是至关重要的。修订前的《行政复议法》对于行政复议审理依据并没有规定，而是留给行政复议机关一定的自主选择权，这又导致行政复议审理依据过泛的问题。实践中，行政复议审理依据包括法律、行政法规、地方性

---

[1] 石佑启、杨勇萍编著：《行政复议法新论》，北京大学出版社2007年版，第193页。

法规、自治条例、单行条例、规章和行政规范性文件等。①

为了明确行政复议的审理依据，新修订的《行政复议法》第37条专门规定了行政复议的审理依据，即"行政复议机关依照法律、法规、规章审理行政复议案件。行政复议机关审理民族自治地方的行政复议案件，同时依照该民族自治地方的自治条例和单行条例"。根据该条规定，行政复议机关审理案件的依据是法律、法规和规章，没有行政规范性文件。而关于行政规范性文件的地位问题，修法过程中曾有过讨论。公开资料显示，《中华人民共和国行政复议法（修订草案）》第35条第1款对行政复议审理依据作了更宽泛的规定，即"行政复议机关审理行政复议案件，依照法律、法规、规章，参照规范性文件"。在审议时，有委员提出，对于规范性文件，根据《行政复议法》的规定，其本身属于附带审查的对象，如果将其作为审理行政复议案件的依据，会产生一定的矛盾。立法者吸取了委员们的建议，最后出台的《行政复议法》第37条没有保留"参照规范性文件"这一表述。②

对于《行政复议法》第37条的理解，需要注意以下几点：一是该条中的"法律"是指全国人民代表大会及其常务委员会根据宪法，并依照立法程序制定、通过和颁布的规范性文件，法律又分为基本法律和基本法律以外的法律，法律是行政复议审理时最重要的依据，也是效力层次最高的依据。二是该条中的"法规"包括行政法规和地方性法规。行政法规，是指国务院根据宪法和法律，为领导和管理国家各项行政管理工作，依照法定程序制定的政治、经

---

① 郜风涛主编：《行政复议法教程》，中国法制出版社2011年版，第237-238页。
② 梁凤云：《行政复议法讲义》，人民法院出版社2023年版，第168页。

济、文化、外交等各类法规的总称。行政法规在位阶上低于宪法和法律，但高于地方性法规和规章。地方性法规是指省级人民代表大会及其常务委员会、设区的市人民代表大会及其常务委员会依据《宪法》和《立法法》制定的规范性文件。三是该条中的"规章"包括国务院部门制定的规章和设区的市以上地方人民政府制定的规章。四是该条中的"自治条例和单行条例"是指民族自治地方的人民代表大会依照《宪法》《民族区域自治法》或者其他法律规定的权限，结合当地的经济、社会、文化特点所制定的规范性文件。自治条例和单行条例的特点在于其可以对法律、行政法规作出变通规定。

3. 行政复议中止制度

行政复议中止是指行政复议过程中出现法定情形后，行政复议机关暂停有关行政复议案件的审理，待影响行政复议案件正常审理的情形消除后，再继续审理行政复议案件的一种制度。当行政复议遇到客观情况无法继续进行审理，暂停审理是理性的选择。修订前的《行政复议法》只是在第26条、第27条中规定了附带审查行政规范性文件时中止审理的情况[1]，显然无法涵盖所有可能阻碍行政复议继续进行的情况。因此，此次《行政复议法》修订借鉴了《行政诉讼法》专门规定中止制度的经验，通过第39条规定了行政复议中止

---

[1] 《行政复议法》（2017年修正）第26条规定："申请人在申请行政复议时，一并提出对本法第七条所列有关规定的审查申请的，行政复议机关对该规定有权处理的，应当在三十日内依法处理；无权处理的，应当在七日内按照法定程序转送有权处理的行政机关依法处理，有权处理的行政机关应当在六十日内依法处理。处理期间，中止对具体行政行为的审查。"第27条规定："行政复议机关在对被申请人作出的具体行政行为进行审查时，认为其依据不合法，本机关有权处理的，应当在三十日内依法处理；无权处理的，应当在七日内按照法定程序转送有权处理的国家机关依法处理。处理期间，中止对具体行政行为的审查。"

制度。

《行政复议法》第39条规定,"行政复议期间有下列情形之一的,行政复议中止:(一)作为申请人的公民死亡,其近亲属尚未确定是否参加行政复议;(二)作为申请人的公民丧失参加行政复议的行为能力,尚未确定法定代理人参加行政复议;(三)作为申请人的公民下落不明;(四)作为申请人的法人或者其他组织终止,尚未确定权利义务承受人;(五)申请人、被申请人因不可抗力或者其他正当理由,不能参加行政复议;(六)依照本法规定进行调解、和解,申请人和被申请人同意中止;(七)行政复议案件涉及的法律适用问题需要有权机关作出解释或者确认;(八)行政复议案件审理需要以其他案件的审理结果为依据,而其他案件尚未审结;(九)有本法第五十六条或者第五十七条规定的情形;(十)需要中止行政复议的其他情形。行政复议中止的原因消除后,应当及时恢复行政复议案件的审理。行政复议机关中止、恢复行政复议案件的审理,应当书面告知当事人"。

对于《行政复议法》第39条的规定,应当注意以下几点:一是行政复议审理过程中,只要出现了《行政复议法》第39条第1款列举的任何一种情形,行政复议机关就应当中止案件的审理。二是"行政复议案件涉及的法律适用问题需要有权机关作出解释或者确认"的情形包括两种:解释和确认。"解释",是指《立法法》规定的有权机关对法律适用问题进行解释的权力。例如,《立法法》第48条规定,法律解释权属于全国人民代表大会常务委员会。"确认",主要是指《立法法》规定的有权机关对相关事项进行裁决的权力。如法律之间对同一事项的新的一般规定与旧的特别规定不一致，不能确定如何适用时，由全国人民代表大会常务委员会裁决。①三是中止复议只是暂时停止复议审理，一旦中止原因消除，行政复议机关应当及时恢复行政复议案件的审理。四是无论是中止复议还是恢复复议，都应当书面告知当事人。五是行政复议期间，行政复议机关无正当理由中止行政复议的，上级行政机关应当责令其恢复审理；必要时，上级行政机关可以直接审理。

另外，为了防止行政复议机关随意中止案件的审理，《行政复议法》第40条规定，"行政复议期间，行政复议机关无正当理由中止行政复议的，上级行政机关应当责令其恢复审理"。根据该条规定，行政复议机关中止行政复议不符合《行政复议法》第39条规定情形的，上级行政机关可以主动或者依申请人的请求责令行政复议机关恢复审理。

4. 行政复议终止制度

行政复议终止，是指在行政复议进行过程中出现了特殊情况，导致行政复议不可能继续审理或者继续审理已经没有必要而结束行政复议程序的制度。行政复议中止和行政复议终止虽一字之差，但差距明显。行政复议中止是因为发生了客观障碍暂停复议审理，行政复议审理随时可能恢复，而行政复议终止则是因为发生了客观情况，行政复议案件不再审理，案件终结。当然，行政复议中止与终止之间存在密切联系，因客观情况中止审理的案件，之后可能转化为复议终止。修订前的《行政复议法》只在第25条规定了复议终止的情形，即行政复议决定作出前，申请人撤回行政复议申请的，行政复议终止，但这显然无法涵盖所有的复议终止的情形。为此，

---

① 梁凤云：《行政复议法讲义》，人民法院出版社2023年版，第173页。

新修订的《行政复议法》第 41 条规定了行政复议终止制度。

《行政复议法》第 41 条规定,"行政复议期间有下列情形之一的,行政复议机关决定终止行政复议:(一)申请人撤回行政复议申请,行政复议机构准予撤回;(二)作为申请人的公民死亡,没有近亲属或者其近亲属放弃行政复议权利;(三)作为申请人的法人或者其他组织终止,没有权利义务承受人或者其权利义务承受人放弃行政复议权利;(四)申请人对行政拘留或者限制人身自由的行政强制措施不服申请行政复议后,因同一违法行为涉嫌犯罪,被采取刑事强制措施;(五)依照本法第三十九条第一款第一项、第二项、第四项的规定中止行政复议满六十日,行政复议中止的原因仍未消除"。

对于本条的理解,应当注意以下几点:一是申请人撤回行政复议申请,行政复议机构准予撤回的情形。这类情形源于修订前的《行政复议法》第 25 条,申请人撤回行政复议申请,且行政复议机构准予撤回的,行政复议案件就不再存在,因而需要终结案件。需要注意,申请人撤回行政复议申请并不当然导致复议终止,因为其撤回行政复议的申请需要复议机构的同意。二是无论是作为申请人的公民死亡还是作为申请人的法人或者其他组织终止,没有或者找不到符合申请人资格的继承者,便意味着行政复议案件的申请人不适格且无法弥补,行政复议自然无法继续进行,应当终止。三是实践中,申请人的违法行为有可能先行按照行政程序处理,之后又按照刑事诉讼程序转为刑事拘留或者刑事强制措施。此时,申请人的违法行为的性质已经不再是一般违法行为,而是刑事犯罪行为。被申请的行为不再属于行政行为,从而不属于行政复议范围。此时,行政复议机关应当终结复议。因此,《行政复议法》第 41 条第 4 项规定,"申请人对行政拘留或者限制人身自由的行政强制措施不服申请行政复议后,因同一违法行为涉嫌犯罪,被采取刑事强制措施"的情形,复议终止。对于这种情形,应当注意两点:其一,本项内容仅仅限于"行政拘留"和"行政强制措施",不包括其他形式的行政处罚、行政许可等行政行为。其二,要谨防执法机关利用本条,通过变更行政拘留、行政强制措施,从而达到限制和惩罚申请人提起行政复议的目的。[①] 一旦有此种情况出现,应当认定该机关构成滥用职权,需严肃追究其法律责任。

5. 行政复议不停止执行及其例外

修订前的《行政复议法》第21条[②]规定了行政复议不停止执行及其例外制度。根据该条规定,行政行为原则上不因申请人提起行政复议而停止执行,除非出现特殊情况。之所以建立行政复议不停止执行制度,大体有两个理由:一是除无效行政行为之外,行政行为应当是推定合法有效的,而推定合法有效的行政行为具有执行力,行政复议期间,行政行为的效力并没有被否定,即行政行为的公定力和执行力仍然存在,自然没有停止执行的理由。二是如果实践中以复议停止执行为原则,则可能产生一个道德风险,即无论相对人是否真的认为行政行为违法,为了拖延行政行为的执行,其都有可能去申请行政复议,特别是对于限制人身自由类的行政行为,其可以通过行政复议拖延执行,甚至达到逃避执行的目的。这样一

---

① 梁凤云:《行政复议法讲义》,人民法院出版社2023年版,第177页。
② 《行政复议法》(2017年修正)第21条规定:"行政复议期间具体行政行为不停止执行;但是,有下列情形之一的,可以停止执行:(一)被申请人认为需要停止执行的;(二)行政复议机关认为需要停止执行的;(三)申请人申请停止执行,行政复议机关认为其要求合理,决定停止执行的;(四)法律规定停止执行的。"

来，行政复议案件将急剧增加，而且无效行政复议比例也将急剧增加。当然，复议不停止执行只是原则，假如存在特殊情况有必要停止执行的，比如，行政复议机关认为行政行为执行可能导致不可挽回的损失，那么就应当停止执行。因此，坚持复议不停止执行为原则、停止执行为例外，总体来讲是符合我国国情的制度设计。此次《行政复议法》修订在保留修订前的《行政复议法》第 21 条基本内容的基础上，对部分条款作了调整。调整后的《行政复议法》第 42 条规定，"行政复议期间行政行为不停止执行；但是有下列情形之一的，应当停止执行：（一）被申请人认为需要停止执行；（二）行政复议机关认为需要停止执行；（三）申请人、第三人申请停止执行，行政复议机关认为其要求合理，决定停止执行；（四）法律、法规、规章规定停止执行的其他情形"。

与修订前的《行政复议法》第 21 条相比，修订后的《行政复议法》主要有三个方面调整：第一，对于例外情形的表述由"可以停止执行"修改为"应当停止执行"，这意味着只要符合法定条件就必须停止执行，行政复议机关不再有裁量空间。第二，增加了第三人申请停止执行的权利。第三，将"法律规定停止执行"扩展为"法律、法规、规章规定停止执行"。根据新修订的《行政复议法》，对于停止执行的例外情形，应当注意以下几点：一是当出现《行政复议法》第 42 条列举的情形时，行政行为必须停止执行，行政复议机关和被申请人均没有裁量权。二是被申请人和行政复议机关认为需要停止执行的，法律、法规、规章规定停止执行的，必然产生停止执行的后果。三是申请人、第三人申请停止执行的，并不必然产生停止执行的后果，而是要由行政复议机关结合具体案件判断。行政复议机关一般要根据行政行为违法的程度、执行之后是否可能造成无法挽回的损失、停止执行是否会给国家利益和社会公共利益造成巨大损失等方面进行综合判断。

(二) 行政复议审理的普通程序

鉴于修订前的《行政复议法》规定的审理程序过于简单，无法充分发挥行政复议化解行政争议的主渠道作用，新修订的《行政复议法》将行政复议审理程序分为普通程序和简易程序，其中普通程序是绝大多数案件适用的程序。《行政复议法》第四章第三节规定了普通程序的各项规则，主要包括：审理前的准备、听取意见程序、听证程序和行政复议委员会制度。

1. 审理前的准备

新修订的《行政复议法》第48条规定，"行政复议机构应当自行政复议申请受理之日起七日内，将行政复议申请书副本或者行政复议申请笔录复印件发送被申请人。被申请人应当自收到行政复议申请书副本或者行政复议申请笔录复印件之日起十日内，提出书面答复，并提交作出行政行为的证据、依据和其他有关材料"。该条实际上规定的是行政复议机关适用普通程序审理案件前应当做的准备工作。具体而言，有两个方面工作要做：第一，行政复议机构应当自行政复议申请受理之日起7日内，向被申请人发送行政复议申请书副本或者行政复议申请笔录。这样做的目的是让被申请人知道自己的行政行为被申请复议了。另外，让被申请人根据行政复议申请准备相关材料。第二，被申请人自收到行政复议机构发送的材料之日起10内进行书面答复并提交作出行政行为的证据和依据。整个过程类似于行政诉讼中法院向被告送达起诉状副本，被告向法院提交答辩状并进行举证。

审理前的准备是普通程序的必经环节，无论行政复议机关选择以听取意见的方式审理案件，还是选择以听证的方式审理案件，都需要做这项工作。关于审理前的准备，有两点细节要注意：第一，被申请人书面答复和提交证据材料的期限是 10 日，其应当严格遵守，否则将承担不利后果。第二，被申请人提交的"依据"是指被申请人作出行政行为时所依据的法律、法规、规章、其他规范性文件等。

2. 听取意见程序

新修订的《行政复议法》第 49 条规定，"适用普通程序审理的行政复议案件，行政复议机构应当当面或者通过互联网、电话等方式听取当事人的意见，并将听取的意见记录在案。因当事人原因不能听取意见的，可以书面审理"。该条规定了行政复议机关适用普通程序审理案件的基本要求：以听取当事人意见方式审理为原则，以书面审理为例外。对于该条，应作如下理解：

（1）行政复议机关适用普通程序审理行政复议案件应当听取当事人的意见。这意味着"听取当事人的意见"是普通程序的核心审理方式和环节，是最为常用的审理方式。这里的当事人，包括申请人、第三人、被申请人。

（2）听取意见的方式具有多元性。为了体现高效便民原则，《行政复议法》对听取当事人意见的方式作了灵活化的规定。行政复议机构可以选择当面或者通过互联网、电话等方式听取当事人的意见。对于当面听取意见的方式，《行政复议法》没有明确规定，但从其单独设置听证程序的角度来看，当面听取意见应当也是相对灵活的。行政复议机构既可以召集申请人和被申请人同时到场，听取各方的意见和主张，也可以分别召集申请人和被申请人当场听取其意见。互联网、电话等方式，则主要适用于当事人不方便到现场向行政复议机构提出申请的情形，行政复议机构应当尊重当事人的意愿，为当事人提供互联网或者电话陈述意见、表达观点的机会。其中，互联网方式既可以利用现有的技术手段，比如腾讯会议、微信群聊等，也可以像法院一样建立专门的电子复议系统。

（3）听取意见的重点内容。关于听取意见时"听什么"的问题，《行政复议法》没有规定。根据司法部2024年4月3日印发的《行政复议普通程序听取意见办法》第4条规定，听取意见应重点关注以下几点：第一，与申请人本人行为有关的签字、录音录像、证人证言、执法笔录等证据是否真实。第二，行政行为对申请人涉案的资格资质、权利义务、行为能力等情况的认定是否准确。第三，行政行为对申请人人身权、财产权、受教育权等合法权益造成的具体损害。第四，行政行为作出过程中，申请人的知情、陈述、申辩、听证等程序性权利是否得到保障。第五，申请人在申请书等材料中所述，与被申请人证据材料反映的案件事实有矛盾的部分。第六，行政复议机构认为其他应当听取意见的。另外，申请人在申请书等材料中已对上述事项充分、完整陈述意见的，行政复议人员可以询问申请人有无其他补充意见。

（4）书面审理是听取意见程序的补充及例外。原则上，行政复议机构适用普通程序审理的案件都应当听取当事人的意见，但实践中，有些当事人可能因为特殊情况无法陈述意见或者拒不陈述意见，这时候行政复议机构可以采取书面审理的方式进行。书面审理是指只根据当事人所提交的证据、依据和其他材料进行审查的活动。作为听取意见程序的例外，只有"因当事人原因不能听取意见的"，行政复议机构才能采取书面审理的方式。根据司法部印发的

《行政复议普通程序听取意见办法》第 15 条规定，因当事人原因不能听取意见的情形主要包括：听取当事人意见时被拒绝；当事人提供的电话、即时通讯的音视频联系方式在三个以上不同工作日均无法接通，或者提供的电子邮箱、即时通讯的文字联系方式在五个工作日内均未应答；当事人未提供互联网、电话等联系方式，行政复议机构无法取得联系；当事人表示事后提供书面意见，逾期未提供等情形。当然，需要指出的是，一方当事人不陈述意见，另一方当事人愿意陈述意见的，行政复议机构仍应当听取该当事人的意见。

3. 听证程序

行政复议听证程序是与法院审理程序类似的一种行政复议审理方式，其关键作用是听取双方当事人的意见，允许当事人就案件所涉及的具体行政行为的事实、证据、依据以及程序进行陈述、举证、质证和辩论，其最终目的是帮助行政复议机关查清事实，以对案件作出正确的行政复议决定，便于行政争议的彻底解决。[①] 从域外行政复议实践来看，听证程序是最正式的程序，包含通知、发表意见、举证、质证等多个环节。[②]

修订前的《行政复议法》没有规定听证程序，但书面审理方式因缺乏透明度而被人诟病。结合行政复议实践需要，2007 年公布实施的《行政复议法实施条例》第 33 条规定，对重大、复杂的案件，申请人提出要求或者行政复议机构认为必要时，可以采取听证的方式审理。此次《行政复议法》修订引入了听证制度，并对听证的适用情形和程序规则作了规定。《行政复议法》第 50 条规定，

---

① 邰风涛主编：《行政复议法教程》，中国法制出版社 2011 年版，第 229 页。
② 梁凤云：《行政复议法讲义》，人民法院出版社 2023 年版，第 201 页。

"审理重大、疑难、复杂的行政复议案件,行政复议机构应当组织听证。行政复议机构认为有必要听证,或者申请人请求听证的,行政复议机构可以组织听证。听证由一名行政复议人员任主持人,两名以上行政复议人员任听证员,一名记录员制作听证笔录"。第51条规定,"行政复议机构组织听证的,应当于举行听证的五日前将听证的时间、地点和拟听证事项书面通知当事人。申请人无正当理由拒不参加听证的,视为放弃听证权利。被申请人的负责人应当参加听证。不能参加的,应当说明理由并委托相应的工作人员参加听证"。对于行政复议听证程序,要注意以下几点:

(1)听证的启动可以分为法定和酌定两种情形。法定情形是指法律规定的行政复议机构必须组织听证的情形。根据《行政复议法》第50条第1款规定,审理重大、疑难、复杂的行政复议案件,行政复议机构应当组织听证。关于何为重大、疑难、复杂的行政复议案件,司法部2024年4月3日印发的《行政复议普通程序听证办法》第3条做了明确列举,主要包括:第一,涉及国家利益、重大社会公共利益的。第二,涉及群体性纠纷或者社会关注度较高的。第三,涉及新业态、新领域、新类型行政争议,案情复杂的。第四,被申请人定案证据疑点较多,当事人对案件主要事实分歧较大的。第五,法律关系复杂的。除了上述五种情况外,如果申请人认为属于重大、疑难、复杂案件,提出听证申请,行政复议机构认为有必要的,可以组织听证。酌定情形是指由行政复议机构根据实际情况进行裁量以确定是否需要组织听证。酌定情形包括两类:第一类是行政复议机构认为有必要组织听证的。现实中,虽然有些案件不属于重大、疑难、复杂案件,但行政复议机构认为有必要通过听证的方式审理案件的,其可以主动启动听证程序。对于法条中

"可以"的表述，应当作两方面理解：一方面，对于这种情形，组织听证是行政复议机构的权力而不是责任；另一方面，这是对行政复议机构的授权，其可以主动组织听证，而不需要征求各方当事人的意见。关于"必要"的判断则留给行政复议机构结合具体个案进行裁量。比如，面对职业举报人或者信访类的申请人，为了让申请人对复议结果更加信服，可以主动组织听证。第二类是申请人请求听证。申请人向行政复议机构提出举行听证请求的，行政复议机构经审查，认为有必要举行听证的，也可以组织听证。从"可以"这一表述来看，申请人提出组织听证的请求并不必然启动听证程序，还需要行政复议机构进行裁量。这同样是给行政复议机构的一种授权，现实中，申请人请求听证的，行政复议机构一般也是认为有必要组织听证的，其才会组织听证。法律没有明确申请人对于何种案件可以申请听证，意味着申请人针对任何案件都可以申请听证。

（2）听证人员构成。根据《行政复议法》第50条第3款规定，听证程序中行政复议机构应当安排三类人员组织听证：主持人、听证员和记录员。主持人由一名行政复议人员担任，其类似于行政诉讼中的审判长角色，负责主持和推进听证程序的开展。听证员由两名以上行政复议人员担任，角色类似于行政诉讼中的审判员角色，负责听取各方意见并可以在必要时候询问。记录员既可以由行政复议人员担任，也可以由行政复议机构聘用的人员担任，负责对整个听证过程中各方陈述和意见作如实记录，类似于行政诉讼中的书记员角色。这里面有一个实务问题，即听证人员是否必须为单数？对此，实务界有不同的主张，有的意见认为，听证主要是为了解情况，听证人员不需要为单数，有的意见则认为，听证人员与合议庭成员相似,也要发表意见,应当坚持单数。我们认为,听证程序虽然主要是为听取意见,但因为行政复议机关要根据听证笔录作出复议决定,其必然要听取听证人员的意见,而听证人员之间也可能存在分歧,此时就需要采取多数决的方式提出多数意见。因而,听证人员构成应当为单数,即主持人和听证员应当由3名以上单数行政复议人员组成。

(3) 举行听证前的通知。《行政复议法》第51条第1款规定,"行政复议机构组织听证的,应当于举行听证的五日前将听证的时间、地点和拟听证事项书面通知当事人"。该条款规定的是行政复议机构通知当事人参加听证程序的制度。根据该条款规定,行政复议机构应当事先确定听证的时间、地点和拟听证的事项。关于举行听证的时间的确定,《行政复议法》没有规定需要跟当事人商量确定。但从高效便民的角度,建议行政复议机构能够与当事人,特别是申请人进行沟通,确定其能够参加听证的时间。因为从实践来看,行政复议机构自行确定听证时间,往往会出现申请人因特殊障碍无法参加的情况。

(4) 申请人不参加听证的法律后果。《行政复议法》第51条第2款规定,"申请人无正当理由拒不参加听证的,视为放弃听证权利"。根据该条款规定,申请人无正当理由拒不参加听证的,视为放弃听证权利,行政复议机构可以宣布终止听证程序。这里的"无正当理由"是指申请人本可以参加听证程序,但故意不参加的情况。如果申请人确因正当理由无法参加,行政复议机构应当为其延期举行听证。这里的正当理由主要是指不可抗力、罹患重大疾病、承担不可替代的工作任务等。

(5) 被申请人的负责人参加听证的义务。《行政复议法》第51

条第3款规定,"被申请人的负责人应当参加听证。不能参加的,应当说明理由并委托相应的工作人员参加听证"。该条款规定的是被申请复议的行政机关的负责人参加听证的义务。根据该条款规定,作为被申请人的负责人原则上应当参加听证程序,但如果有特殊原因不能参加的,应当向行政复议机构说明理由并委托相应的工作人员参加。这一制度实际上借鉴的是《行政诉讼法》上的行政机关负责人出庭应诉制度。《行政复议法》规定被申请人的负责人应当参加听证是基于行政部门实行首长负责制,机关负责人参加听证有助于更好地化解争议。

在具体执行该制度时,有几个具体问题亟待明确:一是被申请人的负责人的范围问题。这一点可以参考《行政诉讼法》及其司法解释的有关规定,即负责人应包括行政机关的正职、副职负责人,参与分管被申请行政行为实施工作的副职级别的负责人以及其他参与分管的负责人。二是"不能参加的"的情况包括因不可抗力、意外事件以及需要履行他人不能代替的公务等正当事由。被申请人的负责人有正当理由不能参加听证的,应当提交相关证明材料,并加盖被申请人印章或者由该被申请人的主要负责人签字认可。行政复议机构应当对被申请人的负责人不能参加听证的理由以及证明材料进行审查。三是"相应的工作人员"是指该行政机关具有国家行政编制身份的工作人员,以及依法履行公职的人员。被申请行政行为是地方人民政府作出的,地方人民政府法制工作机构的工作人员,以及被申请行政行为具体承办机关的工作人员,可以视为被申请人相应的工作人员。行政机关委托行使行政职权的组织,或者下级行政机关的工作人员,也可以视为行政机关相应的工作人员。

(6)听证会举行规则。《行政复议法》对于听证的举行并没有规定相应的具体规则,为此,司法部印发了《行政复议普通程序听证办法》,各级复议机构举行听证应当遵照执行。

4. 行政复议委员会

行政复议委员会是行政复议审理组织改革试点的产物。早在2006年12月,国务院召开全国行政复议工作座谈会,明确提出"有条件的地方和部门可以开展行政复议委员会的试点",拉开了行政复议委员会的改革序幕。根据党中央、国务院的有关部署和要求,原国务院法制办公室在充分酝酿沟通协商的基础上,于2008年8月开始在部分省、自治区、直辖市部署开展了行政复议委员会试点工作。在试点范围上,结合各地方实际,经商有关省、直辖市人民政府同意,确定北京市、黑龙江省、江苏省、山东省、河南省、广东省、海南省、贵州省8个省、直辖市为行政复议委员会试点单位,同时明确其他有条件的省、自治区、直辖市,也可以结合本地区行政复议工作的实际情况,探索开展相关工作。①

2010年10月,国务院发布《国务院关于加强法治政府建设的意见》②,提出"探索开展相对集中行政复议审理工作,进行行政复议委员会试点"。行政复议委员会试点工作取得了明显成效:在定位上,行政复议委员会分为咨询型和议决型,以咨询型为主;在职权上,大多数复议委员会只审议重大疑难复杂案件;在组成上,吸收专家学者等外部人员进入复议委员会,增强复议的中立性和专业性。行政复议委员会的建立有助于提升行政复议的公正性,提高行政复议决定的合法性、合理性,有力促进矛盾纠纷的实质性化

---

① 郜风涛主编:《行政复议法教程》,中国法制出版社2011年版,第355-358页。
② 根据《国务院关于宣布失效一批国务院文件的决定》(国发〔2016〕38号),此文件已宣布失效。

解。对于重大复杂案件，通过专家参与，还能提高复议的公信力。鉴于行政复议委员会改革取得了良好的效果，此次《行政复议法》修订在总结实践经验的基础上，规定了行政复议委员会制度。《行政复议法》第 52 条规定："县级以上各级人民政府应当建立相关政府部门、专家、学者等参与的行政复议委员会，为办理行政复议案件提供咨询意见，并就行政复议工作中的重大事项和共性问题研究提出意见。行政复议委员会的组成和开展工作的具体办法，由国务院行政复议机构制定。审理行政复议案件涉及下列情形之一的，行政复议机构应当提请行政复议委员会提出咨询意见：（一）案情重大、疑难、复杂；（二）专业性、技术性较强；（三）本法第二十四条第二款规定的行政复议案件；（四）行政复议机构认为有必要。行政复议机构应当记录行政复议委员会的咨询意见。"

本条规定的行政复议委员会制度的主要内容包括：

（1）行政复议委员会的性质。如前所述，在行政复议委员会改革试点中，各地有两种做法，一种是将行政复议委员会定位为决议机构，直接审理案件并作出相应的决定；另一种是将行政复议委员会定位为咨询机构，主要为行政复议机关提供专业咨询并不作最终决定。此次《行政复议法》修订采纳了第二种做法，即将行政复议委员会定位为咨询机构，充当行政复议机关的智囊团。当然，为了充分发挥行政复议委员会的作用，《行政复议法》第 52 条规定了应当向行政复议委员会提出咨询的事项。总体来看，行政复议委员会的角色类似于法院内部设立的审判委员会，只不过其对行政复议机关的约束尚不及审判委员会的约束力。

（2）行政复议委员会的设立、组成和职能。第一，行政复议委员会的设立。根据《行政复议法》第 52 条第 1 款规定，县级以上各级人民政府应当设立行政复议委员会。这为县级以上人民政府设立行政复议委员会设定了义务，因而各级人民政府应当积极组建行政复议委员会。另外，因为行政复议委员会是各级人民政府建立的，因而其属于人民政府的一个内设机构。当然这里有一个细节，即各部委和实行垂直管理的行政机关要不要设立行政复议委员会的问题。对此，《行政复议法》没有规定，可以推测立法者是交给各部委和实行垂直管理的行政机关自行决定。第二，行政复议委员会的组成。行政复议委员会由相关政府部门、专家、学者等组成。对于参与者的任职条件和比例，法律没有明确规定，有待司法部制定专门的工作办法。第三，行政复议委员会的职能。《行政复议法》授予行政复议委员会两个方面职能：一是案件咨询职能。行政复议委员会可以为行政复议机关审理具体案件提供专业意见。二是研究职能。行政复议委员会由专家、学者组成，具有研究能力，因而其也负责对行政复议工作中的重大事项和共性问题进行研究，并提出相应的意见和建议。

（3）应当提请行政复议委员会咨询的事项。根据《行政复议法》第52条第2款规定，对于部分行政复议案件，行政复议机构必须提请行政复议委员会提出咨询意见。这些案件包括：第一，案情重大、疑难、复杂的案件。对于案情是否重大、疑难、复杂，由行政复议机构判断，但为了标准更加具体，司法部有必要制定相应的判定规则。第二，专业性、技术性较强的案件。相对集中复议管辖权之后，上一级行政主管部门的复议管辖权被取消，统一由县级以上人民政府作为行政复议机关。这样做可以提升复议机关的权威性和独立性，但相应的专业性可能存在不足。行政管理涉及众多行业和领域，大多数涉及专业性、技术性知识，各级政府包括司法行政部门难以完全应对，因此，由相应专家组成的复议委员会恰恰弥补了行政复议机关专业方面的不足。因此，对于涉及专业性、技术性较强的行政复议案件，应当提请行政复议委员会提出咨询意见。第三，申请人对省、自治区、直辖市人民政府作出的行政行为不服的案件。之所以省、自治区、直辖市人民政府作出的行政行为被复议的案件应当提请行政复议委员会提出咨询意见，有两方面原因：一方面，按照管辖制度，针对省级政府作出的行政行为不服申请复议，由省级政府作为复议机关，实际是自己审自己，中立性不足，通过咨询行政复议委员会可以提高其复议决定的可信度。另一方面，省级政府作出的行政行为一般具有影响力大、涉及面广的特点，因而提请行政复议委员会提出咨询意见可以提高复议决定的专业性。第四，行政复议机构认为有必要提请行政复议委员会提出咨询意见的案件。前三种情况属于明确列举的应当向行政复议委员会提请咨询的情况，第四种情况可以视为兜底条款，留给行政复议机构自行判断，只要是行政复议机构拿不准的问题，其认为有必要的，都可以向行政复议委员会咨询。

（4）咨询的具体程序。对于行政复议委员会的工作规则和咨询程序，《行政复议法》并没有规定，而是授权司法部另行制定专门的办法。但有一点《行政复议法》进行了明确，即"行政复议机构应当记录行政复议委员会的咨询意见"。为了使行政复议委员会能够提出更有价值的意见，行政复议机构应当通过全面梳理案件材料、专题汇报、邀请复议委员会专家参与听证等方式，使行政复议委员会的专家能够真正了解案情，以提供更有针对性和专业性的意见。

(三) 行政复议审理的简易程序

行政复议审理的简易程序是相对于普通程序而言的，是指行政复议机关审理案件时适用的更加简便的程序。之所以要在普通程序之外设立简易程序，是因为现实中有很多案情简单或者标的额较小的案子，如果也适用普通程序审理，存在"大材小用"的问题，会耗费行政复议机关及其工作人员过多的精力。相反，对于一些简单案件适用简易程序，一方面可以提高效率，另一方面也有利于节约行政复议资源，让行政复议机关及其工作人员将更多精力放在解决疑难复杂案件上。正是基于这个考虑，新修订的《行政复议法》第四章第四节在普通程序之外规定了简易程序。对于行政复议审理的简易程序，应当把握以下几点：

1. 简易程序的适用条件和情形

简易程序是普通程序的例外，因而对于简易程序适用的案件必须通过法律明确列举。对此，《行政复议法》第 53 条作了规定，"行政复议机关审理下列行政复议案件，认为事实清楚、权利义务关系明确、争议不大的，可以适用简易程序：（一）被申请行政复议的行政行为是当场作出；（二）被申请行政复议的行政行为是警告或者通报批评；（三）案件涉及款额三千元以下；（四）属于政府信息公开案件。除前款规定以外的行政复议案件，当事人各方同意适用简易程序的，可以适用简易程序"。根据该条规定，简易程序的适用对象主要分为两大类情形：法定情形和意定情形。

（1）法定情形。法定情形是指法律明确列举的可以适用简易程序的案件类型。对于法律明确列举的情形，行政复议机关可以主动选择适用简易程序。从《行政复议法》第 53 条第 1 款来看，法定情形要同时满足两个条件：一是案件性质简单；二是属于特定类型案件。案件性质简单是指待审案件同时满足"事实清楚、权利义务关系明确、争议不大"三个条件。"事实清楚"强调行政复议机构通过已经掌握的证据材料可以判断出该案的基本事实，不需要通过听证等方式再去确认。"权利义务关系明确"是指被申请的行政行为涉及的权利义务关系主体、内容、客体等简单明了。"争议不大"强调行政复议当事人对于复议审理需要涉及的关键因素没有太大的争议。在符合案件性质的前提下，还应当属于特定的案件类型，具体是指四类行政行为：一是被申请行政复议的行政行为是当场作出；二是被申请行政复议的行政行为是警告或者通报批评；三是案件涉及款额三千元以下；四是属于政府信息公开案件。其中，对于当场作出的行政行为，现实中有几类：当场作出的处罚决定、当场采取的强制措施、当场作出的行政许可决定等。

（2）意定情形。《行政复议法》第53条第2款规定，"除前款规定以外的行政复议案件，当事人各方同意适用简易程序的，可以适用简易程序"。该条款规定的是基于双方当事人同意而适用简易程序审理案件的情况。前面提到的法定情形，行政复议机关可以主动适用简易程序，对于法定情形之外的案件，行政复议机关无权适用简易程序。但实践中，也可能存在双方当事人不愿适用普通程序，而自愿选择适用简易程序的情况。此时，应当尊重当事人的选择权，为其提供更为便捷的审理方式。对于意定情形，应当注意以下几点：第一，双方当事人同意适用简易程序的案件，不受法定情形的约束，可以适用于任何案件。第二，因意定而适用简易程序的，可以基于双方当事人的申请，也可以是行政复议机关主动释明后双方当事人选择适用简易程序，无论何种形式，必须基于双方当事人的同意，只要有一方当事人不同意适用简易程序，行政复议机关便不能适用简易程序。

2. 简易程序的具体规则

《行政复议法》第 54 条规定了简易程序的具体规则。该条文的具体内容为，"适用简易程序审理的行政复议案件，行政复议机构应当自受理行政复议申请之日起三日内，将行政复议申请书副本或者行政复议申请笔录复印件发送被申请人。被申请人应当自收到行政复议申请书副本或者行政复议申请笔录复印件之日起五日内，提出书面答复，并提交作出行政行为的证据、依据和其他有关材料。适用简易程序审理的行政复议案件，可以书面审理"。根据该条规定，相对于普通程序，简易程序的简化主要体现在两个方面：

（1）审理前的准备程序简化。根据《行政复议法》第 54 条第 1 款规定，行政复议机构应当在 3 日内向被申请人发送相关材料。而被申请人的答复和举证期限为 5 日。相比之下，普通程序的送达期限为 7 日，被申请人答复期限为 10 日。

（2）审理方式简化。根据《行政复议法》第 54 条第 2 款规定，适用简易程序审理的案件原则上可以采取书面审理的方式，也就是说，行政复议机构可以选择书面审理的方式，也可以选择听取意见的方式审理。而在普通程序中，听取意见和听证是原则，只有在因当事人原因无法听取意见时才能采用书面审理的方式审理。

3. 简易程序转普通程序

简易程序是普通程序的例外，只有符合法定条件的案件才能适用简易程序审理。实践中可能出现行政复议机关在受理时认为待审案件符合适用简易程序的条件，于是选择用简易程序审理，但在审理中发现案件复杂，并不适合用简易程序审理，此时行政复议机关应当停止简易程序审理，转为普通程序审理。简易程序的本质在于简化程序提高效率，因而对于不适合用简易程序审理的案件，用简易程序来审理对当事人是不公平的。对此，《行政复议法》第55条也做了回应。该条规定，"适用简易程序审理的行政复议案件，行政复议机构认为不宜适用简易程序的，经行政复议机构的负责人批准，可以转为普通程序审理"。实践中"不宜适用简易程序"的情形主要是指在审理过程中发现案件不符合《行政复议法》第53条规定的情形。比如，行政复议当事人变更复议请求、双方当事人对于主要事实发生巨大争议等。

五、附带审查规范性文件

附带审查规范性文件是指行政复议机关应申请人的请求，在对行政行为进行审查时，一并对行政机关作出该行政行为所依据的规范性文件的合法性进行审查并作出相应处理的一种制度。根据《立法法》的规定，规范性文件并不具有法源地位，但是其往往成为行政行为作出的依据，其合法与否直接影响行政复议机关对被复议行政行为的审查，因此有必要对其进行一并审查。基于此，修订前的《行政复议法》第7条已经引入了附带审查规范性文件的制度。[1]但鉴于修订前的《行政复议法》规定得过于原则化，新修订的《行政复议法》在第四章专设一节规定了行政复议附带审查制度。

---

[1] 《行政复议法》（2017年修正）第7条规定："公民、法人或者其他组织认为行政机关的具体行政行为所依据的下列规定不合法，在对具体行政行为申请行政复议时，可以一并向行政复议机关提出对该规定的审查申请：（一）国务院部门的规定；（二）县级以上地方各级人民政府及其工作部门的规定；（三）乡、镇人民政府的规定。前款所列规定不含国务院部、委员会规章和地方人民政府规章。规章的审查依照法律、行政法规办理。"

(一) 附带审查规范性文件的启动方式

理论上，行政复议机关启动对规范性文件附带审查的方式有两种：依申请和依职权。依申请是指依据申请人的申请一并审查规范性文件的合法性。依职权是指未经申请人申请，行政复议机关主动审查规范性文件的合法性。对于这两种启动方式，新修订的《行政复议法》均作了规定，具体体现在《行政复议法》第56条和第57条。

1. 申请人申请附带审查规范性文件的处理程序

《行政复议法》第56条规定，"申请人依照本法第十三条的规定提出对有关规范性文件的附带审查申请，行政复议机关有权处理的，应当在三十日内依法处理；无权处理的，应当在七日内转送有权处理的行政机关依法处理"。本条规定的是申请人主动请求行政复议机关审查规范性文件合法性的处理程序。对于本条，可以作如下理解：

（1）关于本条的适用情形。本条适用于《行政复议法》第13条规定的情形，即公民、法人或者其他组织认为行政机关的行政行为所依据的规范性文件不合法，在对行政行为申请行政复议时，一并向行政复议机关提出对该规范性文件的附带审查申请。换言之，只有申请人提出的附带审查申请符合《行政复议法》第13条的规定才能适用本条。根据《行政复议法》第13条规定，申请附带审查的条件有三个：第一，该规范性文件是行政机关作出被复议行政行为的依据。第二，申请人认为规范性文件不合法。第三，规范性文件仅包括国务院部门的规范性文件；县级以上地方各级人民政府及其工作部门的规范性文件；乡、镇人民政府的规范性文件；法律、法规、规章授权的组织的规范性文件。上述规范性文件不包括规章。

（2）对于申请人附带审查申请的处理。我国行政系统实行科层制的领导体制，上级有权改变和撤销下级的文件和决定，下级无权处理上级的文件和决定。行政复议实践中可能出现行政复议机关是规范性文件制定机关的下级机关的情况。比如，县政府作为行政复议机关时，申请人要求审查省政府制定的规范性文件的合法性，此时县政府显然无权处理。因此，对于附带审查的处理应当分为有权处理和无权处理两种情况，并规定不同的规则。基于此，《行政复议法》分别做了安排：首先，行政复议机关有权处理的，应当在30日内依法处理。这里的"有权处理的"规范性文件主要是指行政复议机关自己或者其下级行政机关（组织）制定的规范性文件。这里的"依法处理"是指进行合法性审查，如果发现规范性文件确实违法的，予以改变或者撤销；如果发现规范性文件合法的，将其作为行政行为合法的依据。其次，行政复议机关无权处理的，应当在7日内转送有权处理的行政机关依法处理。这里的"无权处理的"规范性文件主要是指行政复议机关的上级行政机关或者与行政复议机关没有隶属关系的行政机关制定的规范性文件。对于这类规范性文件，行政复议机关没有权力作出否定性评价，只能转送有权处理的行政机关依法处理。这里的"有权处理的行政机关"主要是指规范性文件的制定机关或者对规范性文件有监督权的机关。

2. 行政复议机关主动审查行政行为"依据"的程序

行政复议机关审查行政行为合法性的过程实际上也是法律规范的适用过程。行政复议机关将各种法律文件作为标尺衡量行政行为的合法性，这个过程中，可能发现部分法律文件本身就违法。当行政复议机关发现被复议行政行为的依据违法时，其不能置之不理，否则会产生两种情况：第一，其只能根据"依据"认定行政行为合法；第二，该"依据"将继续产生危害后果，这显然不符合法治精神。因此，《行政复议法》第57条规定，"行政复议机关在对被申请人作出的行政行为进行审查时，认为其依据不合法，本机关有权处理的，应当在三十日内依法处理；无权处理的，应当在七日内转送有权处理的国家机关依法处理"。对于本条规定的理解适用，应当注意以下几点：

（1）本条的适用情形。与《行政复议法》第56条规定的审查对象仅限于规章以外的规范性文件不同，本条使用的术语为"依据"。从行政管理实践来看，行政行为的"依据"包括但不限于法律、法规、规章和行政规范性文件等，因此，对于上述文件，行政复议机关均可以主动进行审查。

（2）不合法"依据"的发现。行政复议机关对于"不合法"依据的发现有几种途径：一是审理案件时，主动对作出行政行为的"依据"是否合法进行研判。二是申请人在审理过程中提出"依据"不合法的主张。虽然申请人只能针对规章以外的规范性文件申请附带审查，但对于其他法律文件，其也有权主张其不合法。三是行政复议委员会发现"依据"不合法后告知行政复议机关。

（3）"不合法依据"的处理。与《行政复议法》第56条规定的处理规则一样，如发现"依据"不合法，行政复议机关有权处理的，应当在30日内依法处理；无权处理的，7日内转送有权处理的国家机关依法处理。

（二）行政复议机关审查和处理的程序

《行政复议法》第56条和第57条均规定，行政复议机关有权处理的，应当在30日内作出处理，但没有规定如何进行处理。为此，《行政复议法》第58条和第59条作了补充规定。

1. 行政复议机构的通知义务

《行政复议法》第58条第1款规定，"行政复议机关依照本法第五十六条、第五十七条的规定有权处理有关规范性文件或者依据的，行政复议机构应当自行政复议中止之日起三日内，书面通知规范性文件或者依据的制定机关就相关条款的合法性提出书面答复……"对于该条款，要注意以下几点：

第一，本条适用于行政复议机关有权处理的情形，即该规范性文件或者"依据"是行政复议机关自己制定或者其下级行政机关制定的。第二，由行政复议机构履行通知义务，而不是行政复议机关。之所以没有规定由行政复议机关来通知，是因为行政复议机构是案件的具体承担者，其更了解案件情况，而且通知是行政系统内部的通知，不需要以行政复议机关名义作出。第三，行政复议机构发现规范性文件或者"依据"违法的，应当中止案件审理，并在3日内书面通知制定机关提出书面答复。第四，行政复议机构只能要求制定机关就相关条款的合法性作出答复，不能针对其他事项。

2. 制定机关的答复义务

规范性文件或者"依据"的制定机关在接到行政复议机构的通知后，应当及时核查并按时作出答复。《行政复议法》第58条第1款规定，"制定机关应当自收到书面通知之日起十日内提交书面答复及相关材料"。根据该条规定，制定机关的答复义务如下：第一，制定机关应当自收到书面通知之日起 10 日内答复。第二，制定机关应当对自己制定的被认为违法的规范性文件或"依据"的合法性进行自查，并根据审查结果出具书面答复。第三，除了书面答复外，制定机关还可以提交一些能够佐证规范性文件或"依据"合法的材料，比如立法背景资料。

3. 当面说明理由制度

《行政复议法》第 58 条第 2 款规定，"行政复议机构认为必要时，可以要求规范性文件或者依据的制定机关当面说明理由，制定机关应当配合"。一般情况下，制定机关根据行政复议机构的要求对规范性文件或"依据"的合法性以及如何处理的情况作出书面答复即可。但也可能出现制定机关书面答复内容不明确或者有些内容不适合书面说明的情况等，此时当面陈述更合适，因此，《行政复议法》规定，行政复议机构认为必要时，可以要求制定机关当面说明理由。这里的当面说明理由，就是制定机关指派专门人员到行政复议机构处，向负责审查的行政复议人员当面陈述理由，并接受行政复议人员的问询。至于当面说明理由的时间，法律没有明确规定，留给行政复议机构灵活掌握。具体来讲，行政复议机构可以要求制定机关在听证时说明理由，也可以要求其在指定时间单独到行政复议机构处说明理由。

4. 附带审查后的处理

《行政复议法》第 59 条规定，"行政复议机关依照本法第五十六条、第五十七条的规定有权处理有关规范性文件或者依据，认为相关条款合法的，在行政复议决定书中一并告知；认为相关条款超越权限或者违反上位法的，决定停止该条款的执行，并责令制定机关予以纠正"。该条规定的是行政复议机关对于有权处理的规范性文件或者"依据"进行审查后，根据审查结果作出相应安排的制度。具体分为两种情况：一是行政复议机关认为相关条款合法的，在行政复议决定书中一并告知。无论是基于申请人的申请而启动的审查，还是行政复议机关主动进行的审查，只要启动了相应的审查程序，行政复议机关均应当在复议决定书中一并告知审查的结果，以增强申请人对复议结果的可接受性。二是行政复议机关认为相关条款超越权限或者违反上位法的，应当作出停止执行该条款的决定，并责令制定机关予以纠正。具体来说，行政复议机关有权处理的规范性文件或者"依据"存在违法的情况时，行政复议机关应当履行两项职责：第一，直接宣布停止执行该条款，这里的宣布停止执行有至少两个效果：其一，该条款在行政复议机关审理的案件中不再作为依据；其二，相关部门不得再依据该条款进行执法。第二，责令制定机关予以纠正，是指责令制定机关对违法的规范性文件或者依据进行修改或者废止。

(三) 接受转送机关的处理义务

如前所述，行政复议机关对于无权处理的规范性文件或者"依据"要转送有权处理的行政机关或者国家机关处理，这些机关我们统称"接受转送机关"。修订前的《行政复议法》第 26 条①和第 27

---

① 《行政复议法》(2017 年修正) 第 26 条规定："申请人在申请行政复议时，一并提出对本法第七条所列有关规定的审查申请的，行政复议机关对该规定有权处理的，应当在三十日内依法处理；无权处理的，应当在七日内按照法定程序转送有权处理的行政机关依法处理，有权处理的行政机关应当在六十日内依法处理。处理期间，中止对具体行政行为的审查。"

条①分别规定了向行政机关转送和向国家机关转送的制度，但对行政机关和国家机关的要求是不一样的。接受转送的行政机关应当在60日内依法处理，而对于其他国家机关，则没有规定具体的处理时间。这一差别是考虑到其他国家机关工作的复杂性。但正因为没有规定国家机关处理的时间，其可能不会及时作出处理，结果导致影响行政复议工作的效率。为了解决这个问题，此次《行政复议法》修订，对接受转送的行政机关和国家机关的处理义务作了统一规定。《行政复议法》第60条规定，"依照本法第五十六条、第五十七条的规定接受转送的行政机关、国家机关应当自收到转送之日起六十日内，将处理意见回复转送的行政复议机关"。对于这一条，应当注意以下几点：

第一，本条规定的义务主体既包括行政机关，也包括其他国家机关，比如地方人大、上级人民政府和部委等。第二，接受转送的行政机关和国家机关，应当自收到转送之日起60日内回复行政复议机关。第三，接受转送的行政机关和国家机关应当将处理意见回复转送的行政复议机关。这里的"处理意见"要包含对规范性文件是否违法的确认，如果违法的，要一并附加是否停止适用或者修改的意见。

六、行政复议与行政诉讼的衔接

行政复议和行政诉讼都是重要的行政救济机制，二者各有特

---

① 《行政复议法》（2017年修正）第27条规定："行政复议机关在对被申请人作出的具体行政行为进行审查时，认为其依据不合法，本机关有权处理的，应当在三十日内依法处理；无权处理的，应当在七日内按照法定程序转送有权处理的国家机关依法处理。处理期间，中止对具体行政行为的审查。"

点、互有优势,二者的有效衔接可以更好地发挥各自优势,更加充分地保护人民群众的合法权益。修订前的《行政复议法》便非常重视行政复议与行政诉讼的衔接问题,确立了以"尊重当事人选择权"为原则、"复议前置和复议终局为例外"的行政复议与行政诉讼的关系模式。此次《行政复议法》修订在保留这一基本模式的基础上,对二者的关系作了适度优化。

(一)当事人选择主义

在行政复议与行政诉讼程序衔接问题上存在两个理论:一是前置主义,即行政复议作为行政诉讼的先行程序,当事人对行政行为不服时,必须先提起行政复议,对行政复议决定不服再提起行政诉讼。二是选择主义,即当事人可在行政复议与行政诉讼两者中自由选择其救济途径。① 我国在制定《行政复议法》之初选择了当事人选择主义,尊重当事人的选择权。此次《行政复议法》修订仍然坚持了当事人选择主义为主的原则。这一点,《行政诉讼法》第44条规定得最清楚,根据该条规定,行政相对人或者利害关系人对行政行为不服的,其既可以先向行政机关申请行政复议,对复议决定不服,再向法院提起行政诉讼;也可以直接向法院提起行政诉讼,除非法律、法规明确规定应当先向行政机关申请复议。②

修订前的《行政复议法》第5条规定,"公民、法人或者其他

---

① 郜风涛主编:《行政复议法教程》,中国法制出版社2011年版,第372页。
② 《行政诉讼法》第44条规定:"对属于人民法院受案范围的行政案件,公民、法人或其他组织可以先向行政机关申请复议,对复议决定不服的,再向人民法院提起诉讼;也可以直接向人民法院提起诉讼。法律、法规规定应当先向行政机关申请复议,对复议决定不服再向人民法院提起诉讼的,依照法律、法规的规定。"

组织对行政复议决定不服的，可以依照行政诉讼法的规定向人民法院提起行政诉讼，但是法律规定行政复议决定为最终裁决的除外"。该条规定的是经过复议的案件，公民、法人或者其他组织提起行政诉讼的权利，回应的是《行政诉讼法》第44条规定的前一种情况。因而该条可以视为对当事人选择主义的延续。

此次《行政复议法》修订，对于这一条款，在内容上基本上没作变动，主要是将条文序号调整为第10条。修改后的《行政复议法》第10条具体内容为，"公民、法人或者其他组织对行政复议决定不服的，可以依照《中华人民共和国行政诉讼法》的规定向人民法院提起行政诉讼，但是法律规定行政复议决定为最终裁决的除外"。对于这一条，我们可以作如下理解：

第一，本条规定的是申请人先向行政复议机关申请行政复议的情形。根据本条的规定，如果公民、法人或者其他组织向行政复议机关申请了行政复议，行政复议机关作出复议决定后，其对行政复议决定不服的，便可以提起行政诉讼。在这种情况下，行政复议和行政诉讼是递进关系，与《行政诉讼法》第44条规定的内容基本相似。第二，行政复议后申请人可以提起行政诉讼是原则但也有例外。根据本条的规定，在绝大多数情况下，公民、法人或者其他组织可以对行政复议决定提起行政诉讼，但法律规定行政复议决定为最终裁决的便不可以再起诉。第三，仅有法律可以规定一项复议决定为最终裁决，法规和规章均无权作出类似的规定。

（二）复议前置

复议前置是指行政复议作为行政诉讼的先行程序，当事人对行政主体作出的行政行为不服的，必须先申请行政复议，对行政复议决定不服的才能提起行政诉讼的一种制度。建立复议前置制度的法理基础是"穷尽行政救济原则",即强调行政系统内部的救济优先。复议前置有助于发挥行政机关专业性优势,为行政机关提供自我纠错机会并减少法院的负担。因此,修订前的《行政复议法》第16条也原则上承认行政复议前置制度的存在,并且在《行政复议法》第30条①列举了一类复议前置的情况,即对自然资源确权案件不服的,应当先申请复议。总体来看,修订前的《行政复议法》对于复议前置的态度是保守的,只是原则上承认,具体的前置情形则交给其他法律、法规来规定。这样做有利于充分保护申请人的选择权,但也有局限性,那就是行政复议的作用无法充分发挥出来。在此次《行政复议法》修订过程中,很多学者提出应扩大复议前置的范围,以更好地发挥行政复议化解行政争议的主渠道作用。基于此,新修订的《行政复议法》第23条采用明确列举的方式,扩大了行政复议前置的范围。

《行政复议法》第23条规定,"有下列情形之一的,申请人应当先向行政复议机关申请行政复议,对行政复议决定不服的,可以再依法向人民法院提起行政诉讼:(一)对当场作出的行政处罚决定不服;(二)对行政机关作出的侵犯其已经依法取得的自然资源的所有权或者使用权的决定不服;(三)认为行政机关存在本法第十一条规定的未履行法定职责情形;(四)申请政府信息公开,行政机关不予公开;(五)法律、行政法规规定应当先向行政复议机关

---

① 《行政复议法》(2017年修正)第30条第1款规定:"公民、法人或其他组织认为行政机关的具体行政行为侵犯其已经依法取得的土地、矿藏、水流、森林、山岭、草原、荒地、滩涂、海域等自然资源的所有权或者使用权的,应当先申请行政复议;对行政复议决定不服的,可以依法向人民法院提起行政诉讼。"

申请行政复议的其他情形。对前款规定的情形，行政机关在作出行政行为时应当告知公民、法人或者其他组织先向行政复议机关申请行政复议"。该条确立了复议前置的范围以及行政机关的告知义务。

1. 复议前置的范围

新修订的《行政复议法》第23条第1款通过正面列举的方式规定了复议前置的范围，包括以下情形：一是对当场作出的行政处罚决定不服。比如，《行政处罚法》第51条规定，"违法事实确凿并有法定依据，对公民处以二百元以下、对法人或者其他组织处以三千元以下罚款或者警告的行政处罚的，可以当场作出行政处罚决定"。二是对行政机关作出的侵犯其已经依法取得的自然资源的所有权或者使用权的决定不服。根据《最高人民法院行政审判庭关于行政机关颁发自然资源所有权或者使用权证的行为是否属于确认行政行为问题的答复》可知，"确认"是指当事人对自然资源的权属发生争议后，行政机关对争议的自然资源的所有权或者使用权所作的确权决定。有关土地等自然资源所有权或者使用权的初始登记，属于行政许可性质，不应包括在行政确认范畴之内。① 三是认为行政机关存在未履行法定职责的情形。关于"未履行"应采取广义理解，无论是拒绝履行、不依法履行还是不完全履行等都视为未履行。关于"法定职责"，应理解为法律、法规、规章授予的职责，也包括行政机关的行政允诺。四是申请政府信息公开，行政机关不予公开。这里的"不予公开"主要包括告知信息不存在、告知不属于本机关职责、告知不予重复处理、部分不公开等。五是法律、行政法规规定应当先向行政复议机关申请行政复议的其他情形。这一

---

① 梁凤云：《行政复议法讲义》，人民法院出版社2023年版，第122页。

点需要法律、行政法规明确列举。比如,《税收征收管理法》第 88 条第 1 款规定,"纳税人、扣缴义务人、纳税担保人同税务机关在纳税上发生争议时,必须先依照税务机关的纳税决定缴纳或者解缴税款及滞纳金或者提供相应的担保,然后可以依法申请行政复议;对行政复议决定不服的,可以依法向人民法院起诉"。

2. 复议前置的告知义务

新修订的《行政复议法》第 23 条第 2 款规定了作出行政行为的行政机关告知相对人该行为属于行政复议前置情形的义务。之所以设定这样一个义务,是因为行政复议前置在我国还属于特殊情形,相对人未必了解。要求行政机关主动告知相对人复议前置情形,体现了高效便民原则,以免相对人在不知道复议前置的情况下,直接提起行政诉讼被法院拒绝的尴尬。一般而言,按照相关法律规定,行政机关在作出行政行为的同时,要告知相对人寻求救济的权利、方式和期限。基于新修订的《行政复议法》,未来行政机关在告知相对人救济权利的同时应当告知复议前置的情况。当然,法律没有规定行政机关不履行告知义务的后果。我们认为,行政机关不履行告知义务并不意味着相对人就可以突破复议前置制度,但是行政复议机关或者法院在未来审查时,如发现存在这种情况,应当责令其纠正自己的违法行为。

(三) 复议终局

复议终局,是指行政复议机关作出的行政复议决定具有最终的法律效力,申请人对行政复议决定不服,也不得提起行政诉讼。复议终局是相对于当事人选择主义的第二个例外,也是对司法终局原则的突破。之所以规定复议终局制度,主要是基于某些行政复议机关地位具有特殊性或者某些复议案件具有高度专业性和敏感性。修订前的《行政复议法》第 5 条、第 14 条和第 30 条都规定了复议终局制度。其中，第 5 条原则上确认了复议终局制度的存在，第 14 条规定的是国务院复议终局裁决，第 30 条规定的是省级政府对自然资源权属争议的终局裁决。此次《行政复议法》修订保留了复议终局制度，但对于行政复议终局的类型作了缩减。

1. 复议终局作为例外情形

新修订的《行政复议法》第 10 条规定，"公民、法人或者其他组织对行政复议决定不服的，可以依照《中华人民共和国行政诉讼法》的规定向人民法院提起行政诉讼，但是法律规定行政复议决定为最终裁决的除外"。该条的"但书"部分确认复议终局是司法终局原则的例外。原则上，公民、法人或者其他组织对行政复议决定不服的都可以提起行政诉讼，通过行政诉讼最终解决行政争议。只有法律规定行政复议决定为终局裁决时，公民、法人或者其他组织才不能提起行政诉讼。

2. 复议终局的具体形式

根据《行政复议法》第 10 条、第 26 条的规定，复议终局主要有两种情形：一是《行政复议法》明确列举的终局裁决的情形。新修订的《行政复议法》删除了修订前的《行政复议法》第 30 条规定的复议终局的情形，因而该法目前只规定了一种情形，体现在《行政复议法》第 26 条规定中，即公民、法人或者其他组织对省、自治区、直辖市人民政府、国务院部门针对自己作出的行政行为被复议的情形作出的行政复议决定不服的，可以向人民法院提起行政诉讼；也可以向国务院申请裁决，国务院作出的是最终裁决。二是其他法律规定的情形。比如，《出境入境管理法》第 64 条第 1 款规定:"外国人对依照本法规定对其实施的继续盘问、拘留审查、限制活动范围、遣送出境措施不服的,可以依法申请行政复议,该行政复议决定为最终决定。"

(四)禁止复议与诉讼同时进行原则

行政复议和行政诉讼均属于行政救济方式,均可以作出具有法律约束力的决定,因而不允许相对人同时申请行政复议和行政诉讼,也不支持行政复议机关和法院同时审理一个行政争议。因为如果允许两种救济方式同时进行,一方面会造成救济资源的浪费,另一方面也可能出现两种救济方式作出的裁判相互矛盾的情况,影响行政救济的权威性。基于此,修订前的《行政复议法》第16条便规定,"公民、法人或者其他组织申请行政复议,行政复议机关已经依法受理的,或者法律、法规规定应当先向行政复议机关申请行政复议、对行政复议决定不服再向人民法院提起行政诉讼的,在法定行政复议期限内不得向人民法院提起行政诉讼。公民、法人或者其他组织向人民法院提起行政诉讼,人民法院已经依法受理的,不得申请行政复议"。本条规定实际上确认了行政复议和行政诉讼不得同时进行的原则。

此次《行政复议法》修订对修订前的《行政复议法》第16条做了简化,删除了复议前置的情形。新修订的《行政复议法》第29条规定,"公民、法人或者其他组织申请行政复议,行政复议机关已经依法受理的,在行政复议期间不得向人民法院提起行政诉讼。公民、法人或者其他组织向人民法院提起行政诉讼,人民法院已经依法受理的,不得申请行政复议"。对于这一条,要注意以下几点:

1. 行政复议期间排斥行政诉讼

根据《行政复议法》第 29 条第 1 款的规定，如果行政复议机关已经依法受理案件，公民、法人或者其他组织在行政复议期间不得提起行政诉讼。这里有几点要注意：第一，已经依法受理案件是指行政复议机关按照《行政复议法》第 30 条规定的受理条件进行的受理，既包括明确受理，也包括视为受理。第二，行政复议期间指的是行政复议机关受理案件之日到作出复议决定之日，或者受理案件之日到复议审理期限届满之日。按照《行政复议法》规定，行政复议机关适用普通程序审理案件应当在 60 日内作出复议决定，如果复议机关超期不予答复的，申请人可以针对复议不作为起诉。第三，原则上申请人以外的人也不得针对被复议的行政行为提起行政诉讼。现实中，可能存在与行政行为有利害关系的第三人，他们没有申请复议所以不是复议的申请人，但是为了防止行政复议和行政诉讼发生冲突，也不应允许他们起诉，他们亦应该在行政复议之后提起行政诉讼。

2. 行政诉讼审理期间排斥行政复议

根据《行政复议法》第 29 条第 2 款的规定，对于人民法院已经依法受理的案件，公民、法人或者其他组织不得申请行政复议。对于这一条款有几点需要注意：第一，人民法院受理案件后不得申请行政复议，既包括不得在审理期间申请行政复议，也包括法院作出实体性判决后不得再申请行政复议，要坚持司法终局原则。第二，如果原告撤回起诉、案件被按撤诉处理或者被裁定驳回起诉的，相当于没有参与过行政诉讼，应当允许其申请行政复议。

第九章　行政复议证据

行政复议案件的审理必须"以事实为依据,以法律为准绳",重证据、重事实、重依据、重当事人的参与,方能实现行政复议案件的公正审理,赢得当事人的信任。新修订的《行政复议法》第四章专设"行政复议证据"一节,详细规定了行政复议证据的种类,行政复议举证责任分担,行政复议机关、被申请人、申请人、第三人证据相关的权利义务等内容。

一、行政复议证据概述

(一) 证据的概念和特征

证据是行政复议机关认定案件事实的根据,也是行政复议机关正确审理案件的基础。证据问题已经成为有效化解行政纠纷的一个核心问题。[1] 行政复议机关审理案件应当坚持"证据裁判"原则,复议的过程就是运用证据查明案件事实的过程,没有证据就没有复议的公正。

证据有以下三个基本特征:一是客观性,指证据是否能够客观反映案件事实真相的属性。证据的客观性是证据的本质要求,任何

---

[1] 黄学贤:《行政诉讼中法院依职权调查取证制度之完善》,载《苏州大学学报(哲学社会科学版)》2012年第1期。

推测、假设、想象,都不能作为认定案件事实的依据。二是关联性,指证据必须与待证事实有内在联系。证据应当能直接或间接证明案件事实形成的条件、发生的原因和相应的后果。三是合法性,指证据主体、证据形式、证据取得方法、运用证据的程序等符合法律的规定。

（二）行政复议证据资格

行政复议证据的证据资格是指在行政复议中,哪些材料可以作为证据使用。[1] 在宏观层面,只有具备真实性、合法性和关联性的证据才能作为认定案件事实的证据。在微观层面,只有属于法定证据种类的材料才能作为证据使用。

证明过程是在行政复议活动中,行政复议机关依照法定程序,运用一定的证据规则审核证据进而认定特定案件事实的过程。[2] 当事人提出的证据并不可以直接作为认定案件事实的证据,必须经法定的程序查证属实。一般包括证据的提供、调取和保全、质证、审核认定等程序。证据应当当场出示并由当事人互相质证。当事人应当围绕证据的关联性、合法性和真实性,针对证据有无证明效力以及证明效力的大小进行质证。行政复议机关应当按照法定程序,全面、客观地审查核实证据。行政复议机关对经过质证的证据和无须质证的证据进行逐一审查,并对全部证据进行综合审查,遵循法官职业道德,运用逻辑推理和生活经验进行分析判断,确定证据与案

---

[1] 冯俊伟:《行政复议证据立法的地方经验——以 23 个省、市的立法为分析样本》,载《山东社会科学》2014 年第 8 期。

[2] 莫于川、王宇飞、雷振:《我国行政复议证据制度的突出问题与完善路径》,载《行政法学研究》2012 年第 2 期。

件事实之间的证明关系,排除不具有关联性的证据,准确认定案件事实。经行政复议机构审查属实的证据才能作为认定案件事实的根据;未经审查属实的,不能作为认定案件事实的根据。

(三) 行政复议证明标准

证明标准是指承担证明责任的一方证明到何种程度,方卸除证明负担。① 新修订的《行政复议法》确立了"证据确凿"的标准,只有行政行为证据确凿,行政复议机关才有可能作出维持该行政行为的决定。如果行政行为证据不足,行政复议机关可以决定撤销或者部分撤销该行政行为,并可以责令被申请人在一定期限内重新作出行政行为;如果行政行为依法应予撤销,但是撤销会给国家利益、社会公共利益造成重大损害,行政复议机关可以不撤销该行政行为,只确认该行政行为违法;行政复议机关查清事实和证据后,也可以决定变更该行政行为。

二、行政复议证据种类

根据新修订的《行政复议法》第43条第1款,行政复议证据包括:(一)书证;(二)物证;(三)视听资料;(四)电子数据;(五)证人证言;(六)当事人的陈述;(七)鉴定意见;(八)勘验笔录、现场笔录。

新修订的《行政复议法》采用列举式规定的方法,明确行政复议证据包含八类:

---

① 冯俊伟:《行政复议证据立法的地方经验——以23个省、市的立法为分析样本》,载《山东社会科学》2014年第8期。

(一) 书证

书证指以文字、符号所记录或表达思想内容，证明案件事实的文书。如营业执照、罚款单据、档案、图标等，是最为常见的一种证据。

(二) 物证

物证指用外形、特征、质量等说明案件事实的部分或全部物品。物证是独立于人们主观意志以外的客观事物，具有较强的客观性、特定性和不可替代性。

物证和书证的区别在于，书证以其内容证明案件事实，物证则以其物质属性和外观特征证明案件事实。有时，同一个物体可以既是物证也是书证。

(三) 视听资料

视听资料指用录音、录像等科学技术手段记录下来的有关案件的事实和材料。如录音机录制的当事人的谈话、摄像机拍摄的当事人的形象及其活动等。

向行政复议机关提供的视听资料应是原始载体，提供原始载体有困难的，可以提供复印件。视听资料应注明制作方法、制作时间、制作人和证明对象等。其中，声音资料应当附有该声音内容的文字记录。行政复议机关对视听资料应当辨别真伪，并结合其他证据审查确定其能否作为认定事实的根据。

(四) 电子数据

电子数据指以数字化形式存储、处理、传输的数据,具有以下四个特点:

一是复合性。随着网络技术尤其是多媒体技术的出现,电子数据不再局限于单一方式,而是综合了文字、图形、图像、动画、音频、视频等各种多媒体信息,几乎涵盖了所有传统证据的类型。

二是高科技性。电子数据是现代电子信息化产业高速发展的产物,其载体是计算机和互联网等高科技设备。随着计算机和互联网技术的不断发展,电子数据对科学技术的依赖越来越强,并不断更新变化。

三是脆弱性。一方面,电子数据本身具有易受损性。操作人员的误操作或者供电系统、通信网络故障等环境和技术方面的原因都可能造成数据的不完整,甚至收集电子数据的过程也可能对原始数据造成严重的修改或删除,且难以恢复。另一方面,电子数据存储在特殊介质上,存储的数据内容易被删除、修正、复制,且不易留下痕迹,更不易被发现,即使被发现,在鉴定上也较为困难。

四是隐蔽性。与传统的纸质信息相比,电子数据赖以存在的信息符号不易被直接识别,它以一系列电磁、光电信号的形式存在于光盘、磁盘等介质上,必须借助适当的工具才能阅读。而且作为证据的电子数据往往与正常的电子数据混杂在一起,要从海量的电子数据中甄别出与案件有关联的电子数据,难度较大。

(五) 证人证言

证人证言指证人以口头或书面方式向行政复议机关所作的对案

件事实的陈述。证人是指直接或间接了解案件情况的单位或个人，不能正确表达意思的人不能作证。行政复议机关认定证人证言时，可以通过对证人的智力状况、知识、经验和专业技能等进行综合分析，并作出判断。

（六）当事人的陈述

当事人的陈述指当事人就自己所经历的案件事实，向行政复议机关所作的叙述、承认和陈词。当事人是行政法律关系的参与者，其陈述往往限于对自己有利的部分，对案件事实可能有所隐瞒、删减甚至歪曲，因而具有主观性、片面性和情绪性等特点。行政复议机关对当事人的陈述不能偏听偏信，必须结合案件的其他证据，审查确定其能否作为认定案件事实的证据。

（七）鉴定意见

鉴定意见指鉴定机构或行政复议机关指定具有专门知识或技能的人，对行政复议案件中出现的专门性问题，通过分析、检验、鉴别等方式作出的书面意见。行政案件涉及许多专业技术领域，因而鉴定意见是行政复议中运用非常广泛的一种证据。常见的鉴定意见有医疗事故鉴定、产品质量鉴定、药品质量鉴定等。

鉴定意见不同于鉴定结论，前者表达的只是鉴定人个人的意见，后者则往往被看作证明某个事实的、具有权威性的证据，是一个不容置疑的证据。行政复议人员应当结合案件的全部证据综合审查判断，而不是被动地将"结论"作为定案依据。

(八) 勘验笔录、现场笔录

勘验笔录是指行政复议机关对能够证明案件事实的现场，或不能、不便拿到行政复议机关的物证就地进行分析、检验、勘查后作出的记录。现场笔录是指行政机关当场处理行政违法行为时制作的文字记载材料。行政执法经常需要制作现场笔录，旨在即时取得证据，并防止行政相对人事后翻供。《行政强制法》第18条规定，行政机关实施行政强制措施应当制作现场笔录；现场笔录由当事人和行政执法人员签名或者盖章，当事人拒绝的，在笔录中予以注明；当事人不到场的，邀请见证人到场，由见证人和行政执法人员在现场笔录上签名或者盖章。与勘验笔录相比，现场笔录着重对执法过程和处理结果的记录，勘验笔录则是对案件现场或静态物品全面综合的勘查、检验记录，往往具有滞后性。

现场笔录具有以下五个特征：一是由法定的制作主体制作。其制作主体必须是行政执法人员，任何其他单位和个人都不能越俎代庖。二是制作时间是在行政案件的发生过程中。三是制作地点是在行政案件的发生现场。四是其制作应当符合程序。现场笔录应当载明时间、地点和事件等内容，并由执法人员和当事人签名。五是现场笔录的内容是行政执法人员对自己耳闻目睹、检验、检查等案件事实的记载。

三、行政复议举证责任

举证责任是指当事人根据法律规定对特定事实提供相关证据加

以证明的责任。① 新修订的《行政复议法》确立了被申请人承担举证责任的举证规则，被申请人须在行政复议机关要求的时限内提供作出行政行为的事实和法律依据，以证明其作出的行政行为具备合法性和适当性。逾期不提供的，被申请人将面临行政行为被撤销、被确认违法等不利后果。与此同时，申请人有时也要承担一定的证明义务。

（一）被申请人承担举证责任原则

根据新修订的《行政复议法》第44条第1款，被申请人对其作出的行政行为的合法性、适当性负有举证责任。被申请人对其作出的行政行为负举证责任是行政复议举证责任分配的基本原则，这一点与行政诉讼过程中被告承担举证责任的原则一致。《行政诉讼法》第34条规定，被告对作出的行政行为负有举证责任，应当提供作出该行政行为的证据和所依据的规范性文件。被告不提供或者无正当理由逾期提供证据，视为没有相应证据。因此，行政复议举证责任区别于民事领域，后者"谁主张，谁举证"，前者则实行举证责任倒置。②

新修订的《行政复议法》之所以确立被申请人对行政行为负举证责任原则，主要是基于以下考虑：第一，贯彻公平原则。被申请人在行政管理活动中处于支配者的地位，其实施行政行为一般无须征得公民、法人或其他组织的同意；申请人在行政管理活动中处于被支配者的地位，相对而言是弱者。在举证责任分配的制度设计

---

① 参见肖晗：《我国行政复议举证责任的特征》，载《行政与法》2000年第4期。
② 参见杨建顺：《行政规制与权利保障》，中国人民大学出版社2007年版，第570页。

上，要求被申请人比申请人承担更大的举证责任，有利于保护申请人一方的利益，贯彻法律地位平等的原则，保证行政复议机关作出公正裁判。第二，当事人举证能力的差异性。在行政程序中，行政机关可以依职权调查、收集证据。如《行政处罚法》第54条规定，除《行政处罚法》第51条规定的可以当场作出的行政处罚外，行政机关发现公民、法人或者其他组织有依法应当给予行政处罚的行为的，必须全面、客观、公正地调查，收集有关证据；必要时，依照法律、法规的规定，可以进行检查。行政机关代表国家实施行政行为，具有国家强制力的保障以及国家财政的支持，在收集掌握证据方面具有显著优势。而申请人在行政法律关系中始终处于弱势地位，取证手段有限，取证较为困难。由被申请人承担举证责任既符合行政执法的一般规律，也有利于平衡申请人和被申请人在举证能力上的差异。第三，有利于促使行政机关依法行政，防止行政机关滥用职权。行政复议中让被申请人承担更多的举证责任，也是对行政机关的执法行为提出更高要求，促使行政机关在作出行政行为时充分收集证据、了解事实，减少违法行政。

被申请人承担举证责任意味着，被申请人应当主动提供证据，并在举证期限内提供证据。举证期限是指负有举证责任的当事人应当在法律规定的期限内向人民法院提供证明其主张的相应证据，逾期不提供证据的，行政复议机关不予采纳。新修订的《行政复议法》第48条规定，被申请人应当自收到行政复议申请书副本或者行政复议申请笔录复印件之日起十日内，提出书面答复，并提交作出行政行为的证据、依据和其他有关材料。该条规定的"十日"，即是对举证期限的规定。

被申请人的举证对象指向其作出的行政行为，其既要证明行政行为的合法性,也要证明行政行为的适当性,尤其不能忽视适当性。这也是由复议机关的审查范围所决定的,复议机关既有权审查行政行为是否合法,也有权审查行政行为是否适当。① 这一点区别于行政诉讼,行政诉讼的证明要求集中在被诉行政行为的合法性上;也不同于民事诉讼,民事诉讼的证明要求侧重原被告双方当事人主张的合法性。②

被申请人承担举证责任还意味着,如果被申请人不提供证据或无正当理由逾期提供证据,致使行政复议机关无法查证属实,其将承担不利后果:一则被申请人作出的行政行为将被视为没有证据,二则行政复议机关可以撤销、变更该行政行为或者确认该行政行为违法。新修订的《行政复议法》第64条即规定,行政行为证据不足的,行政复议机关决定撤销或者部分撤销该行政行为,并可以责令被申请人在一定期限内重新作出行政行为。

(二) 申请人提供证据的责任

在被申请人承担举证责任之外,申请人在特定情形下亦应当提供证据,否则行政复议机关难以查清事实,作出正确的复议决定。根据新修订的《行政复议法》第44条第2款,申请人在以下三类情形下应当提供证据:

1. 认为被申请人不履行法定职责

申请人认为被申请人不履行法定职责的,应当提供曾经要求被

---

① 参见李策:《行政复议重作决定的理论基础、适用要件与效力》,载《华东政法大学学报》2022年第4期。

② 参见张树义主编:《行政法学(第二版)》,北京大学出版社2012年版,第353页。

申请人履行法定职责的证据。新修订的《行政复议法》第 11 条规定,申请行政机关履行保护人身权利、财产权利、受教育权利等合法权益的法定职责,行政机关拒绝履行、未依法履行或者不予答复,属于行政复议范围。依申请的行政行为是指,行政机关只有在行政相对人提出申请的条件下才能作出行政行为,没有相对人的申请,行政机关不能主动作出行政行为。对于依申请的行政行为,如果由行政机关对行政相对人的申请进行举证,会十分困难,在行政相对人根本没有提出申请的情况下,行政机关更是无从举证。因此,此种情形下的举证责任由申请人承担更为合理。

但申请人在这种情形下的举证责任不是绝对的,如果具备以下两种理由之一,即便"申请人认为被申请人不履行法定职责",申请人也无须提供证据:一是被申请人应当依职权主动履行法定职责。依职权的行政行为是指,行政机关根据法定职权应当主动实施的行政行为,其主要特征是积极主动性,行政机关应当及时主动为之,而无须行政相对人申请。行政机关因法定职责应当履责而没有履责的,那么申请人是否曾提出履责申请就不是其申请行政复议的前提条件,举证责任应由行政机关承担。如在公共场所,警察发现不法分子殴打他人的行为而不加制止,受害人申请复议时便无须向行政复议机关提供在行政程序中提出过申请保护的证据。二是申请人因正当理由不能提供。如被申请人缺乏完备的登记制度,或其工作人员缺乏责任心,对申请人在行政程序中提出的申请随意处置。不能一概要求申请人对其提供申请的事实承担举证责任,否则会使申请人处于极为不利的境地。因此,如果申请人提出正当的理由(包括提出适当的证据)说明其曾经提出过申请,而被申请人受理申请的制度确实不完备,并致使无法确定申请人是否确实提出了申请，即可免除申请人对提出申请的事实的举证责任。其本质是以要求申请人承担释明义务替代其本应承担的举证责任，从而减轻其举证责任。如甲向某市场监管部门申请办理个体工商户执照时，该市场监管部门拒绝出具任何手续也不说明理由，就是不发给甲个体工商户执照。甲没有任何证据证明其曾经提出申请的事实。为了保护甲的救济权利，应当由该市场监管部门承担举证责任，后者无法提供证据的，推定甲曾经提出申请的事实存在。

此类情形参考了《行政诉讼法》第38条第1款之规定，即在起诉被告不履行法定职责的案件中，原告应当提供其向被告提出申请的证据。但有下列情形之一的除外：（一）被告应当依职权主动履行法定职责的；（二）原告因正当理由不能提供证据的。

2. 提出行政赔偿请求

申请人申请行政复议时一并提出行政赔偿请求的，应当提供受行政行为侵害而造成损害的证据。行政赔偿是指，行政机关违法实施行政行为，侵犯相对人合法权益造成损害，而依法必须承担的赔偿责任。[①]《国家赔偿法》第3条规定，行政机关及其工作人员在行使行政职权时有下列侵犯人身权情形之一的，受害人有取得赔偿的权利：（一）违法拘留或者违法采取限制公民人身自由的行政强制措施的；（二）非法拘禁或者以其他方法非法剥夺公民人身自由的；（三）以殴打、虐待等行为或者唆使、放纵他人以殴打、虐待等行为造成公民身体伤害或者死亡的；（四）违法使用武器、警械造成公民身体伤害或者死亡的；（五）造成公民身体伤害或者死亡的其他违法行为。第4条规定，行政机关及其工作人员在行使行政

---

① 胡建淼：《行政法学（第四版）》，法律出版社2015年版，第686页。

职权时有下列侵犯财产权情形之一的，受害人有取得赔偿的权利：（一）违法实施罚款、吊销许可证和执照、责令停产停业、没收财物等行政处罚的；（二）违法对财产采取查封、扣押、冻结等行政强制措施的；（三）违法征收、征用财产的；（四）造成财产损害的其他违法行为。申请人认为被申请人行使职权的行为侵犯了其合法权益并造成损害，应对损害事实提供相应的证据。损害事实，是指实际上已经发生或一定会发生的损害后果，如违法使用武器、警械造成公民身体伤害或死亡。赔偿人身伤害的，申请人应当提供证明伤情的医院诊断证明书、处方或病历复印件、医疗费单据等。

申请人在这种情形下的举证责任也不是绝对的：如果因被申请人原因导致申请人无法举证，则由被申请人承担举证责任，从而构建更为公正合理的举证责任分配制度。例如，被申请人强制拆除违法建筑物，申请人认为被申请人既违反了法定程序又不具有实施强制拆除的主体资格，故提起行政赔偿诉讼。但因该建筑物已经被被申请人拆除而不复存在，申请人无法对该行政行为造成的损害提供证据。此种情形下，应由被申请人提供执法时填写的强制拆除违法建筑物物品清单等证据。

此类情形参考了《行政诉讼法》第 38 条第 2 款，即，在行政赔偿、补偿的案件中，原告应当对行政行为造成的损害提供证据。因被告的原因导致原告无法举证的，由被告承担举证责任。

3. 其他情形

法律、法规规定需要申请人提供证据的，申请人应当提供证据。为了增强对社会实践的适应性与灵活性，新修订的《行政复议法》设置了兜底规定，即"法律、法规规定需要申请人提供证据的其他情形"。因此，不仅法律有权规定需要申请人提供证据的情形，法规即行政法规与地方性法规也有权增设申请人提供证据的情形。

四、行政复议机关的调查取证

调查取证是行政复议机关的法定职责。行政复议机关调查收集证据的方式有两种：一是要求当事人提供或补充证据；二是向有关组织和人员调查取证。赋予行政复议机关调查取证权是准确认定事实、落实行政复议的准确原则的必然要求。[①] 与此同时，有些行政复议案件可能要经法院审查，行政复议机关对行政案件的审理必须与法院对证据的审查制度相衔接，赋予行政复议机关调查取证权。

（一）行政复议机关享有调查取证权

根据新修订的《行政复议法》第45条第1款，行政复议机关有权向有关单位和个人调查取证，查阅、复制、调取有关文件和资料，向有关人员进行询问。就调查取证的主体而言，享有调查取证权的主体是行政复议机关，由行政复议人员具体实施调查取证工作。行政复议人员应当是符合《行政复议法》规定的取得专职行政复议人员资格的人员，而不是普通的行政复议机关工作人员。就调查取证的对象而言，行政复议机关有权向有关单位和个人调查取证。就调查取证的方式而言，包括"查阅、复制、调取有关文件和资料"和"向有关人员进行询问"。对于可能灭失或有灭失危险的证据，行政复议人员可以先行调取，并采取登记保存的方法保存证据。就调查取证的内容而言，行政复议机关有权对所有有关文件和

[①] 参见杨建顺：《行政规制与权利保障》，中国人民大学出版社2007年版，第560页。

资料进行调查核实。

之所以要赋予行政复议机关调查取证权，目的在于查清案件事实，而并非为被申请人的行政行为寻找证据。进言之，允许行政复议机关调查取证有助于提高行政复议实质性化解行政争议的能力，在依申请的工伤认定、行政确认、行政许可等案件中体现得尤为明显。[1] 行政复议机关收集的证据不能作为维持行政行为的证据，但可以作为撤销、变更行政行为或确认行政行为无效、违法等的证据，以避免行政复议机关偏袒被申请人。[2]

（二）行政复议机关调查取证的程序要求

根据新修订的《行政复议法》第45条第2款，调查取证时，行政复议人员不得少于两人，并应当出示行政复议工作证件。第一，调查取证的行政复议人员不得少于两人，即至少两人。仅有一人负责调查取证，构成程序违法。第二，行政复议人员调查取证时应当出示行政复议工作证件，以证明自己的身份，也便于寻求被调查取证对象的支持。否则，被调查的单位和个人可以以调查取证程序不合法为由，拒绝调查。本款规定亦参考了《治安管理处罚法》第87条第1款，即，公安机关对与违反治安管理行为有关的场所、物品、人身可以进行检查。检查时，人民警察不得少于二人，并应当出示工作证件和县级以上人民政府公安机关开具的检查证明文

---

[1] 参见张旭勇：《论行政复议的"三位一体"功能及其实现的制度优势——兼论〈行政复议法（征求意见稿）〉之完善》，载《苏州大学学报（哲学社会科学版）》2022年第3期。

[2] 参见马怀德主编：《行政法学（第二版）》，中国政法大学出版社2009年版，第328页。

件。对确有必要立即进行检查的，人民警察经出示工作证件，可以当场检查，但检查公民住所应当出示县级以上人民政府公安机关开具的检查证明文件。此外，调查取证需要制作笔录，并交当事人核对签字或盖章确认。[①] 同时，调查取证应当依法进行，不能采取胁迫或欺骗的手段。

（三）被调查取证对象的配合义务

根据新修订的《行政复议法》第45条第3款，被调查取证的单位和个人应当积极配合行政复议人员的工作，不得拒绝或者阻挠。第一，被调查取证的单位和个人有配合义务，应当积极配合行政复议人员的调查取证工作，为行政复议人员的调查取证提供必要的支持。第二，被调查取证的单位和个人不得拒绝或者阻挠行政复议人员的调查取证工作，为行政复议人员开展调查取证设置障碍。查阅、复制、调取、询问是行政复议人员在调查取证过程中的法定权力，被调查取证的单位和个人负有积极配合的义务，允许行政复议人员查阅、复制、调取有关证据；接受询问的被调查人员应当配合并如实陈述，不得阻挠或拒绝行政复议人员依法行使调查取证权，否则构成妨碍执行公务的违法行为，需要依法承担法律责任。

五、被申请人补充收集证据

根据"先取证后行为"的原则，行政机关在作出行政行为之前必须收集足够的证据，行政复议中的证据限于行政行为作出之前收

[①] 参见刘景欣、郭忠红：《法制工作机械：行政复议的执行者——试析行政复议机构的特征和职能》，载《科技与法律》2020年第3期。

集的证据，不允许行政机关在行政行为作出之后再收集证据。尤其是不得在行政复议期间再行收集证据，否则行政复议机关不予采纳。但是，申请人或第三人在行政复议期间提出行政行为作出时没有提出的理由或者证据的，经行政复议机构同意，被申请人可以补充证据。

(一) 禁止被申请人在行政复议期间收集证据

根据新修订的《行政复议法》第46条第1款，行政复议期间，被申请人不得自行向申请人和其他有关单位或者个人收集证据；自行收集的证据不作为认定行政行为合法性、适当性的依据。由此，新修订的《行政复议法》明确禁止被申请人在行政复议期间收集证据，不允许行政机关"先行为后取证"。禁止被申请人取证的对象既包括申请人，也包括申请人以外的其他单位或个人。

新修订的《行政复议法》之所以明确禁止被申请人在行政复议期间收集证据，主要是基于监督行政机关依法行政之考虑。为了监督行政机关依法行政，行政机关作出某种行政行为之前必须掌握基本事实，并具有充分的证据。行政证据的收集必然发生在行政执法过程中，[①] 不允许行政机关"先行为后取证"，即在主要事实不清、证据缺失的情况下先作出行政行为，然后再去调查取证。这种"先行为后取证"的做法不仅有悖于依法行政原则，而且会损害相对人的合法权益。此外，允许行政机关"先行为后取证"也容易导致被申请人在事后调查取证时滥用职权，向申请人和其他组织或个人施加压力，妨碍申请人依法行使行政复议权，影响行政复议机关了解

---

① 关保英：《违反法定程序收集行政证据研究》，载《法学杂志》2014年第5期。

真实情况和正确作出行政复议决定等。

对被申请人提供的证据，复议机关不能照单全收，而应对其合法性进行审查。① 即便被申请人在行政复议期间自行向申请人和其他有关单位或者个人收集证据，这些证据也不作为认定行政行为合法性、适当性的依据。意即被申请人在行政复议期间收集的证据不具有证据效力，既不能作为依据认定行政行为的合法性，也不能作为依据认定行政行为的合理性。新修订的《行政复议法》之所以专门增加了此条后果性规定，正是试图通过否定被申请人在行政复议期间收集证据的证据效力，告诫被申请人彻底放弃在行政复议期间收集证据，否则徒劳无功。而如果行政复议机关允准被申请人在行政复议期间收集证据来认定行政行为的合法性、适当性，实质是把行政复议作为原行政执法程序的延续和补救，否定行政复议的独立性和复审性，必然弱化甚至否定行政复议的监督与救济功能，强调复议对原行政行为的补救和治愈功能。②

（二）被申请人可以补充证据的情形

根据新修订的《行政复议法》第 46 条第 2 款，行政复议期间，申请人或者第三人提出被申请行政复议的行政行为作出时没有提出的理由或者证据的，经行政复议机构同意，被申请人可以补充证据。因此，被申请人在行政复议期间并非绝对不可以补充证据。

---

① 莫于川、王宇飞、雷振：《我国行政复议证据制度的突出问题与完善路径》，载《行政法学研究》2012 年第 2 期。

② 参见张旭勇：《论行政复议的"三位一体"功能及其实现的制度优势——兼论〈行政复议法（征求意见稿）〉之完善》，载《苏州大学学报（哲学社会科学版）》2022 年第 3 期。

被申请人补充证据,是指被申请人在法定举证期限提交证据以后进一步提供证据的行为。新修订的《行政复议法》第46条第1款规定的被申请人不得在行政复议期间收集证据,实际上也禁止被申请人在行政复议期间补充证据。但在特殊情况下,应当允许被申请人补充证据:第一,申请人或第三人在行政复议期间提出了在被申请行政复议的行政行为作出时没有提出的理由或者证据。如申请人或者第三人在行政行为作出的过程中漠视自己的陈述申辩权或因为客观原因没有提出对自己有利的事实、理由或证据,而到了复议过程中才提出相应的反驳理由。即补充证据非因被申请人的过错所致。第二,行政复议机构同意。如此规定的目的在于排除被申请人补充证据的随意性。只有将认定权交给行政复议机构,才能体现公正性,防止被申请人滥用此项权利。此外,被申请人补充证据需要一定的时限限制,行政复议机构既可以指定补充证据的时限,也可以不指定时限,但被申请人必须在辩论结束前提出补充证据。

六、申请人、第三人查阅、复制证据

新修订的《行政复议法》第47条规定,行政复议期间,申请人、第三人及其委托代理人可以按照规定查阅、复制被申请人提出的书面答复、作出行政行为的证据、依据和其他有关材料,除涉及国家秘密、商业秘密、个人隐私或者可能危及国家安全、公共安全、社会稳定的情形外,行政复议机构应当同意。由此,新修订的《行政复议法》赋予了申请人和第三人及其委托代理人查阅、复制权,尤其是在《行政复议法》(2017年修正)的基础上增加了复制权。

(一) 申请人、第三人的查阅、复制权

申请人、第三人的查阅、复制权即申请人、第三人及其委托代理人在行政复议期间查阅和复制被申请人的答辩和证据材料的权利。新修订的《行政复议法》之所以要赋予申请人和第三人及其委托代理人查阅、复制权，主要是为了保障申请人和第三人的知情权和参与权，促进行政复议案件的顺利审结。

第一，就权利主体而言，享有查阅、复制权的主体不限于申请人，第三人同样享有查阅、复制权。此外，申请人、第三人的委托代理人也享有查阅、复制权，相较于《行政复议法》(2017年修正) 属于新增内容，以更好地保障申请人、第三人的查阅、复制权。

第二，就查阅、复制的对象而言，既包括被申请人的答辩材料即被申请人提出的书面答复，也包括被申请人的证据材料即被申请人作出行政行为的证据、依据和其他有关材料。

第三，申请人、第三人及其委托代理人不仅享有查阅权，还享有复制权。实践中，行政复议机关对于"查阅"方式一直从严解释，限于查看、阅读和摘抄，虽然形式上满足了公开的要求，但增加了申请人、第三人的时间成本，而且也不利于申请人、第三人全面、准确把握案卷内容。[①] 增加复制权则有利于克服这些弊端。常用的查阅、复制形式包括拍照、复印、摘抄、扫描等。《中国保险监督管理委员会行政复议办法》第 29 条第 2 款即规定，经行政复议机构同意，申请人和第三人可以摘抄查阅材料的内容。

[①] 章剑生：《论作为权利救济制度的行政复议》，载《法学》2021 年第 5 期。

第四，行政复议机构负有配合义务，申请人、第三人及其委托代理人申请查阅、复制被申请人提出的书面答复、作出行政行为的证据、依据和其他有关材料的，行政复议机构应当同意。

第五，查阅、复制是申请人、第三人及其委托代理人的权利，申请人、第三人可以自由放弃。

第六，申请人、第三人及其委托代理人欲行使查阅、复制权的，须在行政复议决定作出前提出。

(二) 申请人、第三人查阅、复制权的例外情形

根据新修订的《行政复议法》第47条，行政复议机构的配合义务不是绝对的，如果涉及国家秘密、商业秘密、个人隐私或者可能危及国家安全、公共安全、社会稳定的情形，行政复议机关可以拒绝申请人、第三人及其委托代理人的查阅、复制申请。

国家秘密一般包括：国家事务重大决策中的秘密事项；国防建设和武装力量活动中的秘密事项；外交和外事活动中的秘密事项以及对外承担保密义务的秘密事项；国民经济和社会发展中的秘密事项；科学技术中的秘密事项；维护国家安全活动和追查刑事犯罪中的秘密事项；经国家保密行政管理部门确定的其他秘密事项。政党的秘密事项中符合前述规定的，属于国家秘密。国家秘密分为绝密、机密和秘密三个等级。

所谓商业秘密，根据《反不正当竞争法》和有关法律规定的标准，是指能为秘密持有人带来一定商业利益的并为持有人采取相应保密措施的工业、商业和管理等方面的知识和信息。商业秘密一般包括生产方法、工艺流程、配方成分、设计图纸、贸易联系、购销渠道、客户名单等，它们都具有一定的经济价值，持有人能借此降

低生产成本、提高产品质量、增加产出数量，从而形成一定的竞争优势。

对于个人隐私的范围，法律未作明确界定，一般指当事人不愿意被他人知悉的个人情况。包括涉及男女关系方面的私生活以及生理疾病、个人债务状况等当事人不愿让其他人知道，或者他人知道后会有损当事人声誉的事项；某些情况下也包括当事人纯粹为了个人安宁而不愿让外界知道的情况，如个人财产价值、家庭情况等。可能危及国家安全、公共安全、社会稳定的情形主要是指允许申请人、第三人查阅、复制有关材料可能造成相关信息泄露，导致国家安全、公共安全、社会稳定遭受威胁。

第十章　行政复议决定

行政复议决定是行政复议机关对被复议的行政行为进行审查后作出的具有法律效力的实体性结论。行政复议决定是行政复议的结果，是行政复议终结的标志，对于行政争议的化解具有实质性影响，因而是行政复议各方主体关注的焦点所在。修订前的《行政复议法》虽然专章规定了行政复议决定，但存在内容过于简单、审理与决定程序混同等问题，无法满足行政复议实践的需要。为了充分发挥行政复议化解行政争议的主渠道作用，此次《行政复议法》的修订对于行政复议决定的程序、决定类型、纠纷多元化解、行政复议意见书等进行了完善，实现了行政复议决定制度的全面优化。

一、行政复议决定的概述

新修订的《行政复议法》仍然保留了"行政复议决定"一章，但对该章的内容进行了重大调整——一方面将部分条款移到其他章节，如将审理程序专章规定；另一方面创新了很多制度。因而，有必要结合《行政复议法》的最新规定，对行政复议决定的基本原理进行阐释。

（一）行政复议决定的概念与特征

行政复议决定是行政复议机关根据申请人的要求，对行政行为依法进行审查后,适用法律、法规、规章,对有争议的行政行为作出的判断和处理。

结合《行政复议法》的规定,行政复议决定具有以下特征:

第一,行政复议决定是动态决定过程与静态决定结果的统一。对于行政复议机关而言,其作出行政复议决定要遵循一定的程序规则,这些规则构成了一系列的环节,这就决定了行政复议决定本身具有动态性。同时,对于行政复议当事人而言,其能看到的或者对其有实质影响的是行政复议决定书,这是静态意义上的行政复议决定。

第二,行政复议决定的种类具有多元性。从过程意义上说,行政复议决定包括程序意义上的决定和实体结果意义上的决定。从内容和法律效果来看,行政复议决定包括维持决定、变更决定、撤销决定、确认违法或者无效决定等。

第三,行政复议决定是要式行政行为。与法院的判决类似,行政复议决定必须采取书面形式作出而不得以口头形式作出。行政复议决定是具有法律效力的行为,不仅要以书面形式作出,还需要遵循严格的形式要件,如要加盖行政复议机关专用印章、要包含规范的行文内容等。

(二) 行政复议决定的制度要素

根据《行政复议法》第五章的内容可知,行政复议决定由四部分构成:行政复议决定作出程序、行政复议决定的法定类型、行政复议决定的替代方式以及行政复议决定的效力和执行。

1. 行政复议决定作出程序。行政复议决定作出程序是指行政复议机关对被复议行政行为进行审理之后,作出复议决定时所遵循的程序。修订前的《行政复议法》将行政复议审理程序和决定程序混同规定，导致行政复议决定没有独立地位。新修订的《行政复议法》对行政复议审理程序进行专章规定，并对行政复议机关作出决定的程序进行了细化，因此，行政复议决定作出的程序也是行政复议决定制度的重要内容。

2. 行政复议决定的法定类型。行政复议决定的法定类型是指《行政复议法》规定的行政复议机关根据被复议行政行为的审查结果，可以作出的实体性处理结论的类型。《行政复议法》第五章根据行政行为的性质和违法状态列举了10类行政复议决定类型，并明确了每一类决定的适用条件。按照复议法定原则，行政复议机关应当根据法律规定的条件和类型作出相应的决定。

3. 行政复议决定的替代方式。行政复议决定是行政复议机关解决行政争议的主要方式，但并不是唯一方式。《行政复议法》还规定了行政复议调解和和解制度，作为化解行政争议的重要方式。行政复议调解和和解均不是独立的行政复议决定类型，但可以与行政复议决定起到相同的效果，因此，可以将行政复议调解和和解视为行政复议决定的替代方式。

4. 行政复议决定的效力和执行。行政复议决定类似法院的判决，具有拘束力和执行力，行政复议决定作出后应当得到执行，才能起到相应的法律效果。为了强化行政复议决定的执行，《行政复议法》规定了行政复议决定的效力和执行制度。

二、行政复议决定程序

新修订的《行政复议法》对行政复议机构和行政复议机关之间的分工进行了更加清晰的界分，行政复议机构负责案件的承办和审理，行政复议机关负责作出行政复议决定。由于一般情况下，行政复议机构与行政复议机关是相互独立的机关，因此，行政复议决定的作出还应遵循特殊的程序。基于此，新修订的《行政复议法》第61条、第62条对行政复议机关作出行政复议决定的程序作了规定。

（一）提出意见和报批程序

新修订的《行政复议法》规定，行政复议机构是行政复议机关具体承办案件的机构，其具体负责行政复议案件的审查，但并不能以自己的名义作出行政复议决定，只能以行政复议机关的名义作出。这就涉及行政复议机构与行政复议机关之间的配合问题。对此，修订前的《行政复议法》第28条已有规定，即"行政复议机关负责法制工作的机构应当对被申请人作出的具体行政行为进行审查，提出意见，经行政复议机关的负责人同意或者集体讨论通过后，按照下列规定作出行政复议决定……"新修订的《行政复议法》第61条第1款基本上保留了之前的规定，只是强调了行政复议机关负责审理，行政复议机构负责审查。第61条第1款规定，"行政复议机关依照本法审理行政复议案件，由行政复议机构对行政行为进行审查，提出意见，经行政复议机关的负责人同意或者集体讨论通过后，以行政复议机关的名义作出行政复议决定"。

对于本款规定，需要注意以下几点：

第一，行政复议机构负责对行政行为的合法性和适当性进行审查。这里的"审查"实际上是在行政复议审理环节进行的。行政复议机构按照普通程序或者简易程序对行政行为进行审查，审查之后对行政行为的合法性、适当性会形成一个基本结论。

第二，行政复议机构应向行政复议机关提出审查后的意见。行政复议机构的定位决定了其不能直接作出决定,但行政复议机关又没有具体审理案件,因此,行政复议机构需要根据审查后得出的结论,向行政复议机关提交一份书面报告,报告应当载明审查后的初步结论以及作出何种决定的倾向性意见,供行政复议机关参考。

第三,报请批准程序。在我国,行政机关实行首长负责制,原则上,行政机关对外作出的行政行为都要由机关负责人同意并由其承担责任。因此,行政复议机关对外作出行政复议决定也需要机关负责人同意。这就要求行政复议机构将审查意见报送给行政机关负责人,由该负责人审查后判断是否同意按照行政复议机构的意见对外作出行政复议决定。按照行政机关的组织活动原则,行政机关对外作出的行政行为,均要经机关负责人批准或者同意,而重要的事项还要经机关主要负责人集体讨论决定。因此,行政复议机构提交到行政复议机关的审查意见,原则上由机关负责人同意即可,但对于重大、疑难和复杂的案件,机关负责人应当交机关内部集体讨论后,根据讨论结果作出结论。

第四,行政复议机构以行政复议机关的名义作出决定。《行政复议法》的表述为"以行政复议机关的名义作出行政复议决定",言外之意是行政复议机构负责具体作出决定,只不过最后的复议决定书应当加盖行政复议机关的印章。从这个意义上说,行政复议机关实际上并不草拟行政复议决定书,因此,行政复议机构在报请行政复议机关批准时,应当草拟行政复议决定书,并将其作为提出意见的重要组成部分,供行政复议机关负责人审阅。

(二) 经听证案件的特殊要求

听证程序是最正式、最规范的行政复议审理程序。为了强化行政复议听证程序对行政复议决定的约束力，《行政复议法》对经过听证的行政复议案件的复议决定提出了特殊要求。《行政复议法》第 61 条第 2 款规定，"经过听证的行政复议案件，行政复议机关应当根据听证笔录、审查认定的事实和证据，依照本法作出行政复议决定"。该条实际上确立了经听证案件的案卷排他规则。案卷排他规则是指，行政机关的行政行为必须根据案卷载明的事实理由作出，不得以案卷之外的事实理由作出。[1] 引入案卷排他规则有助于强化听证程序对行政复议机关的约束力，使听证发挥真正的效果。

对于本款规定需要注意以下几点：

第一，听证笔录是行政复议机关作出决定的根据。听证笔录是行政复议机构对听证过程和各方当事人意见的如实记录，类似法院的庭审笔录，是听证程序中最重要的材料。行政复议机关应当严格按照听证笔录记载的内容作出行政复议决定，否则将来其行政复议决定可能会被法院认定为"主要证据不足"。第二，行政复议机关应当根据审查认定事实和证据作出行政复议决定。听证过程中，行政复议机构不仅应听取当事人的意见，还要对相关事实和证据进行认定。行政复议机关作出行政复议决定时，应当充分考虑听证过程中认定的事实和证据，不应该再考虑其他因素。为了强化听证的效力，无论是听证笔录还是事实和证据，都应当产生于听证程序中。

（三）参考咨询意见

根据新修订的《行政复议法》第 52 条，行政复议委员会是行政复议咨询机构，对于特定案件，行政复议机关应当咨询行政复议

---

[1] 梁凤云：《行政复议法讲义》，人民法院出版社 2023 年版，第 223 页。

委员会。但对于行政复议委员会的咨询意见到底具备何种效力，该条并没有规定。为了强化行政复议委员会咨询意见的效力，新修订的《行政复议法》第61条第3款规定，"提请行政复议委员会提出咨询意见的行政复议案件，行政复议机关应当将咨询意见作为作出行政复议决定的重要参考依据"。根据该条规定，行政复议委员会的咨询意见是行政复议机关作出复议决定的"重要参考依据"。这里使用"参考"一词，表明咨询意见的效力是低于作为"根据"的听证笔录的。但"应当""重要"两个词语的使用又强调行政复议机关务必重视咨询意见。我们认为，尽管咨询意见不是根据，但行政复议机关对于咨询意见应当充分重视，具体体现为，在复议决定中，对于咨询意见是否采纳以及如何采纳要进行说明，特别是不采纳咨询意见的，应当充分说明理由，从而提升咨询意见的约束力。

（四）审理期限

高效、便民是行政复议的基本原则，也是行政复议的优势，因而有必要设计科学合理的审理期限。为此，新修订的《行政复议法》第62条规定，"适用普通程序审理的行政复议案件，行政复议机关应当自受理申请之日起六十日内作出行政复议决定；但是法律规定的行政复议期限少于六十日的除外。情况复杂，不能在规定期限内作出行政复议决定的，经行政复议机构的负责人批准，可以适当延长，并书面告知当事人；但是延长期限最多不得超过三十日。适用简易程序审理的行政复议案件，行政复议机关应当自受理申请之日起三十日内作出行政复议决定"。这一条是对行政复议机关审理期限的规定，同时也是对行政复议机关作出行政复议决定的法定期限的规定,因而本条被放在了行政复议决定一章。根据《行政复议法》第62条的规定,行政复议审理期限因适用普通程序还是简易程序而有所不同。

1. 适用普通程序的审理期限。根据《行政复议法》第62条第1款,适用普通程序审理的案件应当自受理之日起60日内作出复议决定。但其他法律规定短于60日的,按照其他法律规定的期限执行,其他法律规定超过60日,执行60日的审理期限。也就是说,适用普通程序审理的案件审理期限最多60日,其他法律可以提出短于60日的要求,并且以其他法律规定的期限为准,但如果其他法律规定超过60日,则应当以60日为准。另外,适用普通程序审理的案件有部分疑难、复杂案件,可能无法在60日内作出行政复议决定的,经行政复议机构负责人的批准可以延长一定的期限。对于行政复议审理期限的延长应注意:第一,延长只适用于情况复杂的案件。第二,需要行政复议机构负责人批准。第三,应当书面告知当事人。第四,延长最多不超过30日。这里的30日是指自法定复议期限届满之日起,不得超过30日。

2. 适用简易程序的审理期限。根据《行政复议法》第62条第2款,适用简易程序审理的行政复议案件的审理期限为30日。之所以规定30日,是因为适用简易程序审理的案件一般事实清楚、权利义务关系明确、争议不大,因而行政复议机关应当能够尽快作出决定。对于适用简易程序的审理期限要注意:第一,30日的期限是法定期限,不允许其他法律作另行规定。第二,30日的期限是固定期限,不允许延长。如果行政复议机关认为案件复杂,应当将其转为普通程序审理案件,而不能延长审理期限。

三、行政复议决定的类型

行政复议决定是行政复议机关作出的化解行政争议的实体性结论。要实现化解行政争议的目的，行政复议决定的内容应当与申请人的诉求、行政行为的合法状态相适应，这就要求实现行政复议决定的类型化。修订前的《行政复议法》对于行政复议决定类型化缺乏重视，仅在第 28 条规定了部分行政复议决定的类型，内容相对粗疏，特别是该条规定撤销、确认和变更决定适用于相同情形显然不合理。对此，《行政复议法实施条例》在增加驳回复议申请决定的同时，对《行政复议法》规定的各类复议决定适用条件进行了完善。新修订的《行政复议法》对于行政复议决定的类型作了较大幅度的修改，突出体现在几个方面：第一，通过一个法条规定一个复议决定类型。第二，调整了复议决定的顺序。第三，丰富了复议决定的类型，比如增加确认无效、驳回复议请求等决定类型。以下根据新修订的《行政复议法》，分别介绍每一类行政复议决定类型的适用条件和注意事项。

(一) 变更决定

变更决定是指行政复议机关对被复议的行政行为进行审查后，认为该行为存在不适当的情形，直接对行政行为内容进行变更的一种复议决定。行政复议机关的变更权源于上级行政机关对下级行政机关的监督权。理论上，行政机关针对特定相对人作出的行政行为一般包含三个要素：事实认定、法律依据和处理结果。行政复议机关改变其中任何一个要素都算是复议改变。变更决定的效果是以一个新的行政行为取代原来的行政行为，原来的行政行为自动消失。

因此，这类复议决定又被称为"替代性决定"。特别是针对适当性存在问题的行政行为，变更决定相较于确认违法、撤销或责令重作的决定更具优势，它可以防止被申请人再次作出不合理的行为或者拒绝履行复议决定，对相对人的权利救济更加充分，更利于实质性化解争议。正是基于这个考虑，新修订的《行政复议法》首先规定了变更决定。《行政复议法》第 63 条规定，"行政行为有下列情形之一的，行政复议机关决定变更该行政行为：（一）事实清楚，证据确凿，适用依据正确，程序合法，但是内容不适当；（二）事实清楚，证据确凿，程序合法，但是未正确适用依据；（三）事实不清、证据不足，经行政复议机关查清事实和证据。行政复议机关不得作出对申请人更为不利的变更决定，但是第三人提出相反请求的除外"。该条规定了变更决定的适用条件和适用限制。

对于变更决定，应当注意以下几点：

1. 行政复议决定适用的情形。根据《行政复议法》第 63 条第 1 款的规定，变更决定主要适用于三种情形：一是合法但不合理的情形。二是依据适用错误的情形。三是事实不清，证据不足，但行政复议机关已经补正的情形。上述三种情况实际上对应的是行政行为三个要素的瑕疵。首先，"合法但不合理"对应的是结果要素瑕疵。合法但不合理的情形指的是行政行为的事实认定、法律依据、程序等都合法，但是最后的结果要素不合理、不适当。比如，行政处罚数额有些重，但也没有达到明显不当或者要求相对人承担了不必要的义务的程度。其次，"依据适用错误"对应的是法律依据瑕疵。依据适用错误主要指的是法律适用时的张冠李戴，即本来应该适用 A 法（条）结果适用了 B 法（条），属于适用技术上的瑕疵。由于我国法律中存在很多法律竞合的情况，行政机关错误适用法律的情况确实存在。对于这种情况，只要其适用的法律本身不违法，或者不存在明显错误，那么行政复议机关改为适用正确的法律依据即可。需要强调的是，如果被申请人适用法律存在明显错误，如适用本身违法的文件或者适用明显与本案无关的法律等，则不适宜用变更决定。最后，"事实不清，证据不足，但行政复议机关已经补正的情形"对应的是事实认定瑕疵。被申请人在作出行政行为时可能存在错误认定事实、证据不充足的情况，对此，假如行政复议机关能够查清事实和认定证据，就可以直接依据查清的事实和收集的证据改变原行政行为。

2. 禁止不利变更原则及其例外。根据《行政复议法》第63条第2款，行政复议机关作出变更决定的，原则上不得作出对申请人更为不利的变更，除非同案中有其他人提出相反的请求。这一条确立了禁止不利变更原则及其例外。《行政复议法》规定禁止不利变更原则是借鉴了刑事诉讼法上的"上诉不加刑原则"。因为行政复议机关也是行政机关，如果允许行政复议机关作出对相对人更为不利的决定，则可能产生对申请人的复议申请权的阻碍。因为行政复议的结果是未知的，如果申请行政复议可能招致更为不利的后果，那么很多人可能会打消申请复议的念头。因此，规定禁止不利变更原则，能够充分保护申请人的复议积极性。

关于不利变更的标准，我们认为，只要行政复议决定与原行政行为相比会给相对人造成更为不利的影响就是不利变更。现实中的不利变更有以下情形：第一，事实定性方面的不利变更。第二，处理后果方面的不利变更。这一类不利变更又具体分为：其一，处罚类型上的不利变更，如用行政拘留取代罚款；用吊销执照取代没收；等等。其二，处罚幅度上的不利变更，如本来1000元的罚款变为2000元，这也是最典型的不利变更。

禁止不利变更原则并不是绝对的，按照《行政复议法》的规定，如果第三人提出相反请求，行政复议机关不受禁止不利变更原则的约束。因为如果存在第三人相反请求，行政复议机关则有义务分清是非黑白，尊重各方权益，否则，第三人参加复议的意义就没有了。现实中，比较典型的便是故意伤害类行政处罚行为被复议的案件。比如，张三无端殴打李四并致其轻微伤，李四报警，警察对张三作出了拘留3日、罚款500元的处罚。张三不服，申请行政复议，此时，李四申请作为第三人参加复议，张三认为处罚过重，要求变更，而李四则主张处罚过轻，要求加重，此时，张三、李四的主张都值得尊重，行政复议机关不受禁止不利变更原则的约束，可以按照其审理后认定的事实，作出其认为更为合理的处罚。另外，如果张三、李四同时申请复议，并提出相反的主张，行政复议机关也无须受禁止不利变更原则的约束。

(二) 撤销决定

撤销决定是指行政复议机关经过对行政行为的审查，认定行政行为存在违法，通过撤销使其丧失法律效力的一种决定。撤销决定的法律后果是彻底免除行政复议申请人基于行政行为所承担的义务，撤销的效力具有溯及力，即被撤销的行政行为自始不产生效力。理论上，撤销决定包括全部撤销决定、部分撤销决定和撤销并责令行政机关重新作出行政行为的决定3种形式。[①] 对于申请人而言，行政复议机关撤销行政行为对其来说是最有利的一种结果。因

[①] 郜风涛主编：《行政复议法教程》，中国法制出版社2011年版，第254页。

此，撤销决定在行政复议决定中具有极为重要的地位。此次《行政复议法》修订在借鉴《行政诉讼法》立法经验的基础上，对撤销决定作了优化。新修订的《行政复议法》第64条规定，"行政行为有下列情形之一的，行政复议机关决定撤销或者部分撤销该行政行为，并可以责令被申请人在一定期限内重新作出行政行为：（一）主要事实不清、证据不足；（二）违反法定程序；（三）适用的依据不合法；（四）超越职权或者滥用职权。行政复议机关责令被申请人重新作出行政行为的，被申请人不得以同一事实和理由作出与被申请行政复议的行政行为相同或者基本相同的行政行为，但是行政复议机关以违反法定程序为由决定撤销或者部分撤销的除外"。本条是对撤销决定的适用条件和行政机关重新作出行政行为限制的规定。

对于本条，应当注意以下几点：

1. 撤销决定的适用情形。根据《行政复议法》第64条，撤销决定主要适用于以下情形：

（1）主要事实不清、证据不足。理论上，行政机关作出行政行为时事实清楚、证据确凿充分是其行政行为合法的要件之一。相反，如果行政机关作出行为时，对于主要事实没有查清楚，也没有收集充分的证据，那么行政行为便是违法的，行政复议机关对于此类行政行为应当作出撤销决定。当然，这里的"主要事实不清"指的是影响案件定性的事实不清楚。比如，警察在对某人的嫖娼行为进行处罚时，被处罚人是否嫖娼、证明其嫖娼与否的证据是否充足是关键，至于其从事违法行为的时间以及如何前往违法地点等事实并不影响事件的定性，即使行政机关没有完全查清也不构成必须撤销的情形。

(2) 违反法定程序。理论上，符合法定程序和正当法律程序原则是行政行为合法的要件之一。对这里的"法定程序"要进行广义理解，即既包括法律、法规、规章以及行政规范性文件规定的程序，也包括正当法律程序原则的要求。正当法律程序原则是行政法的基本原则，因此，某些行政行为即使没有违反明确规定的法律程序，只要违反了正当法律程序原则，也是违法的。比如，在司法实践中，法院会依据正当法律程序原则撤销行政行为或者确认行政行为违法。[①]

(3) 适用的依据不合法。这里的"依据"是行政行为的作出所依据的法律文件，包括法律、法规、规章和行政规范性文件。"不合法"应当包含两个方面：依据本身不合法和法律适用存在较为明显的错误。依据本身不合法主要是指该法律文件存在与上位法相抵触的情形或者规定了不应由其规定的事项等。适用了明显错误的依据是指行政机关恶意或者将一些本来不该适用到该案件的法律依据适用到该案件之上。比如，对于占道经营的行为，恶意适用《治安管理处罚法》中的寻衅滋事条款对当事人实施行政拘留。行政复议机关在审查时应当充分考虑被申请人在适用依据时的主观心理状态，对于有意片面适用法律、法规、规章，曲解法律、法规、规章原意的，要依法撤销；对于某些技术性的错误（如纯属行政记录笔误的情形），不宜依照此项条件撤销。变更决定里使用的是"适用依据不正确"的表述，意在强调法律适用存在瑕疵。但对于存在重大错误的，行政复议机关不应当作出变更决定，而应当作出撤销决定。

[①] 参见杨小君：《我国行政复议制度研究》，法律出版社2002年版，第286页。

(4) 对"超越职权或者滥用职权"的理解。超越职权和滥用职权都是行政机关不合法行使权力的表现形式。其中，超越职权是指行政机关超出法律规定的范围实施行政行为。具体又分为幅度越权和种类越权，幅度越权是指行政主体超出法律规定的幅度实施行政行为。比如，《治安管理处罚法》只授权派出所作出警告和500元以下罚款的处罚，其作出1000元的罚款处罚便属于幅度越权，其作出行政拘留的处罚便属于种类越权。滥用职权则是指行政机关行使权力时不符合法律授权的目的。如以权谋私、在执法过程中殴打行政相对人、在执法时考虑不相关因素等，都是滥用职权的体现。滥用职权的核心特征是行政机关及其工作人员主观上存在过错甚至恶意。

2. 责令重新作出行政行为的决定及其限制。新修订的《行政复议法》第64条第1款授权行政复议机关在撤销违法行政行为的同时，可以责令被申请人在一定期限内重新作出行政行为。该条第2款规定的是被申请人重新作出行政行为的限制。

根据两个条款的关系，对于责令重新作出行政行为的决定及其限制应作如下理解：

(1) 责令被申请人重新作出行政行为的情形。一般而言，行政行为违法就应当被撤销，撤销之后该行政行为不再有效力，从而起到监督行政权、救济公民权的作用。但现实中，有些行政行为被撤销后并不能实现申请人的诉求。比如，某大学作出不予授予学生毕业证、学位证的决定因违法被撤销后，学生并没有因此获得毕业证、学位证，这时候便需要大学重新作出行政行为，为学生颁发毕业证，或者重新作出行政行为，判断是否要为该学生颁发学位证。还有些案件中，行政行为被撤销后，需要行政机关重新作出行政行为才能保护公共利益。当出现行政主体应当重新作出行政行为的情形时，行政复议机关可以在撤销行政行为的同时责令被申请人重新作出行政行为。重作决定适用的条件主要有：第一，行政复议机关已经认定原行政行为违法并且已经作出撤销决定。第二，原行政为需要得到重新处理。第三，有重作的现实性。第四，重作决定不应当带来新的侵权或者损失。关于"一定期限内"，分为两种情况：一是法律有明确规定的按照法律的明确规定；二是法律没有明确规定的，行政复议机关根据行政惯例为行政机关设定一个合理的期限。

（2）重新作出行政行为的限制及其例外。按照《行政复议法》第64条第2款，行政复议机关责令被申请人重新作出行政行为的，被申请人不得以同一事实和理由作出与原行政行为相同或基本相同的行政行为。这是对被申请人重新作出行政行为的限制。法律之所以这样设计，是因为行政行为违法已经给相对人造成了侵害，行为被撤销后，如果行政机关还作出与原行为相同或基本相同的行政行为，无疑是对相对人的二次侵害，文明社会应当杜绝这种现象的发生。基本相同的行政行为，是指行政机关作出的新行为与原行为在事实认定、法律依据和行为结果等方面基本相同的行为，特别是结果基本相同的行为是应当避免的。

上述限制并不绝对，该条还规定了例外情形。如果行政复议机关以违反法定程序为由撤销行政行为，行政机关可以作出与原行为相同或基本相同的行政行为。之所以这样规定，是因为行政机关的行政行为如果只是因为程序违法而被撤销，其行为的实体合法性其实没有问题。行政复议机关撤销其行为在某种程度上主要是给行政机关一种惩戒。如果行政复议机关要求行政机关重新作出行政行为，而其之前的实体内容又没有问题，此时，其只需要按照法定程序重新作出这个行为即可。

(三) 履行决定

实践中，当行政机关未能及时履行法定职责导致申请人损害时，申请人可以申请行政复议，请求行政复议机关督促该行政机关依法履行职责。为了满足申请人的诉求，有必要设计一种专门督促被申请人履行职责的决定类型，这种决定类型便是履行决定。修订前的《行政复议法》第28条规定的第二个决定类型便是履行决定，其内容表述为"被申请人不履行法定职责的，决定其在一定期限内履行"。此次《行政复议法》修订保留了履行决定，并使用单独条文进行了规定。新修订的《行政复议法》第66条规定，"被申请人不履行法定职责的，行政复议机关决定被申请人在一定期限内履行"。

对于本条的理解适用，应当注意以下几点：

1. 对"法定职责"的界定。《行政复议法》虽然使用了"法定职责"的概念，但我们对"法定职责"不能机械地理解。即对"法定职责"应当采用广义理解。具体到执法实践，法定职责应当包括：第一，法律、法规、规章和行政规范性文件规定的职责。比如，《治安管理处罚法》第7条规定，县级以上地方各级人民政府公安机关负责本行政区域内的治安管理工作。这就是法律明确规定的职责。第二，基于行政协议、行政允诺产生的职责。比如，行政机关为达到行政目的，与相对人签订的协议中可能约定了相应的义务，这些义务虽然不是法律规定的，但基于诚实信用原则，行政机关应当遵守。第三，基于先行行为而产生的职责。先行行为的义务，是指行政机关因自己的行为导致相对人陷入危险状态，其有采取措施防止危害发生的行政义务。

2. 对"不履行"的界定。实践中，行政机关的"不履行"也存在多种样态：第一，拒绝履行，即行政机关明确表示拒绝履行相应的职责。比如，申请人申请信息公开，行政机关明确表示不予公开。第二，部分履行，即行政机关只履行了部分义务，没有全部履行。比如，申请人向行政机关申请公开三项政府信息，行政机关只公开了其中一项，没有完全满足申请人的诉求。第三，延迟履行，即行政机关在法定期限内没有履行或者不合理地拖延履行法定职责。具体分为两种情况：一是法律明确规定了履行期限，行政机关没有在法定期限内履行；二是法律没有规定具体的履行期限，行政机关不合理地拖延履行职责。关于"一定期限内"，分为两种情况：法律明确规定期限的，按照明确规定的期限进行；法律没有明确规定期限的，行政复议机关根据行政惯例为行政机关设定一个合理的期限。

3. 履行决定的潜在条件。《行政复议法》中关于履行决定的适用条件相对简单，似乎只要认定被申请人构成怠于履行职责，便可以作出履行决定。但从现实来看，履行决定的适用还有一些潜在条件：第一，履行仍有可能，即行政机关还有能力履行以及履行还具备现实条件。相反，如果履行已经不具有可能性或者现实性，则不能作出履行决定。比如，由于国家政策变化，行政机关无法履行之前承诺提供的优惠条件。第二，履行仍有意义。如果要求行政机关履行职责已经没有现实意义，也不宜作出履行决定。比如，某人因公安机关未尽到保护职责而死亡，再要求公安机关履行保护义务已经没有意义，则此时不能作出履行决定。

(四) 确认违法决定

确认违法决定是指行政复议机关对被复议行政行为进行审查后，认为行政行为违法但不适合作出撤销或履行决定，对行政行为的违法性进行确认并宣告的一种决定。理论上，当行政行为违法或者行政机关怠于履行职责时，行政复议机关应当作出撤销决定或者履行决定，但是有可能出现某种客观情况，使得撤销决定和履行决定均不适合作出。此时，至少应当对行政行为的违法性进行具有法律效力的宣告，这种起宣告作用的决定就是确认违法决定。因此，确认违法决定实际上属于撤销决定和履行决定的一种补充性决定，它只是对违法事实的确认，并不会对行政行为的效力产生实质影响。新修订的《行政复议法》第65条单独规定了确认违法决定。该条文的具体内容为："行政行为有下列情形之一的，行政复议机关不撤销该行政行为，但是确认该行政行为违法：（一）依法应予撤销，但是撤销会给国家利益、社会公共利益造成重大损害；（二）程序轻微违法，但是对申请人权利不产生实际影响。行政行为有下列情形之一，不需要撤销或者责令履行的，行政复议机关确认该行政行为违法：（一）行政行为违法，但是不具有可撤销内容；（二）被申请人改变原违法行政行为，申请人仍要求撤销或者确认该行政行为违法；（三）被申请人不履行或者拖延履行法定职责，责令履行没有意义。"上述条款大体规定了作出确认违法决定的两种适用情形：一是符合撤销条件，但在出现特殊情况不应撤销时，作出确认违法决定；二是在特殊情形下不需要或者无法作出撤销或者履行决定，即本来就不需要作撤销决定，因而作出确认违法决定。

1. 符合撤销条件不应适用撤销决定的情况。根据《行政复议法》第65条第1款，符合撤销条件但不应撤销的情形有两个：一是行政行为依法应予撤销，但是撤销会给国家利益、社会公共利益造成重大损害。行政行为往往是为了维护公共利益而作出的，因此，撤销行政行为一般均会对公共利益造成或多或少的影响，这里的情形应当特指撤销行政行为会对国家利益、社会公共利益造成重大损害。比如，在一些重大工程建设中，如果撤销批准文件，公共工程便将面临巨大的损失，国家利益或者社会公共利益将会受损，那么确认违法便更合适。二是行政行为程序轻微违法，但是对申请人权利不产生实际影响。如前所述，违反法定程序是撤销行政行为的重要原因。但在实践中，行政程序具有多元性和复杂性，并不是所有的行政程序都会对行政行为产生实质的影响。如行政决定书超过了送达时间，显然是违法的，但其未必会对当事人的利益产生实质影响；再如行政机关在行政程序过程中的错误记录等。对于存在程序瑕疵，但没有对申请人权利产生实质影响的行政行为，撤销决定显然过重，确认违法更加合适。当然，实践中，行政程序瑕疵到底有没有影响申请人的实质权利，还要具体问题具体分析。

2. 不具备作出撤销或者责令履行决定条件的情形。根据《行政复议法》第65条第2款，不具备撤销或者责令履行条件的情形主要有三项：一是行政行为违法，但是不具有可撤销内容。"不具有可撤销内容"一般是指行政行为本来就是一种事实行为或者行政行为已经完成，法律效果已经消失，不存在撤销可能性的情形。如城管打人的行为已经完成，而且是一种事实行为，便没有可撤销性。二是被申请人已改变原违法行政行为，申请人仍要求撤销或者确认原行政行为违法。理论上，行政机关改变原行为的，新的行政行为便取代了原行为，原行为的效力即消失。在行政复议受理之前或者行政复议期间,被申请人可能自知行政行为违法,主动改变了该行政行为,此时,新的行政行为取代了原来的行政行为,原来的行政行为理论上已经不再具有效力,因而不具有可撤销性或者没有必要撤销。但是申请人还要求继续审查原来行为的合法性并作出决定的,行政复议机关还应当继续审查原行政行为,这是行政复议监督职责的必然要求。被申请人虽然改变了原行为,但毕竟其违法在先,那么对其违法行为便应当进行监督。当然,由于此时原行政行为已经失效了,行政复议机关显然无法作出撤销决定,只能作出确认违法的决定。三是被申请人不履行或者拖延履行法定职责,责令履行没有意义。如前所述,履行决定的前提是履行仍有意义,如果责令履行已经没有现实意义,那么就没有作出履行决定的基础了。需要指出的是,被申请人应当履行法定职责而没有履行,也是一种违法行为,行政复议机关在无法作出履行决定的情况下,便可以将确认违法作为一个"退而求其次"的决定。

(五)确认无效决定

理论上,行政行为违法的状态分为两种:一种是一般违法,一种是重大且明显违法,即行为无效。对于一般违法,可以适用撤销或者确认违法的决定,但是对于无效行政行为,则需要有独立的决定类型,因为无效与一般违法具有显著区别。无效行政行为的特点是自始无效、当然无效、绝对无效,一个行政行为被认定无效是对其效力的根本否定。因而,针对无效行政行为需要单独的确认无效决定与之相适应。遗憾的是,修订前的《行政复议法》并没有规定确认无效决定,此次《行政复议法》修订弥补了这一缺憾。新修订的《行政复议法》第67条规定,"行政行为有实施主体不具有行政主体资格或者没有依据等重大且明显违法情形，申请人申请确认行政行为无效的，行政复议机关确认该行政行为无效"。该条专门规定了确认无效决定规则。

对于确认无效决定，要注意以下几点：

1. 无效行政行为的判断标准。从《行政复议法》第67条的表述来看，"重大且明显违法"是无效行政行为的核心标准。当然，"重大且明显违法"本身就是非常抽象的概念。一般认为，"重大违法"是指违法程度极为严重，对相对人的合法权益产生了极为严重的影响，"明显违法"则是指一位没有经过专业训练的普通人都能感觉到行政行为存在违法性。由于这个概念的模糊性，所以实践中一般通过列举典型无效情形的方式为实践提供指引。

2. 无效行政行为的典型形式。无效行政行为的抽象性决定了其范围较难界定，因而实践中常通过列举典型无效情形的方式界定无效行政行为。《行政复议法》第67条也列举了两类典型的无效行政行为：实施主体不具有行政主体资格和行政行为没有依据。

对于无效行政行为的典型形式，应作如下理解：

一是对"实施主体不具有行政主体资格"的理解。实施主体主要是指实施行政行为的机关或者组织。在我国，只有拥有行政主体资格才能实施行政行为，而行政主体的核心要素是法律授权其行政权并且允许其以自己名义作出行政行为。一般而言，行政机关获得了概括性的法律授权，因而其超越职权通常被视为违法，但是在特别情况下，如果法律将某种权力授权给某一个机关专属，而且这个权力对公民的影响巨大，其他机关行使该权力就应当属于重大且明显违法的无效行政行为。比如，在我国，只有公安机关才能行使限制人身自由的强制措施，假如市场监管局对他人采取了限制人身自由的强制措施,便是无效的。另外,行政机关以外的法律、法规、规章授权组织需要获得法律授权才能实施行政行为,当其实施一些没有获得法律授权的行政行为时,其行为便构成主体无资格。二是对"行政行为没有依据"的理解。行政行为没有依据应理解为行政主体作出行政行为时没有法律、法规、规章等规范性文件的明确授权。基于法无授权不可为的法理,行政主体实施行政行为没有任何法律依据,或者其依据存在严重违法的情况,都应视为行为没有依据,是无效行为。

3. 无效行政行为不限于列举的情形。《行政复议法》中规定的两种情形只是法律列举的实践中常见的情形,并不是对无效行政行为的穷举。从实践来看,行政主体实施重大且明显违法行为的情形具有多样性。比如,行政行为的内容客观不可能实施、行政行为可能导致犯罪、行政处罚明显违反法定程序且严重影响相对人权利等,都是无效的行政行为。

4. 确认无效决定作出的前提。根据法律规定,作出确认无效的决定,除了应当具备重大且明显违法情形之外,还应当基于"申请人的申请"。对于申请人的申请宜作如下理解:其一,申请人申请复议时,要求确认行政行为无效;其二,申请人在申请时未要求确认行政行为无效,但行政复议机关审查后认为行政行为属于重大且明显违法的情形的,应当向申请人释明,建议申请人更改复议请求,从而作出确认无效的决定。如果申请人拒不变更,行政复议机关可以参考行政诉讼的经验,径行作出确认无效的决定,因为行政复议有监督使命,并不完全受制于申请人的请求。

(六) 维持决定

维持决定是行政复议中特有的决定类型，是指行政复议机关对被复议行政行为的合法性、适当性进行审查后，认定行政行为既合法又适当，对该行为的效力予以确认并进行宣告的决定类型。维持决定可以被看作行政复议机关对行政行为的肯定，具有效力加持的作用。之所以设计维持决定，是因为一旦确认行政行为合法便涉及未来的执行问题，只有行政复议机关确认该行政行为的合法性、合理性，在未来执行时才更有说服力。正是基于这个原因，修订前的《行政复议法》第 28 条规定的第一个决定类型便是维持决定。新修订的《行政复议法》保留了维持决定，但将其放在较为靠后的位置，主要是为了强调维持决定不应该被优先选择。新修订的《行政复议法》第 68 条规定，"行政行为认定事实清楚，证据确凿，适用依据正确，程序合法，内容适当的，行政复议机关决定维持该行政行为"。该条规定了维持决定的适用条件，即行政行为既合法又合理。

对于维持决定的适用应当注意以下几点：

1. 维持决定的适用必须慎重。根据《行政复议法》第 68 条的规定，只有行政行为在合法性和合理性方面均没有问题时，行政复议机关才能作出维持决定。合法性方面要做到事实清楚、证据确凿、适用依据正确、程序合法、无超越职权或滥用职权、无明显不当等。其中，内容适当也是合法性的一个指标。适当性要求行政复议机关对内容进行深入审查，对行政行为的合理性进行全面审查，只有在确认行政行为的合理性没有瑕疵的情况下，才能作出维持决定。换言之，内容适当比合法性要求更高。

2. 维持决定的适用范围。理论上，维持决定是对行政行为合法性、适当性的确认，是对行政行为效力的维护，因而并非所有的行政行为都适用维持决定。比如，申请人针对行政机关怠于履行职责的行为或者不履行行政给付义务的行为申请行政复议，行政复议机关审查后认为申请人的请求不成立的，作出维持决定显然不合适的，应当作出驳回复议请求的决定。

（七）驳回决定

如前所述，对于申请人复议请求不合理，但行政复议机关又不适合作出维持决定的，需要设计专门的复议决定类型，这一决定类型便是驳回复议请求的决定。对于驳回复议请求的决定，修订前的《行政复议法》没有规定，为了满足现实的需要，《行政复议法实施条例》第48条规定了驳回复议申请的决定形式，"有下列情形之一的，行政复议机关应当决定驳回行政复议申请：（一）申请人认为行政机关不履行法定职责申请行政复议，行政复议机关受理后发现该行政机关没有相应法定职责或者在受理前已经履行法定职责的；（二）受理行政复议申请后，发现该行政复议申请不符合行政复议法和本条例规定的受理条件的。上级行政机关认为行政复议机关驳回行政复议申请的理由不成立的，应当责令其恢复审理"。根据该条规定，申请人理由不成立的，作出驳回复议申请的决定。但对于上述情况，适用驳回复议申请的决定显然是不科学的，因为驳回复议申请的前提应该是复议申请不符合受理条件。为了解决这个问题，此次《行政复议法》修订专门规定了驳回复议请求的决定。新修订的《行政复议法》第69条规定，"行政复议机关受理申请人认为被申请人不履行法定职责的行政复议申请后，发现被申请人没有相应法定职责或者在受理前已经履行法定职责的,决定驳回申请人的行政复议请求"。该条便是关于驳回复议请求决定的规定。

对于驳回复议请求的决定,应当注意以下几点:

1. 驳回复议请求决定的适用范围。根据《行政复议法》第69条,驳回复议请求的决定只适用于申请人认为被申请人不履行法定职责的案件,即适用于行政不作为案件。如前所述,行政复议机关经审查认为被申请人构成行政不作为的,且履行还有意义的,应当作出履行决定。而如果责令被申请人履行职责已没有意义,则应当作出确认违法的决定。但如果行政复议机关审查后认为被申请机关没有相应职责或者已经在受理之前履行法定职责,作出履行决定还是确认违法决定均不合适,但申请人的复议请求无法得到支持,此时,作出驳回复议申请的决定更为合适。

2. 对于适用情形的理解。如前所述,行政复议机关经审查认为被申请人没有相应的法定职责或者已经在受理前履行职责的,可以作出驳回复议请求的决定。对于上述两种情况,应当作如下理解:第一,被申请人没有相应的法定职责,是指经行政复议机关审查,认为被申请人并不具有申请人请求其履行的法定职责。这里的法定职责要从广义上理解,即既包括法律、法规、规章规定的职责,也包括因政策文件、行政允诺、行政协议和先行行为而产生的职责。这里的"不具有"存在两种情况:一是申请人的请求根本不是行政机关的职责;二是申请人的请求是别的行政机关的职责,且被申请人已经告知其应当向有管辖权的行政机关申请,但申请人仍然坚持要求被申请人履行该职责。第二,被申请人已经在行政复议机关受理前履行了该职责。这种情形主要是指被申请人在行政复议机关受理案件之前就已经履行了职责,此时,申请人的主张已经无法支持,而且可以视为行政机关已经进行纠错,此时,申请人的诉求不应得到支持。这里需要注意的是,如果被申请人是在案件受理后才履行职责,行政复议机关则应当作出确认违法的决定,而不是驳回复议请求。

3. 应当注意驳回复议请求决定和驳回复议申请决定的不同。驳回复议申请决定适用于行政复议机关对于已经受理了的行政复议案件,经审查发现案件不符合受理条件的情形,此时,其不能继续审理这个案件,应当驳回申请人的复议申请。从这个意义上说,驳回复议申请本质上是对受理错误的纠错,行政复议机关没有对实体问题进行审理。驳回复议请求则是行政复议机关对于符合受理条件的案件,进行实体审理之后,认为申请人的请求无法得到支持而作出的复议决定。质言之,驳回复议申请决定与驳回复议请求决定的核心区别在于行政复议机关是否进行了实体审查。

(八) 未履行举证责任时的决定

根据新修订的《行政复议法》第 48 条、第 54 条,被申请人应当在接到复议申请书之日起的法定期限内答复并提交作出行政行为的证据、依据和其他有关材料,这是对被申请人举证责任的规定。但现实中,被申请人可能拒不提交证据或者逾期提交证据,这将导致行政复议程序被不当延迟或者行政复议秩序被破坏,对此,应当给行政机关设定一定的责任,约束其积极履行举证责任。修订前的《行政复议法》第 28 条第 1 款第 4 项对此作了回应,规定"被申请人不按照本法第二十三条的规定提出书面答复、提交当初作出具体行政行为的证据、依据和其他有关材料的,视为该具体行政行为没有证据、依据,决定撤销该具体行政行为"。该条便是对被申请人怠于履行举证责任后果的规定。这一规定有利于倒逼被申请人依法履行举证责任。同时，视为没有证据也是对申请人的有利推定。鉴于这一制度具有重要价值，新修订的《行政复议法》第 70 条保留了这一制度，"被申请人不按照本法第四十八条、第五十四条的规定提出书面答复、提交作出行政行为的证据、依据和其他有关材料的，视为该行政行为没有证据、依据，行政复议机关决定撤销、部分撤销该行政行为，确认该行政行为违法、无效或者决定被申请人在一定期限内履行，但是行政行为涉及第三人合法权益，第三人提供证据的除外"。

对于本条的理解，应把握以下几点：

1. 视为没有证据、依据的情形。根据《行政复议法》第 70 条的规定，视为没有证据主要存在两种情形：一是被申请人完全没有提供任何证据和依据；二是被申请人无正当理由逾期提供证据。《行政复议法》规定，被申请人应当在收到复议申请书副本之日起 10 日内提交证明被复议行政行为合法性、适当性的证据和依据，如果其在 10 日内没有提交就是逾期。无正当理由就是没有合适的理由，故意或者过失没有在法定期限内提交证据。无论哪种情况，都可以推定被申请人作出的行政行为没有相关证据和依据。

2. 对视为没有证据、依据的处理。行政行为合法的前提是证据确凿充分，如果一个行政行为被推定没有证据或者依据，那么这个行政行为便应当被推定为违法或者其阐述的理由不成立。行政行为被推定为违法或者理由不成立的，行政复议机关应当根据案件类型作出相应的处理：对于符合撤销决定的案件作出撤销决定；对于符合履行决定的案件作出履行决定；对于存在重大且明显违法情形的行政行为作出确认无效的决定。

3. 视为没有证据、依据的例外。被申请人怠于履行举证责任的，本应承担推定违法的不利后果。但如果本案涉及第三人合法权益，且第三人提供证据或依据的，可以视为被申请人履行了举证责任。比如，三个行政机关共同作出了行政行为，申请人只以其中一个机关作为被申请人，其他机关可能作为第三人参加行政复议。此时，如果作为被申请人的行政机关怠于履行举证责任，但第三人积极举证，则其举证应当视为与被申请人举证具有相同效果，毕竟三个机关之间存在连带关系。

(九) 行政协议案件决定

新修订的《行政复议法》第11条将行政协议纳入了行政复议的范围，这意味着未来行政协议案件也将成为行政复议的重要案件类型。根据《最高人民法院关于审理行政协议案件若干问题的规定》第1条，行政机关为了实现行政管理或者公共服务目标，与公民、法人或者其他组织协商订立的具有行政法上权利义务内容的协议，属于行政协议。根据该条之规定，行政协议与民事协议不同，更与传统行政行为存在差距，因而对于行政协议案件的处理应当采用特殊规则。基于此，新修订的《行政复议法》第71条规定，"被申请人不依法订立、不依法履行、未按照约定履行或者违法变更、解除行政协议的，行政复议机关决定被申请人承担依法订立、继续履行、采取补救措施或者赔偿损失等责任。被申请人变更、解除行政协议合法，但是未依法给予补偿或者补偿不合理的，行政复议机关决定被申请人依法给予合理补偿"。本条对行政协议案件的决定内容作了规定。

理解本条，应当注意以下几点：

1. 行政协议争议的类型。根据《行政复议法》第71条，行政协议案件的争议主要有两类：行政行为违法和行政协议违约。这是与行政协议的性质相契合的，行政协议兼具行政性和合意性，因而行政机关在行政协议的签订和履行过程中可能出现两种情形：行政行为违法和行政协议违约。前者属于行政法规范的范畴，后者属于民法规范的范畴。不同的争议类型，对应着不同的决定内容。这是本条的基本逻辑。

2. 行政主体违法或者违约的处理。根据《行政复议法》第71条第1款，被申请人不依法订立、不依法履行、未按照约定履行或者违法变更、解除行政协议的，行政复议机关可以作出相应的处理。上述情形总体可以归为两类：违法和违约。未按照约定履行是典型的违约行为，违法变更、解除行政协议是典型的违法行为，不依法订立、不依法履行则兼具违法和违约双重属性。

（1）不依法订立及其处理。不依法订立是指行政主体不按照法律要求与相对人签订协议。现实中有两种情况，一种是法律明确规定某个事项应当签订协议，但行政机关不按照法律规定的要求签订协议；另一种是行政机关发出要约，相对人承诺后，行政机关拒不签署协议。前者违反了行政法律规范，后者则不符合《民法典》的规定，都可以视为"不依法"。对于行政机关依法应当与相对人签订协议但不签订的行为，如果行政相对人请求继续签订协议，行政复议机关应当作出责令被申请人依法订立协议的决定。但是，如果申请人不主张订立合同，或者订立合同已经没有意义的，行政复议机关则应当作出责令被申请人采取补救措施或者赔偿损失的决定。

（2）不依法履行及其处理。不依法履行是指行政主体没有按照法律规定的要求履行行政协议或者履行不符合法律规定。这种主要适用于法律对行政协议的履行要求已经进行明确规定的情况。行政主体履行协议不符合法律规定，且申请人要求继续履行协议的，行政复议机关应当作出责令被申请人继续履行的决定。对履行已经没有意义或者申请人不要求履行行政协议，行政复议机关应当作出责令被申请人采取补救措施或者赔偿损失的决定。

（3）未按照约定履行及其处理。与不依法履行行政协议不同，未按照约定履行行政协议是指行政主体不履行、部分履行或者迟延履行行政协议的情形。行政主体未按照约定履行行政协议是一种违约行为，行政复议机关可以根据申请人的请求，作出责令被申请人继续履行的决定。如果合同履行已经没有意义或者行政相对人不要求继续履行，行政复议机关可以责令被申请人作出采取补救措施或者赔偿损失的决定。

（4）违法变更、解除行政协议及其处理。基于行政主体的行政优益权，当继续履行行政协议可能导致公共利益遭受巨大损失时，行政主体可以单方变更、解除行政协议。但现实中，行政主体存在滥用行政权力违法变更、解除行政协议的情况。比如，行政主体无正当理由随意解除其与行政相对人之间签订的行政协议。行政机关违法变更、解除行政协议的，应视为行政违法。当出现这种情况时，行政复议机关应根据不同情况作出处理：一是申请人要求继续履行，且履行仍有意义的，行政复议机关应当作出继续履行的决定；二是申请人不要求继续履行或者履行已经没有意义的，行政复议机关可以视情况作出责令行政主体采取补救措施或者赔偿损失的决定。

3. 行政主体合法变更、解除行政协议的处理。现实中，如果行政协议继续履行将导致公共利益的重大损失，应当允许行政主体基于现实考虑单方变更、解除行政协议，此时，行政主体的行政行为是合法的，因而不适用继续履行和赔偿决定。但行政主体单方变更、解除行政协议的行为可能会导致协议相对方的损失，对于这类损失，应当为其提供合理的补偿。在我国，一般认为，行政行为违法导致损失适用赔偿，行政行为合法导致损失适用补偿。因而，当行政复议机关发现行政主体单方变更、解除行政协议的行为本身是合法的，但客观上造成了申请人之损失时，可以作出合理补偿的决定。实践中有两种情形：一种是申请人提起行政复议时主张行政主体单方变更、解除行政协议的行为违法，但行政复议机关审查后认为行政主体单方变更、解除行政协议合法，因而作出合理补偿决定。另一种是申请人提起行政复议时直接主张行政主体单方变更、解除行政协议合法，但请求给予合理补偿，行政复议机关经审查认为理由成立的，可以作出合理补偿的决定。

（十）行政赔偿决定

行政复议具有行政救济功能，因此，当行政主体的违法行政行为造成申请人合法权益损害时，应当承担赔偿责任。为了督促行政主体承担赔偿责任，有必要引入相应的决定，这一决定即行政赔偿决定。修订前的《行政复议法》第29条规定了行政赔偿决定，即"申请人在申请行政复议时可以一并提出行政赔偿请求，行政复议机关对符合国家赔偿法的有关规定应当给予赔偿的，在决定撤销、变更具体行政行为或者确认具体行政行为违法时，应当同时决定被申请人依法给予赔偿。申请人在申请行政复议时没有提出行政赔偿请求的，行政复议机关在依法决定撤销或者变更罚款，撤销违法集资、没收财物、征收财物、摊派费用以及对财产的查封、扣押、冻结等具体行政行为时,应当同时责令被申请人返还财产,解除对财产的查封、扣押、冻结措施,或者赔偿相应的价款"。但该条规定存在一个缺陷,即没有规定申请人赔偿请求不成立时如何处理。理论上,申请人的赔偿请求是依据《国家赔偿法》提出的,是在行政复议中要求一并解决行政赔偿争议,该赔偿争议并不属于《行政复议法》的调整范围,因而驳回复议请求的决定并不适宜。

为了弥补这一缺陷,新修订的《行政复议法》第 72 条进行了补充性规定,"申请人在申请行政复议时一并提出行政赔偿请求,行政复议机关对依照《中华人民共和国国家赔偿法》的有关规定应当不予赔偿的,在作出行政复议决定时,应当同时决定驳回行政赔偿请求;对符合《中华人民共和国国家赔偿法》的有关规定应当给予赔偿的,在决定撤销或者部分撤销、变更行政行为或者确认行政行为违法、无效时,应当同时决定被申请人依法给予赔偿;确认行政行为违法的,还可以同时责令被申请人采取补救措施。申请人在申请行政复议时没有提出行政赔偿请求的,行政复议机关在依法决定撤销或者部分撤销、变更罚款,撤销或者部分撤销违法集资、没收财物、征收征用、摊派费用以及对财产的查封、扣押、冻结等行政行为时,应当同时责令被申请人返还财产,解除对财产的查封、扣押、冻结措施,或者赔偿相应的价款"。该条规定大体分为两种情况:申请人在申请行政复议的同时一并提出赔偿请求和申请人在申请行政复议时没有提出赔偿请求。

1. 申请人一并提出赔偿请求及其处理。根据《行政复议法》第 72 条第 1 款,申请人一并提出赔偿请求的,行政复议机关应当根据《国家赔偿法》的规定审查申请人的复议申请是否成立。审查后可能出现两种结果:第一,行政复议机关审查后,认为申请人的赔偿请求不成立的，在作出行政复议决定的同时驳回行政赔偿请求。第二，行政复议机关审查后，认为申请人的赔偿请求成立的，在作出行政复议决定的同时，作出责令被申请人依法给予赔偿的决定。其中，确认行政行为违法的，还应当同时责令被申请人采取补救措施。从条文表述来看，行政复议机关作出驳回赔偿请求的决定时，所依附的行政复议决定类型并没有明确的限制，既可能是维持决定、驳回复议请求决定，也可能是确认违法或者撤销决定。因为在行政复议机关作出确认违法或者撤销决定的情况下，如果申请人没有受到损失，也就不存在赔偿的问题。相反，作出被申请人依法赔偿的决定，则只能与撤销决定、确认违法决定和确认无效决定一起作出。

2. 申请人未提出赔偿请求的处理。赔偿请求一般遵循不告不理的原则，因此，如果申请人没有提出赔偿请求，行政复议机关则不能主动作出赔偿决定。但现实中，一些财产类的行政行为一旦被撤销，行政主体继续占有申请人的财产便不再具有合法理由，此时无论申请人是否主张赔偿，行政复议机关都应当要求被申请人返还财产，财产已经灭失的，应当直接要求被申请人赔偿相应的价款。对此，《行政复议法》第72条第2款作出了明确规定，"……行政复议机关在依法决定撤销或者部分撤销、变更罚款，撤销或者部分撤销违法集资、没收财物、征收征用、摊派费用以及对财产的查封、扣押、冻结等行政行为时，应当同时责令被申请人返还财产，解除对财产的查封、扣押、冻结措施，或者赔偿相应的价款"。

四、行政复议调解、和解制度

行政复议决定是行政复议机关解决行政争议、终结案件的主要方式，但不是唯一方式。调解作为具有中国特色的纠纷解决方式，可以作为行政复议决定的补充。修订前的《行政复议法》没有规定调解制度，对调解持排斥态度。此次《行政复议法》修订则全面引入了调解制度，并且还规定了申请人与被申请人自愿达成和解的制度。调解、和解制度，本质上都是双方基于自愿就争议达成妥协，实现争议化解目的的方式，所以，新修订的《行政复议法》第73条、第74条分别对两个制度作了规定。

（一）行政复议调解制度

调解是指在行政复议机关的主持下，申请人和被申请人就争议的实体权利和义务自愿协商、达成协议、解决纠纷的活动。根据新修订的《行政复议法》第5条，行政复议全面实施调解制度，即行政复议机关对于任何行政争议，都可以通过调解的方式结案。为了落实这一原则，《行政复议法》第73条规定了行政复议调解书的相关内容。该条规定，"当事人经调解达成协议的，行政复议机关应当制作行政复议调解书，经各方当事人签字或者签章，并加盖行政复议机关印章，即具有法律效力。调解未达成协议或者调解书生效前一方反悔的，行政复议机关应当依法审查或者及时作出行政复议决定"。

对于该条规定，宜作如下理解：

1. 调解书的制作。在行政复议机关的主持下，双方当事人自愿达成调解协议后，行政复议机关应当根据调解协议的内容制作行政复议调解书。双方当事人自愿达成调解协议，是制作行政复议调解书的前提，同时也为行政复议机关设定了制作行政复议调解书的义务。行政复议机关制作完行政复议调解书后，应交由双方当事人进行内容确认，没有异议的，双方签字或者签章，后由行政复议机关加盖行政复议机关印章，一旦加盖该印章，该调解书就具有法律效力，各方当事人都应当受到约束。根据司法部 2024 年 4 月 3 日印发的《关于进一步加强行政复议调解工作推动行政争议实质性化解的指导意见》规定，行政复议调解书对原行政行为进行变更的，原行政行为不再执行。该规定明确了调解书的效力。

2. 调解失败的处理。调解必须以双方当事人自愿为前提，因此，只要一方不愿意接受调解、拒不签署调解协议或者签订调解协议后反悔拒不签署调解书，就意味着行政复议机关的调解失败。一旦调解失败，行政复议机关便不能再强迫调解，而应当依法履行行政复议机关的决定职责。调解失败的具体情形包括：当事人拒不接受调解；当事人就调解协议达不成一致意见；当事人拒不签署调解协议；当事人拒不签署调解书；当事人签署调解书后在行政复议机关加盖公章前反悔。行政复议调解只是行政复议结案的替代方式，应当充分尊重当事人的意愿，不可强制、压制调解。

（二）行政复议和解制度

与行政复议调解是在行政复议机关主持下进行的不同，行政复议和解是双方当事人自行协商，就行政争议解决方案达成一致意见，从而化解矛盾纠纷的一种方式。双方当事人达成和解之后，行政复议案件并没有结束，因此，需要申请人主动申请撤回复议申请，行政复议机关审查后准许撤回的，行政复议便告终结。从这个意义上说，行政复议和解也是解决行政争议的重要方式。修订前的《行政复议法》没有规定和解制度，只在第 25 条规定，"行政复议决定作出前，申请人要求撤回行政复议申请的，经说明理由，可以撤回；撤回行政复议申请的，行政复议终止"。这一条规定的是申请人撤回复议申请的制度，虽然没有明确规定和解的内容，但现实中，申请人撤回复议申请的重要原因之一便是双方当事人达成了和解。新修订的《行政复议法》第74条则直接规定了行政复议和解制度。该条规定，"当事人在行政复议决定作出前可以自愿达成和解，和解内容不得损害国家利益、社会公共利益和他人合法权益，不得违反法律、法规的强制性规定。当事人达成和解后，由申请人向行政复议机构撤回行政复议申请。行政复议机构准予撤回行政复议申请、行政复议机关决定终止行政复议的，申请人不得再以同一事实和理由提出行政复议申请。但是，申请人能够证明撤回行政复议申请违背其真实意愿的除外"。

对于本条规定的理解适用，应当注意以下几点内容：

1. 当事人和解的限制。申请人和被申请人之间通过自行和解解决行政争议无疑是成本最低的方式，应当鼓励。但行政主体的行政行为往往涉及公共利益，不能放任双方当事人任意达成和解协议。现实中，某些被申请人为与申请人达成和解可能会随意放弃职责或者答应申请人的不合理诉求，进而损害公共利益。为了防止这种情况的发生，新修订的《行政复议法》第74条第1款明确规定了当事人和解的限制。当事人和解要符合两个条件：第一，当事人必须基于自愿达成和解，即当事人和解是出于真实意思表示，没有被胁迫和欺骗。第二，当事人和解的内容不得损害国家利益、社会公共利益和他人合法权益，不得违反法律、法规的强制性规定。

2. 行政复议机关的引导职责。根据司法部印发的《关于进一步加强行政复议调解工作推动行政争议实质性化解的指导意见》，行政复议机构应当积极引导当事人在案件受理环节参加受理前调解，通过被申请人自查自纠、向申请人释法明理等工作，申请人同意撤回行政复议申请的，不再处理该申请并按规定记录、存档。

3. 撤回复议申请与批准。当事人达成和解并不会自动产生复议终结的效果，申请人应当向行政复议机关主动提出撤回行政复议的申请。撤回行政复议申请，是指在行政复议机关对案件作出决定之前，申请人以一定的行为主动撤回行政复议请求，申请行政复议机关终止行政复议程序的行为。撤回行政复议申请是申请人自愿放弃行使救济权的行为，可以产生终结行政复议的效果。但由于行政复议具有监督功能，因此，对于申请人的撤回复议申请，行政复议机关应当进行审查。只有行政复议机关经审查，认为申请人撤回复议申请基于自愿，且不损害国家利益、公共利益、他人合法权益，不违反法律、法规禁止性规定时，才能准许其撤回复议申请。一旦行政复议机关准予申请人撤回复议申请，行政复议便没有继续进行的必要，行政复议即告终结。

4. 一事不再理及其例外。为了节约行政复议资源，尽快稳定社会秩序，《行政复议法》规定，一旦行政复议机关准予申请人撤回复议申请，行政复议即告终结。申请人不得再以同一事实和理由提出行政复议申请。该规定借鉴了行政诉讼法上的"一事不再理"原则。当然，这一原则也有例外，即申请人能够证明撤回行政复议申请违背其真实意愿的不受"一事不再理"原则的限制。因为申请人撤回复议申请必须是基于自愿的，如果不是基于自愿的，则不能产生终结行政复议的效果。现实中，违背申请人意愿的情况主要有：第一，被申请人威胁、强迫申请人撤回复议申请。第二，被申请人与申请人达成和解协议，申请人撤回申请后，被申请人拒不承认或者拒不执行和解协议。无论何种情况，申请人撤回复议申请都不是自愿的，应当允许其重新申请复议。

五、行政复议意见书

行政复议决定书和行政复议调解书都是为了解决行政争议而作出的具有法律效力的文件。无论是行政复议决定书还是调解书，其内容均具有特定性，特别是行政复议决定书，有着严格的类型和内容限制。现实中，行政复议机关在行政复议审理过程中发现的部分违法或者不当行为可能无法适用法律规定的复议决定书形式。比如，在审理被申请人的行为时，发现被申请人的下级机关存在违法，此时便没有复议决定可供选择，应当赋予行政复议机关一定的手段，使其能够指出被申请人或者其他行政机关的问题并督促其纠正。行政复议意见书便是这样一种替代性的措施。行政复议意见书，是指行政复议机关在审理行政复议案件过程中，发现被申请人或者其他下级行政机关的有关行政行为违法或者不当，向该机关指出其行为的违法或者不当之处，并提出相应整改意见的一种法律文书。修订前的《行政复议法》并未规定行政复议意见书制度，但后来的《行政复议法实施条例》中规定了该制度。《行政复议法实施条例》第57条第1款规定："行政复议期间行政复议机关发现被申请人或者其他下级行政机关的相关行政行为违法或者需要做好善后工作的，可以制作行政复议意见书。有关机关应当自收到行政复议意见书之日起60日内将纠正相关行政违法行为或者做好善后工作的情况通报行政复议机构。"新修订的《行政复议法》第76条正式引入了行政复议意见书制度："行政复议机关在办理行政复议案件过程中，发现被申请人或者其他下级行政机关的有关行政行为违法或者不当的，可以向其制发行政复议意见书。有关机关应当自收到行政复议意见书之日起六十日内,将纠正相关违法或者不当行政行为的情况报送行政复议机关。"该款规定的核心内容是行政复议意见书的制发和接收意见书机关的义务。

(一) 行政复议意见书的制发

《行政复议法》第76条规定,"行政复议机关在办理行政复议案件过程中,发现被申请人或者其他下级行政机关的有关行政行为违法或者不当的,可以向其制发行政复议意见书"。该条规定了行政复议意见书的制发主体、制发情形等内容。

1. 行政复议意见书的制发主体。根据《行政复议法》,行政复议意见书的制发主体是审理案件的行政复议机关。行政复议机构不能以自己的名义出具行政复议意见书。行政复议意见书是行政复议机关对外作出的具有法律效力的文件,是行政复议机关复议职权的体现。

2. 行政复议意见书针对的对象。行政复议意见书可以向被申请人发出,也可以向其他下级行政机关发出。这是行政复议意见书与行政复议决定书的重要区别,行政复议决定书只能针对被申请人的行政行为作出,但行政复议意见书则可以针对被申请人以外的下级行政机关作出。现实中,有些行政机关并没有被列为被申请人,但如果行政复议机关在审理过程中发现其行政行为存在违法或者不当,便可以向其制发行政复议意见书,要求其纠正违法或者不当的行为。这也是行政复议意见书的优势。

3. 行政复议意见书的内容。《行政复议法》对于行政复议意见书内容没有进行明确规定,而是授权行政复议机关根据被申请人或者其他下级行政机关行政行为违法或者不当的情况提出其认为必要的意见。行政复议意见书的内容可以是被申请行政行为违法不当的有关情况，也可以是改变或者采取补救措施的意见，还可以是解决问题的依据和途径等。相对于行政复议决定而言，行政复议意见书的优势在于内容上的灵活性。

(二) 接收意见书机关的义务

新修订的《行政复议法》第 76 条规定，有关机关应当自收到行政复议意见书之日起六十日内，将纠正相关违法或者不当行政行为的情况报送行政复议机关。该条规定了接收意见书的行政机关的相关义务。

1. 按照意见书自我纠错的义务。行政复议机关向被申请人或者其他下级行政机关发出意见书的目的是要求该机关纠正自己的违法或者不当行为。收到意见书的行政机关应当按照意见书中指出的问题和整改意见认真进行整改。认真落实意见书的内容，这既是《行政复议法》的要求，也是行政系统内部层级监督制度的要求。

2. 及时通报的义务。接收意见书的行政机关仅纠正自己的违法或者不当行为是不够的，其应当在接到意见书之日起 60 日内将纠正行政行为的情况报送行政复议机关。这一规定是为了确保行政复议机关能够对行政复议意见书所针对的对象纠正自身违法行为的情况进行监督。如果监督对象纠正不彻底，或者不符合意见书要求，行政复议机关可以采取进一步措施。另外，既然接收意见书的行政机关应当在 60 日内将整改情况报送行政复议机关，其也必然要在 60 日内完成整改。

六、行政复议决定书、调解书、意见书的效力及其公开

新修订的《行政复议法》规定了三个重要的法律文书，即行政复议决定书、行政复议调解书与行政复议意见书，都是用于解决行政争议、监督行政权的重要法律文书。

（一）行政复议决定书的制作与效力

《行政复议法》第75条规定，"行政复议机关作出行政复议决定，应当制作行政复议决定书，并加盖行政复议机关印章。行政复议决定书一经送达，即发生法律效力"。该条规定了行政复议决定书的制作以及效力。

1. 行政复议决定书的制作。根据《行政复议法》第75条第1款的规定，行政复议机关须以书面形式，而不能采取口头方式作出决定，而且复议决定书必须加盖行政复议机关的印章。这意味着，作出书面的行政复议决定书是行政复议机关的法定义务。根据实践经验，行政复议决定书应当包括以下内容：一是申请人、被申请人以及第三人的自然情况。二是申请人申请行政复议的主要请求和理由。三是行政复议机关认定的事实、依据和理由。四是行政复议决定最终结论。即明确被申请行政行为的合法性、适当性，并根据案件具体情况、申请人请求和《行政复议法》规定的决定形式，作出相应的决定。五是交代诉权。即告知申请人和第三人如不服行政复议决定，可以在特定期限内向人民法院提起行政诉讼。六是作出行政复议决定的年、月、日。

2. 行政复议决定书的法律效力。《行政复议法》第75条第2款规定，"行政复议决定书一经送达，即发生法律效力"。理论上，

行政复议决定也是一种特殊的行政行为，其同样具有行政行为的效力。根据行政行为效力理论，行政复议决定应当包括以下效力：一是确定力，指行政复议决定书确定了行政法律关系主体的权利义务关系，非经法定程序，不得自行改变。比如，申请人不得再次就同一事实和理由申请行政复议。二是拘束力，指行政复议决定书对当事人各方都产生拘束力。三是执行力，指申请人、被申请人和第三人都有义务执行行政复议决定。换言之，执行力即行政复议决定的内容得以实现的效力。

（二）被申请人的履行义务与保障措施

行政复议决定书、调解书和意见书都具有法律效力，因此，被申请人应当接受上述法律文书的约束，并履行上述文书确定的义务。为了强化行政复议决定书等法律文书的约束力，《行政复议法》第77条规定了被申请人履行行政复议的义务，并且规定了被申请人不履行义务时，对申请人的保障机制。

1. 被申请人履行法律文书的义务。《行政复议法》第77条第1款规定，"被申请人应当履行行政复议决定书、调解书、意见书"。这一款直接为被申请人设定了履行行政复议决定书等法律文书的义务。行政复议机关针对被申请人作出的各种法律文书具有法律约束力，被申请人应当积极履行，这一点没有太大争议。但对这里的"履行义务"应当采取广义理解，因为行政复议决定书、调解书或者意见书的内容具有多样性，具体履行的义务也有所不同。如果是履行决定或者赔偿决定，那么被申请人便应当按照履行决定的要求或者赔偿决定的要求履行相应的义务；如果是撤销决定、确认违法决定等，被申请人受决定内容的约束，便不得作出与上述决定相反的意思表示。

2. 被申请人不履行义务的法律责任。《行政复议法》第77条第2款规定,"被申请人不履行或者无正当理由拖延履行行政复议决定书、调解书、意见书的,行政复议机关或者有关上级行政机关应当责令其限期履行,并可以约谈被申请人的有关负责人或者予以通报批评"。本条是为被申请人怠于履行法律文书义务设定的矫正措施。当被申请人不履行或者无正当理由拖延履行行政复议决定书等法律文书时,行政复议机关或者上级行政机关必须责令其限期履行,这是在行政复议决定之外又增加了一个强制性的命令,而且不仅行政复议机关,有关上级行政机关也可以责令其限期履行。除了发出强制性命令外,行政复议机关或者上级行政机关还可以采取约谈被申请人的负责人或者对被申请人及其负责人进行通报批评的方式督促其履行义务。

(三)申请人、第三人不履行法律文书的强制执行

行政复议决定书和调解书对于申请人具有拘束力,当行政复议机关为第三人设定义务时,第三人也应当受到行政复议决定书和调解书的约束。对于已经生效的行政复议决定书、调解书,只要申请人或者第三人逾期未提起行政诉讼,申请人和第三人就有义务自觉履行。如果其不自觉履行,就需要辅以强制执行。对此,修订前的《行政复议法》第33条已经有所规定,"申请人逾期不起诉又不履行行政复议决定的,或者不履行最终裁决的行政复议决定的,按照下列规定分别处理:(一)维持具体行政行为的行政复议决定,由作出具体行政行为的行政机关依法强制执行,或者申请人民法院强制执行;(二)变更具体行政行为的行政复议决定,由行政复

议机关依法强制执行，或者申请人民法院强制执行"。新修订的《行政复议法》第78条保留了这一制度，"申请人、第三人逾期不起诉又不履行行政复议决定书、调解书的，或者不履行最终裁决的行政复议决定的，按照下列规定分别处理：（一）维持行政行为的行政复议决定书，由作出行政行为的行政机关依法强制执行，或者申请人民法院强制执行；（二）变更行政行为的行政复议决定书，由行政复议机关依法强制执行，或者申请人民法院强制执行；（三）行政复议调解书，由行政复议机关依法强制执行，或者申请人民法院强制执行"。本条规定了申请人、第三人的履行义务以及强制执行措施。

1. 强制执行的适用条件。对于行政复议决定书和调解书的强制执行，应当符合以下条件：一是行政复议决定书或者调解书已经生效。二是申请人或第三人超过履行期限仍未履行复议决定或者调解书。三是申请人或者第三人对于可诉的行政复议决定在法定期限内没有起诉，或者行政复议决定具有终局效力。

2. 强制执行的主体和方式。根据《行政强制法》的规定，我国的行政强制执行体制为双轨制，即法律赋予其强制执行权的行政机关，原则上只能自己强制执行；没有赋予其强制执行权的行政机关，原则上只能申请法院强制执行。因此，行政复议决定书或者调解书的执行也应当坚持双轨制，但根据行政复议决定的不同类型，具体的执行主体应当有所区别。（1）维持决定的强制执行。维持决定肯定了被申请的行政行为的效力，因此，此时负有强制执行义务的是被申请人，即作出被复议行政行为的行政机关。根据《行政强制法》，法律赋予被申请人行政强制执行权的，其原则上自己强制执行；法律没有赋予被申请人强制执行权的，其应当申请人民法院强制执行。(2) 变更决定的强制执行。行政复议机关作出变更决定的，变更后的行政行为取代了原行政行为，原行政行为不再有效，此时，应当由行政复议机关负责强制执行。根据《行政强制法》的规定，行政复议机关被法律赋予强制执行权的，由行政复议机关自己强制执行，法律没有赋予行政复议机关强制执行权的，其只能申请法院强制执行。(3) 行政复议调解书并不是严格意义上的行政行为，但其是行政复议机关以自己名义作出的具有法律效力的法律文书，应当由其作为执行义务机关。根据《行政强制法》，法律赋予行政复议机关行政强制执行权的，其原则上自己强制执行；法律没有赋予其强制执行权的，则其应当申请人民法院强制执行。

（四）行政复议决定书的公开与抄告制度

公开是行政复议的基本原则，这里的公开不仅包括过程公开，还应包括结果公开。修订前的《行政复议法》虽然规定"公开"是基本原则，但落实行政复议公开的具体制度并不多。新修订的《行政复议法》第79条专门规定了行政复议决定书的公开制度和抄告制度，对于推动行政复议结果公开、接受公众监督具有重要意义。

1. 行政复议决定书的公开制度。根据《行政复议法》第79条第1款，"行政复议机关根据被申请行政复议的行政行为的公开情况，按照国家有关规定将行政复议决定书向社会公开"。该款确立了行政复议决定书公开制度。

对于这一制度，应注意以下几点：第一，公开主体为行政复议机关。即各级行政复议机关有义务公开行政复议决定书。第二，行政复议决定书的公开应当考虑被申请行政复议的行政行为的公开情况。这一点要求行政复议机关在判断要不要公开行政复议决定书时，考虑被复议的行政行为本身是不是应当依法公开，如果这个行政行为本身不应当公开，该复议决定书的公开则应当谨慎。第三，行政复议决定书的公开应当符合国家有关规定。这里的"有关规定"既包括《中华人民共和国政府信息公开条例》的规定，也包括未来制定的各种关于行政复议的法规和规章的规定。第四，行政复议决定书的公开是向社会主动公开，而且应当以方便公众查询的方式公开。

2. 行政复议决定书、意见书的抄告制度。根据《行政复议法》第79条第2款，"县级以上地方各级人民政府办理以本级人民政府工作部门为被申请人的行政复议案件，应当将发生法律效力的行政复议决定书、意见书同时抄告被申请人的上一级主管部门"。这是对行政复议决定书、意见书抄告制度的规定。根据该条规定，县级以上地方人民政府为行政复议机关，政府工作部门为被申请人的案件，行政复议机关应将行政复议决定书、意见书抄告该被申请人的上一级主管部门。法律之所以这样规定，是因为我国实行条块结合的管理体制，政府工作部门一般还受上一级行政主管部门的领导和监督，而且上一级主管部门理论上更加专业。行政复议机关向上一级主管部门抄告行政复议决定书和意见书，可以确保上一级行政主管部门及时全面了解下级部门的工作情况，可以及时对其进行监督和纠正，更好地发挥层级监督的作用。

第十一章 行政复议的法律责任及附则

责任是法律的生命。无责任,法治就是无源之水、无本之木、无效之徒劳。"法律责任作为保障法律实施的机制,是法制所不可缺少的环节;作为一个基本概念,是法学范畴体系的要素。"① "法律责任是任何一个法律体系的必不可少的组成部分,法律责任的设定不只是一个具体的技术问题,更重要的,它还是一个直接关涉法律体系的正义性、合理性的原则问题。"② 可见,行政复议法律责任设定得科学与否,是关乎行政复议立法目的能否真正实现的重大问题,值得我们深入细究。

一、法律责任与行政法律责任

(一) 法律责任

关于法律责任的概念,法学界一直难达共识。根据这些概念界定中中心词的不同,大致有以下几种观点:(1) 义务说。它把法律责任定义为"义务""第二性义务"。(2) 惩罚说。它把法律责任定义为"处罚""惩罚""制裁"。如哈特指出,当法律规则要求人们作出一定的行为或抑制一定的行为时,(根据另一些规则)违法者因其行

---

① 张文显:《法律责任论纲》,载《吉林大学社会科学学报》1991 年第 1 期。
② 叶传星:《论设定法律责任的一般原则》,载《法律科学》1999 年第 2 期。

为应受到惩罚,或被迫赔偿受害人。(3)后果说。它把法律责任定义为某种不利后果。(4)责任能力说及法律地位说。它把法律责任说成一种主观责任。①

我们认为,任何关于语词的学术争论都不能严重偏离该语词在实践应用中的本义。也就是说,任何对工具的界定都不能偏离其在现实生活中的实际功能。有的学者曾收集了《法治日报》中有关"责任"的用语例,并对这些用语例进行分析,结果表明,"责任"一词在三种意义上被使用,即"义务""过错·谴责""处罚·后果"。②这表明了法治实践领域对"责任"这一概念最低限度的共识。但是,把"责任"等同于"义务",抹除了两者的差异性,且不利于法律责任制度的独立设定,因此,用"义务说"来界定"法律责任"并不妥当。而且,有些法律责任的承担主体(如连带责任主体)本身并不具有过错,故也不宜采取"惩罚说"。因此,着眼于"责任"概念的客观性特征,我们更加认同"后果说"。我们认为,法律责任是指行为人由于违法行为、违约行为或者由于法律规定应该承担且有强制措施保障实现的某种不利的法律后果。③

法律责任的内容主要有制裁、补救和强制三类,三者构成一个层次体系。"制裁、补救、强制三者构成法律责任总体,三者紧密联系,缺一不可……三者构成了道德评价的阶梯,一般来说,制裁遭到道德非难的程度最甚,强制次之,补救又次之,某些补救(如

---

① 参见刘作翔、龚向和:《法律责任的概念分析》,载《法学》1997年第10期。
② 参见冯军:《刑事责任论》,法律出版社1996年版,第12页。
③ 也有的学者将这种后果描述为一种"负担",但两者意思相近。他们认为,"法律责任是有责主体因法律义务违反之事实而应当承受的由专门国家机关依法确认并强制或承受的合理的负担"。参见刘作翔、龚向和:《法律责任的概念分析》,载《法学》1997年第10期。

合法行为的补偿）甚至不存在道德责难问题……制裁的功用主要是社会目的；而补救和强制的主要功用在于具体目的；三者的合力构成推进法制和社会正常运转的动力，三者缺一不可。"①

法律责任制度的立法设定一般应当包括"义务指定""归责要素"和"负担形式"三个部分。②"义务指定"主要指向责任规范的逻辑结构，即责任规范的适用以对指定义务的违反为逻辑前提，并由此展开一系列在逻辑上相互承接的法律关系，责任在法的逻辑形式意义上表现为特定的法律关系；"归责要素"指向责任规范中的价值评价，即应当以何种标准作出价值判断，使责任归属于违反法律义务的行为人，从而使责任制度获得正当性；责任的"负担形式"则解决了在公权力的强制作用下以何种方式实现责任的问题（如赔偿的方式、惩罚的方式），指向责任制度中的社会事实因素。③其中，关于"归责要素"的规定，一般包括如下归责原则：（1）因果联系原则。（2）责任法定原则。（3）责任与违法适应原则。也就是说，法律责任这种第二性义务须与被违反的（未履行的）第一性义务相适应，即人们通常所主张的"罪责均衡""罚当其罪"。④

（二）行政法律责任

对行政法律责任概念的认识，行政法学界众说纷纭。一种颇具

---

① 周永坤：《法律责任论》，载《法学研究》1991年第3期。
② 参见冯军：《刑事责任论》，法律出版社1996年版，第12-15页。
③ 古力、余军：《行政法律责任的规范分析——兼论行政法学研究方法》，载《中国法学》2004年第5期。
④ 张文显：《法律责任论纲》，载《吉林大学社会科学学报》1991年第1期。

影响力的观点认为，行政主体承担的法律责任是指行政主体因行政违法或行政不当，违反法定职责和义务而应依法承担的否定性法律后果；在责任形式上，该观点将行政损害赔偿，行政行为的无效、撤销、变更均纳入其中。这还仅仅是狭义的行政法律责任概念。"广义的行政法律责任"[1]甚至包括行政法律规范要求行政主体在具体的行政法律关系中履行和承担的义务，它包含了岗位责任和行政责任两个方面。[2] "这种责任观实际上将责任等同于义务，使责任概念的外延无限扩大，它更接近于大众语境中的责任涵义……"[3] "与域外行政法上的'行政法律责任'相比，中国行政法上的责任是一个包罗万象、被泛化了的概念，其涵盖范围的扩张导致其精确程度的下降。"[4]

此外，行政法学界对于行政法律责任的属性、原则、逻辑和结构等方面的研究还缺乏高度的共识。"总的说来，现有的行政责任研究还缺乏良好的知识积累、理论视角和解释框架，也缺乏自成一家的行政责任的规范理论。"[5] 我们认为，行政法律责任具有四个方面的基本特征：

第一，行政法律责任的根本属性是法律责任。法律责任必须有法律明文规定，这是现代法治的基本要求。同理，行政法律责任的追究必须严格遵循责任法定主义，严禁任何主体承担法律之外的义

---

[1] 参见胡建淼：《行政法学》，法律出版社2002年版，第461页。
[2] 余军、朱新力：《法律责任概念的形式构造》，载《法学研究》2010年第4期。
[3] 古力、余军：《行政法律责任的规范分析——兼论行政法学研究方法》，载《中国法学》2004年第5期。
[4] 古力、余军：《行政法律责任的规范分析——兼论行政法学研究方法》，载《中国法学》2004年第5期。
[5] 韩志明：《行政责任研究的历史、现状及其深层反思》，载《天津行政学院学报》2007年第2期。

务和责任。因此,行政法律责任的根本属性是一种法律责任。大陆法系国家的法律对于行政诉讼、行政复议、行政监督、上诉制度适用条件、程序和责任都有比较严格、明确而具体的规定。虽然英美法系国家传统的公法责任形式一般通过判例发展而来,但是其也逐渐以制定成文法或者法律改革的形式使其固定化,并且努力使得各种公法责任形式的程序统一、相互协调。[1] 可见,行政法律责任的法定化是现代公法理念中的应有之义。

第二,行政法律责任的一般逻辑是权责统一原则。现代公法理念强调对公权力行使所造成的损害承担责任是国家自己的责任。国家自己责任理论的兴起使得权力的享有者或行使者与责任的承担者实现了统一。自此以降,权责统一原则成为公法责任制度构建的一般逻辑,呈现在西方法治国家的公法制度中。权责统一原则包含两个层次的要求:其一,权责主体相一致,即有权力就有责任。其二,权责程度相适应,即行使了多大的权力就承担多大的责任。

第三,行政法律责任的内在结构是责任主体分立。总的来看,西方公法责任体系的内在结构包括:立法责任、行政责任和司法责任三大部分。在这一结构中,每类公法责任的实现都有一种相对独立的机制保障,而且每一种公法责任都可以来自司法机关的监督,司法机关成为公法责任最终的、最高的来源。同样,行政法律责任的内在结构也包含作出具体行政行为行政机关的责任、上级监督行政机关的责任、其他行政活动参与人的责任等。

第四,行政法律责任的外在形式是多样化组合。除了传统的行

---

[1] 参见【英】威廉·韦德:《行政法》,徐炳等译,中国大百科全书出版社1997年版,第344页。

政处分、刑事责任等之外，我国目前也开始出现以私法责任的形式承担公法责任的现象，如采取为受害人消除影响、恢复名誉、赔礼道歉的方式承担国家赔偿责任等。

从行政法律责任的基本特征出发，我们认为，行政复议的法律责任是指，根据《行政复议法》，在行政复议机关及其工作人员、行政复议被申请人及其工作人员以及其他行政复议参与人依法开展或参与行政复议活动的过程中，由于违法行为、不当行为而应该承担且有强制措施保障实现的某种不利的法律后果。

《行政复议法》第六章规定的"法律责任"制度的内在结构中也非常清晰完整地涵盖了"义务指定""归责要素"和"负担形式"三个部分。比如，该法第80条规定："行政复议机关不依照本法规定履行行政复议职责"，这就是对行政复议机关的"义务指定"，即该法第4条规定的行政复议机关的职责。该法第84条规定："拒绝、阻挠行政复议人员调查取证，故意扰乱行政复议工作秩序的，依法给予处分、治安管理处罚……"其中，"故意"就是主观方面的"归责要素"，"处分"和"治安管理处罚"就是行政复议责任的具体"负担形式"。

二、法律责任主体

"按照正义论和法制的原则，法律责任的主体一般是实施了违法行为的人，即谁违法谁承担责任。"[1] 根据《行政复议法》第六章的规定，行政复议法律责任的主体包括行政复议机关中"负有责

---

[1] 张文显：《法律责任论纲》，载《吉林大学社会科学学报》1991年第1期。

任的领导人员和直接责任人员"[1]、"行政复议机关工作人员"[2]、作为被申请人的行政机关中"负有责任的领导人员和直接责任人员"[3]、其他的"行政机关的工作人员"[4]、"公职人员"[5]和"其他公民"。

其中，"其他公民"可能构成行政复议法律责任的主体，是源于《行政复议法》第84条的规定。该条规定："拒绝、阻挠行政复议人员调查取证，故意扰乱行政复议工作秩序的，依法给予处分、治安管理处罚；构成犯罪的，依法追究刑事责任。"尽管该条没有明示责任主体，但从之后"给予处分、治安管理处罚"这两种责任形式可以推知：承担处分的责任主体应当是公职人员，可以归为"行政机关的工作人员"；承担治安管理处罚的责任主体则应当是不具有公职身份的"其他公民"。"其他公民"可能是行政复议申请人，也可能与行政复议无直接关系，但其行为故意扰乱了行政复议工作秩序的其他一般公民。

当然，"公职人员"是否构成行政复议的法律责任主体要视情况不同予以甄别。《行政复议法》第86条规定："行政复议机关在办理行政复议案件过程中，发现公职人员涉嫌贪污贿赂、失职渎职等职务违法或者职务犯罪的问题线索，应当依照有关规定移送监察机关，由监察机关依法调查处置。"该条规定的"公职人员"的归责事由是"职务违法或者职务犯罪"。如果该归责事由发生于行政

---

[1] 参见《行政复议法》第80条。
[2] 参见《行政复议法》第81条。
[3] 参见《行政复议法》第82条、第83条。
[4] 参见《行政复议法》第85条。
[5] 参见《行政复议法》第86条。

复议案件办理之前且与行政复议无关联性，则该"公职人员"不属于行政复议的责任主体；如果该归责事由发生于行政复议案件办理过程之中或者办理过程之前且与行政复议案件有关联性，则该"公职人员"属于行政复议的责任主体。但不论该"公职人员"是否属于行政复议责任主体，行政复议机关都有"移送"线索的法律义务。

此外，我们认为，申请人和其他复议参与人也应当是行政复议法律责任的主体。"虽然《行政复议法》没有明确规定申请人以及其他复议参加人和复议参与人的相关法律责任，但是，依据在行政复议过程中，不同主体所应当履行的复议义务，在法律制度上也应当给予违反复议义务的申请人、其他复议参加人和参与人以一定的法律制裁。属于国家工作人员的，一般应给予行政处分，属于行政相对方的，应当参照民事诉讼法的有关规定，对违反复议义务的有关当事人实施一定的强制措施和给予一定的惩戒。"[1]

三、法律责任形式

如前所述，法律责任内容包括制裁、补救和强制。《行政复议法》第六章主要规定了对行政复议法律责任主体的"制裁"。该章规定了行政复议的政务处分责任、行政处罚责任和刑事责任。其中，政务处分责任包括警告、记过、记大过、降级、撤职、开除六种。[2] 警告的处分期间为六个月；记过的处分期间为十二个月；记

---

[1] 罗豪才、湛中乐主编：《行政法学（第二版）》，北京大学出版社2006年版，第482页。

[2] 参见《行政复议法》第80条、第81条、第82条、第83条、第84条。

大过的处分期间为十八个月；降职、撤职的处分期间为二十四个月。①

行政复议中的行政处罚责任具体是治安管理处罚，包括警告、罚款、行政拘留、吊销公安机关发放的许可证四种。② 从新修订的《行政复议法》第 84 条规定来看，"拒绝、阻挠行政复议人员调查取证，故意扰乱行政复议工作秩序"的行为属于《治安管理处罚法》规定的"妨害社会管理的行为"，可直接适用《治安管理处罚法》第 50 条给予警告、二百元以下罚款、五日以上十日以下拘留且可并处五百元以下罚款。

新修订的《行政复议法》第六章对刑事责任的具体种类没有明确，须依据责任人所犯罪名的具体刑法条文确定。从第 81 条规定的情形看，责任主体最有可能构成《刑法》第 397 条规定的"滥用职权罪"和"玩忽职守罪"，其责任形式是拘役、五年以下有期徒刑或者五年以上十年以下有期徒刑。从第 82 条规定的情形看，责任主体最有可能构成《刑法》第 308 条规定的"打击报复证人罪"，其责任形式是拘役、三年以下有期徒刑、三年以上七年以下有期徒刑。从第 84 条规定的情形看，责任主体最有可能构成《刑法》第 277 条规定的"妨害公务罪"和第 290 条规定的"扰乱国家机关工作秩序罪"，前者的责任形式是三年以下有期徒刑、拘役、管制或者罚金，后者的责任形式是三年以下有期徒刑、拘役或者管制。

公法责任的形式一般还包括具有补救性和强制性的法律措施。

---

① 参见《公职人员政务处分法》第 8 条。
② 参见《治安管理处罚法》第 10 条。

新修订的《行政复议法》第 72 条、第 77 条和第 78 条规定了"补救"和"强制",具体包括:责令限期履行,责令被申请人采取补救措施,责令被申请人返还财产,责令被申请人解除对财产的查封、扣押、冻结措施,责令被申请人赔偿相应的价款,行政复议机关依法强制执行、申请人民法院强制执行,约谈被申请人的有关负责人,对被申请人通报批评。

四、法律责任追究

法律责任追究是指特定机关和组织依据法律、法规的规定,遵照法定程序,对违法主体的法律责任进行判断、认定、归咎和执行的活动。法律责任追究一般应当遵循责任法定、责任相当、精准追责等原则,做到事实清楚、证据充分、定性准确、程序合法、手续完备、结论明确。《行政复议法》规定的政务处分责任、行政处罚责任和刑事责任都有各自责任追究的法律依据,如《监察法》《公职人员政务处分法》《行政处罚法》和《刑事诉讼法》等,对此,《行政复议法》不需要重复规定,而且从立法技术上也不可行。

因此,《行政复议法》第 85 条和第 86 条主要规定了行政复议法律责任追究的衔接制度。其中,第 85 条规定:"行政机关及其工作人员违反本法规定的,行政复议机关可以向监察机关或者公职人员任免机关、单位移送有关人员违法的事实材料,接受移送的监察机关或者公职人员任免机关、单位应当依法处理。"该条主要解决了法定追责机关与复议机关分离导致的衔接问题。比如,对于县级司法行政部门的行政行为不服提起的复议案件,由市司法局或者县政府双重管辖,但这两个主体都不是公职人员的任免机关,所以必须将有关人员违法的事实材料移送县级监察机关或者县司法局。

但是，《行政复议法》第 86 条规定的目的却并非解决对行政复议法律责任追究的具体问题，而旨在进一步发挥行政复议对于反腐的制度功能。在法治实践中，违法、不当的行政行为背后往往隐藏着公职人员的腐败。该条规定意味着，行政复议机关和行政复议机构在办理行政复议案件过程中发现公职人员涉嫌腐败线索的，有及时将问题线索移送监察机关调查处置的强制性法律义务。

五、附则

法的附则，是指法律法规整体中作为总则和分则辅助性内容而存在的一个组成部分，是附在法律法规后面的条文。① 法的附则的常规性内容一般包括：法律术语的解释、法的施行时间的规定、适用条款的补充规定（指法对何种人，在何种空间范围、时间范围内有效）、授权性条款的规定（规定解释法律或者制定配套性法规的主体）、授权制定实施细则的规定、授权制定变通或者补充规定、过渡性条款的规定、法的废止条款的规定。②

尽管法的附则是一种辅助性功能的规范，但其法条内容并不完全独立，而是遵循一定的逻辑顺序。一般来说，附则的法条采取从具体到抽象、从直接到间接、由近及远的顺序安排。具体顺序为：法律术语的解释；各法自身具有的一些特色内容；适用规范的补充规定；关于解释权的授权规定；授权制定实施细则；授权制定变通

---

① 曹林生：《浅谈地方性法规的"附则"问题》，载《江淮法治》2009 年第 3 期。
② 参见邵剑秋：《论我国法的附则的规范结构》，山东大学 2011 年硕士学位论文，第 15-18 页。

或者补充规定；过渡性条款；废止条款；生效日期。①

《行政复议法》第七章规定了"附则"，包含第87条、第88条、第89条和第90条。按照附则条文安排的一般顺序，我们认为，现有条文的顺序仍存在调整、优化的空间。其中，第88条第2款规定："本法关于行政复议期间有关'三日'、'五日'、'七日'、'十日'的规定是指工作日，不含法定休假日。"该款属于对时效的法律术语进行解释，应该单独成条，置于首位。第87条规定："行政复议机关受理行政复议申请，不得向申请人收取任何费用。"该条属于行政复议制度自身的特色内容，可以放在第二位。第88条第1款规定："行政复议期间的计算和行政复议文书的送达，本法没有规定的，依照《中华人民共和国民事诉讼法》关于期间、送达的规定执行。"第89条规定："外国人、无国籍人、外国组织在中华人民共和国境内申请行政复议，适用本法。"这两条属于适用规范的补充规定，可以依次分置于第三位、第四位。第90条规定："本法自2024年1月1日起施行。"该条属于生效日期，自然置于末位。

当然，从条文内容看，第87条规定受理行政复议不收费，是行政复议便民原则的具体体现，有利于提升行政复议救济机制的经济性，更利于充分发挥行政复议化解纠纷主渠道的功能。

第88条第2款对时效的解释包含两层意思：一是《行政复议法》规定的"三日""五日""七日"和"十日"是指工作日，不含法定休假日；而其他时效的规定如"三十日"和"六十日"则

---

① 参见邵剑秋：《论我国法的附则的规范结构》，山东大学2011年硕士学位论文，第21页。

指自然日，包含法定休假日。二是这些时效主要是对行政复议机关和行政复议机构的要求，一般应按照工作日理解。

第 89 条规定表明，我国的行政复议制度参照司法制度，确立了属地管辖原则。根据该原则，外国人、无国籍人、外国组织在中华人民共和国境内申请行政复议，适用我国《行政复议法》的有关规定及其援用的法律法规。比如，依据《行政复议法》第 84 条之规定，对外国人扰乱复议工作秩序的行为给予治安处罚，就必然援引《治安管理处罚法》。进而，依据《治安管理处罚法》第 10 条的规定，对违反治安管理的外国人，可以附加适用限期出境或者驱逐出境。因此，限期出境或驱逐出境也是两种附加适用的行政复议的法律责任形式。

第 90 条明确规定了施行日期，是落实《立法法》第 61 条的具体要求；而且，这一日期为有关方面抓紧修改行政复议有关法规、规章及有关规范性文件等配套规定，加强普法宣传以及其他实施准备工作预留了比较充裕的时间。

附 录

中华人民共和国行政复议法

（1999年4月29日第九届全国人民代表大会常务委员会第九次会议通过 根据2009年8月27日第十一届全国人民代表大会常务委员会第十次会议《关于修改部分法律的决定》第一次修正 根据2017年9月1日第十二届全国人民代表大会常务委员会第二十九次会议《关于修改〈中华人民共和国法官法〉等八部法律的决定》第二次修正 2023年9月1日第十四届全国人民代表大会常务委员会第五次会议修订 2023年9月1日中华人民共和国主席令第9号公布 自2024年1月1日起施行）

目 录

第一章 总 则
第二章 行政复议申请
  第一节 行政复议范围
  第二节 行政复议参加人
  第三节 申请的提出
  第四节 行政复议管辖
第三章 行政复议受理
第四章 行政复议审理

第一节 一般规定

第二节 行政复议证据

第三节 普通程序

第四节 简易程序

第五节 行政复议附带审查

第五章 行政复议决定

第六章 法律责任

第七章 附　　则

第一章 总　　则

第一条 为了防止和纠正违法的或者不当的行政行为，保护公民、法人和其他组织的合法权益，监督和保障行政机关依法行使职权，发挥行政复议化解行政争议的主渠道作用，推进法治政府建设，根据宪法，制定本法。

第二条 公民、法人或者其他组织认为行政机关的行政行为侵犯其合法权益，向行政复议机关提出行政复议申请，行政复议机关办理行政复议案件，适用本法。

前款所称行政行为，包括法律、法规、规章授权的组织的行政行为。

第三条 行政复议工作坚持中国共产党的领导。

行政复议机关履行行政复议职责，应当遵循合法、公正、公开、高效、便民、为民的原则，坚持有错必纠，保障法律、法规的正确实施。

第四条 县级以上各级人民政府以及其他依照本法履行行政复议职责的行政机关是行政复议机关。

行政复议机关办理行政复议事项的机构是行政复议机构。行政复议机构同时组织办理行政复议机关的行政应诉事项。

行政复议机关应当加强行政复议工作,支持和保障行政复议机构依法履行职责。上级行政复议机构对下级行政复议机构的行政复议工作进行指导、监督。

国务院行政复议机构可以发布行政复议指导性案例。

第五条 行政复议机关办理行政复议案件,可以进行调解。

调解应当遵循合法、自愿的原则,不得损害国家利益、社会公共利益和他人合法权益,不得违反法律、法规的强制性规定。

第六条 国家建立专业化、职业化行政复议人员队伍。

行政复议机构中初次从事行政复议工作的人员,应当通过国家统一法律职业资格考试取得法律职业资格,并参加统一职前培训。

国务院行政复议机构应当会同有关部门制定行政复议人员工作规范,加强对行政复议人员的业务考核和管理。

第七条 行政复议机关应当确保行政复议机构的人员配备与所承担的工作任务相适应,提高行政复议人员专业素质,根据工作需要保障办案场所、装备等设施。县级以上各级人民政府应当将行政复议工作经费列入本级预算。

第八条 行政复议机关应当加强信息化建设,运用现代信息技术,方便公民、法人或者其他组织申请、参加行政复议,提高工作质量和效率。

第九条 对在行政复议工作中做出显著成绩的单位和个人,按照国家有关规定给予表彰和奖励。

第十条 公民、法人或者其他组织对行政复议决定不服的,可以依照《中华人民共和国行政诉讼法》的规定向人民法院提起行政诉讼，但是法律规定行政复议决定为最终裁决的除外。

第二章 行政复议申请

第一节 行政复议范围

第十一条 有下列情形之一的，公民、法人或者其他组织可以依照本法申请行政复议：

（一）对行政机关作出的行政处罚决定不服；

（二）对行政机关作出的行政强制措施、行政强制执行决定不服；

（三）申请行政许可，行政机关拒绝或者在法定期限内不予答复，或者对行政机关作出的有关行政许可的其他决定不服；

（四）对行政机关作出的确认自然资源的所有权或者使用权的决定不服；

（五）对行政机关作出的征收征用决定及其补偿决定不服；

（六）对行政机关作出的赔偿决定或者不予赔偿决定不服；

（七）对行政机关作出的不予受理工伤认定申请的决定或者工伤认定结论不服；

（八）认为行政机关侵犯其经营自主权或者农村土地承包经营权、农村土地经营权；

（九）认为行政机关滥用行政权力排除或者限制竞争；

（十）认为行政机关违法集资、摊派费用或者违法要求履行其他义务；

（十一）申请行政机关履行保护人身权利、财产权利、受教育权利等合法权益的法定职责，行政机关拒绝履行、未依法履行或者不予答复；

（十二）申请行政机关依法给付抚恤金、社会保险待遇或者最低生活保障等社会保障，行政机关没有依法给付；

（十三）认为行政机关不依法订立、不依法履行、未按照约定履行或者违法变更、解除政府特许经营协议、土地房屋征收补偿协议等行政协议；

（十四）认为行政机关在政府信息公开工作中侵犯其合法权益；

（十五）认为行政机关的其他行政行为侵犯其合法权益。

第十二条　下列事项不属于行政复议范围：

（一）国防、外交等国家行为；

（二）行政法规、规章或者行政机关制定、发布的具有普遍约束力的决定、命令等规范性文件；

（三）行政机关对行政机关工作人员的奖惩、任免等决定；

（四）行政机关对民事纠纷作出的调解。

第十三条　公民、法人或者其他组织认为行政机关的行政行为所依据的下列规范性文件不合法，在对行政行为申请行政复议时，可以一并向行政复议机关提出对该规范性文件的附带审查申请：

（一）国务院部门的规范性文件；

（二）县级以上地方各级人民政府及其工作部门的规范性文件；

（三）乡、镇人民政府的规范性文件；

（四）法律、法规、规章授权的组织的规范性文件。

前款所列规范性文件不含规章。规章的审查依照法律、行政法规办理。

第二节　行政复议参加人

第十四条　依照本法申请行政复议的公民、法人或者其他组织是申请人。

有权申请行政复议的公民死亡的，其近亲属可以申请行政复议。有权申请行政复议的法人或者其他组织终止的，其权利义务承受人可以申请行政复议。

有权申请行政复议的公民为无民事行为能力人或者限制民事行为能力人的，其法定代理人可以代为申请行政复议。

第十五条　同一行政复议案件申请人人数众多的，可以由申请人推选代表人参加行政复议。

代表人参加行政复议的行为对其所代表的申请人发生效力，但是代表人变更行政复议请求、撤回行政复议申请、承认第三人请求的，应当经被代表的申请人同意。

第十六条　申请人以外的同被申请行政复议的行政行为或者行政复议案件处理结果有利害关系的公民、法人或者其他组织，可以作为第三人申请参加行政复议，或者由行政复议机构通知其作为第三人参加行政复议。

第三人不参加行政复议，不影响行政复议案件的审理。

第十七条　申请人、第三人可以委托一至二名律师、基层法律服务工作者或者其他代理人代为参加行政复议。

申请人、第三人委托代理人的，应当向行政复议机构提交授权委托书、委托人及被委托人的身份证明文件。授权委托书应当载明委托事项、权限和期限。申请人、第三人变更或者解除代理人权限的，应当书面告知行政复议机构。

第十八条　符合法律援助条件的行政复议申请人申请法律援助的，法律援助机构应当依法为其提供法律援助。

第十九条　公民、法人或者其他组织对行政行为不服申请行政复议的，作出行政行为的行政机关或者法律、法规、规章授权的组织是被申请人。

两个以上行政机关以共同的名义作出同一行政行为的，共同作出行政行为的行政机关是被申请人。

行政机关委托的组织作出行政行为的，委托的行政机关是被申请人。

作出行政行为的行政机关被撤销或者职权变更的，继续行使其职权的行政机关是被申请人。

第三节　申请的提出

第二十条　公民、法人或者其他组织认为行政行为侵犯其合法权益的，可以自知道或者应当知道该行政行为之日起六十日内提出行政复议申请；但是法律规定的申请期限超过六十日的除外。

因不可抗力或者其他正当理由耽误法定申请期限的，申请期限自障碍消除之日起继续计算。

行政机关作出行政行为时，未告知公民、法人或者其他组织申请行政复议的权利、行政复议机关和申请期限的，申请期限自公民、法人或者其他组织知道或者应当知道申请行政复议的权利、行政复议机关和申请期限之日起计算，但是自知道或者应当知道行政行为内容之日起最长不得超过一年。

第二十一条　因不动产提出的行政复议申请自行政行为作出之日起超过二十年，其他行政复议申请自行政行为作出之日起超过五年的，行政复议机关不予受理。

第二十二条 申请人申请行政复议，可以书面申请；书面申请有困难的，也可以口头申请。

书面申请的，可以通过邮寄或者行政复议机关指定的互联网渠道等方式提交行政复议申请书，也可以当面提交行政复议申请书。行政机关通过互联网渠道送达行政行为决定书的，应当同时提供提交行政复议申请书的互联网渠道。

口头申请的，行政复议机关应当当场记录申请人的基本情况、行政复议请求、申请行政复议的主要事实、理由和时间。

申请人对两个以上行政行为不服的，应当分别申请行政复议。

第二十三条 有下列情形之一的，申请人应当先向行政复议机关申请行政复议，对行政复议决定不服的，可以再依法向人民法院提起行政诉讼：

（一）对当场作出的行政处罚决定不服；

（二）对行政机关作出的侵犯其已经依法取得的自然资源的所有权或者使用权的决定不服；

（三）认为行政机关存在本法第十一条规定的未履行法定职责情形；

（四）申请政府信息公开，行政机关不予公开；

（五）法律、行政法规规定应当先向行政复议机关申请行政复议的其他情形。

对前款规定的情形，行政机关在作出行政行为时应当告知公民、法人或者其他组织先向行政复议机关申请行政复议。

第四节　行政复议管辖

第二十四条　县级以上地方各级人民政府管辖下列行政复议案件：

（一）对本级人民政府工作部门作出的行政行为不服的；

（二）对下一级人民政府作出的行政行为不服的；

（三）对本级人民政府依法设立的派出机关作出的行政行为不服的；

（四）对本级人民政府或者其工作部门管理的法律、法规、规章授权的组织作出的行政行为不服的。

除前款规定外，省、自治区、直辖市人民政府同时管辖对本机关作出的行政行为不服的行政复议案件。

省、自治区人民政府依法设立的派出机关参照设区的市级人民政府的职责权限，管辖相关行政复议案件。

对县级以上地方各级人民政府工作部门依法设立的派出机构依照法律、法规、规章规定，以派出机构的名义作出的行政行为不服的行政复议案件，由本级人民政府管辖；其中，对直辖市、设区的市人民政府工作部门按照行政区划设立的派出机构作出的行政行为不服的，也可以由其所在地的人民政府管辖。

第二十五条　国务院部门管辖下列行政复议案件：

（一）对本部门作出的行政行为不服的；

（二）对本部门依法设立的派出机构依照法律、行政法规、部门规章规定，以派出机构的名义作出的行政行为不服的；

（三）对本部门管理的法律、行政法规、部门规章授权的组织作出的行政行为不服的。

第二十六条　对省、自治区、直辖市人民政府依照本法第二十四条第二款的规定、国务院部门依照本法第二十五条第一项的规定作出的行政复议决定不服的，可以向人民法院提起行政诉讼；也可以向国务院申请裁决，国务院依照本法的规定作出最终裁决。

第二十七条　对海关、金融、外汇管理等实行垂直领导的行政机关、税务和国家安全机关的行政行为不服的，向上一级主管部门申请行政复议。

第二十八条　对履行行政复议机构职责的地方人民政府司法行政部门的行政行为不服的，可以向本级人民政府申请行政复议，也可以向上一级司法行政部门申请行政复议。

第二十九条　公民、法人或者其他组织申请行政复议，行政复议机关已经依法受理的，在行政复议期间不得向人民法院提起行政诉讼。

公民、法人或者其他组织向人民法院提起行政诉讼，人民法院已经依法受理的，不得申请行政复议。

第三章　行政复议受理

第三十条　行政复议机关收到行政复议申请后，应当在五日内进行审查。对符合下列规定的，行政复议机关应当予以受理：

（一）有明确的申请人和符合本法规定的被申请人；

（二）申请人与被申请行政复议的行政行为有利害关系；

（三）有具体的行政复议请求和理由；

（四）在法定申请期限内提出；

（五）属于本法规定的行政复议范围；

（六）属于本机关的管辖范围；

（七）行政复议机关未受理过该申请人就同一行政行为提出的行政复议申请，并且人民法院未受理过该申请人就同一行政行为提起的行政诉讼。

对不符合前款规定的行政复议申请，行政复议机关应当在审查期限内决定不予受理并说明理由；不属于本机关管辖的，还应当在不予受理决定中告知申请人有管辖权的行政复议机关。

行政复议申请的审查期限届满，行政复议机关未作出不予受理决定的，审查期限届满之日起视为受理。

第三十一条 行政复议申请材料不齐全或者表述不清楚，无法判断行政复议申请是否符合本法第三十条第一款规定的，行政复议机关应当自收到申请之日起五日内书面通知申请人补正。补正通知应当一次性载明需要补正的事项。

申请人应当自收到补正通知之日起十日内提交补正材料。有正当理由不能按期补正的，行政复议机关可以延长合理的补正期限。无正当理由逾期不补正的，视为申请人放弃行政复议申请，并记录在案。

行政复议机关收到补正材料后，依照本法第三十条的规定处理。

第三十二条 对当场作出或者依据电子技术监控设备记录的违法事实作出的行政处罚决定不服申请行政复议的，可以通过作出行政处罚决定的行政机关提交行政复议申请。

行政机关收到行政复议申请后，应当及时处理；认为需要维持行政处罚决定的，应当自收到行政复议申请之日起五日内转送行政复议机关。

第三十三条 行政复议机关受理行政复议申请后，发现该行政复议申请不符合本法第三十条第一款规定的，应当决定驳回申请并说明理由。

第三十四条 法律、行政法规规定应当先向行政复议机关申请行政复议、对行政复议决定不服再向人民法院提起行政诉讼的，行政复议机关决定不予受理、驳回申请或者受理后超过行政复议期限不作答复的，公民、法人或者其他组织可以自收到决定书之日起或者行政复议期限届满之日起十五日内，依法向人民法院提起行政诉讼。

第三十五条 公民、法人或者其他组织依法提出行政复议申请，行政复议机关无正当理由不予受理、驳回申请或者受理后超过行政复议期限不作答复的，申请人有权向上级行政机关反映，上级行政机关应当责令其纠正；必要时，上级行政复议机关可以直接受理。

第四章 行政复议审理

第一节 一般规定

第三十六条 行政复议机关受理行政复议申请后，依照本法适用普通程序或者简易程序进行审理。行政复议机构应当指定行政复议人员负责办理行政复议案件。

行政复议人员对办理行政复议案件过程中知悉的国家秘密、商业秘密和个人隐私，应当予以保密。

第三十七条 行政复议机关依照法律、法规、规章审理行政复议案件。

行政复议机关审理民族自治地方的行政复议案件，同时依照该民族自治地方的自治条例和单行条例。

第三十八条 上级行政复议机关根据需要，可以审理下级行政复议机关管辖的行政复议案件。

下级行政复议机关对其管辖的行政复议案件，认为需要由上级行政复议机关审理的，可以报请上级行政复议机关决定。

第三十九条 行政复议期间有下列情形之一的，行政复议中止：

（一）作为申请人的公民死亡，其近亲属尚未确定是否参加行政复议；

（二）作为申请人的公民丧失参加行政复议的行为能力，尚未确定法定代理人参加行政复议；

（三）作为申请人的公民下落不明；

（四）作为申请人的法人或者其他组织终止，尚未确定权利义务承受人；

（五）申请人、被申请人因不可抗力或者其他正当理由，不能参加行政复议；

（六）依照本法规定进行调解、和解，申请人和被申请人同意中止；

（七）行政复议案件涉及的法律适用问题需要有权机关作出解释或者确认；

（八）行政复议案件审理需要以其他案件的审理结果为依据，而其他案件尚未审结；

（九）有本法第五十六条或者第五十七条规定的情形；

（十）需要中止行政复议的其他情形。

行政复议中止的原因消除后，应当及时恢复行政复议案件的审理。

行政复议机关中止、恢复行政复议案件的审理，应当书面告知当事人。

第四十条 行政复议期间，行政复议机关无正当理由中止行政复议的，上级行政机关应当责令其恢复审理。

第四十一条 行政复议期间有下列情形之一的，行政复议机关决定终止行政复议：

（一）申请人撤回行政复议申请，行政复议机构准予撤回；

（二）作为申请人的公民死亡，没有近亲属或者其近亲属放弃行政复议权利；

（三）作为申请人的法人或者其他组织终止，没有权利义务承受人或者其权利义务承受人放弃行政复议权利；

（四）申请人对行政拘留或者限制人身自由的行政强制措施不服申请行政复议后，因同一违法行为涉嫌犯罪，被采取刑事强制措施；

（五）依照本法第三十九条第一款第一项、第二项、第四项的规定中止行政复议满六十日，行政复议中止的原因仍未消除。

第四十二条 行政复议期间行政行为不停止执行；但是有下列情形之一的，应当停止执行：

（一）被申请人认为需要停止执行的；

（二）行政复议机关认为需要停止执行的；

（三）申请人、第三人申请停止执行，行政复议机关认为其要求合理，决定停止执行的；

（四）法律、法规、规章规定停止执行的其他情形。

第二节 行政复议证据

第四十三条 行政复议证据包括：

（一）书证；

（二）物证；

（三）视听资料；

（四）电子数据；

（五）证人证言；

（六）当事人的陈述；

（七）鉴定意见；

（八）勘验笔录、现场笔录。

以上证据经行政复议机构审查属实，才能作为认定行政复议案件事实的根据。

第四十四条 被申请人对其作出的行政行为的合法性、适当性负有举证责任。

有下列情形之一的，申请人应当提供证据：

（一）认为被申请人不履行法定职责的，提供曾经要求被申请人履行法定职责的证据，但是被申请人应当依职权主动履行法定职责或者申请人因正当理由不能提供的除外；

（二）提出行政赔偿请求的，提供受行政行为侵害而造成损害的证据，但是因被申请人原因导致申请人无法举证的，由被申请人承担举证责任；

（三）法律、法规规定需要申请人提供证据的其他情形。

第四十五条 行政复议机关有权向有关单位和个人调查取证，查阅、复制、调取有关文件和资料，向有关人员进行询问。

调查取证时，行政复议人员不得少于两人，并应当出示行政复议工作证件。

被调查取证的单位和个人应当积极配合行政复议人员的工作，不得拒绝或者阻挠。

第四十六条 行政复议期间，被申请人不得自行向申请人和其他有关单位或者个人收集证据；自行收集的证据不作为认定行政行为合法性、适当性的依据。

行政复议期间，申请人或者第三人提出被申请行政复议的行政行为作出时没有提出的理由或者证据的，经行政复议机构同意，被申请人可以补充证据。

第四十七条 行政复议期间，申请人、第三人及其委托代理人可以按照规定查阅、复制被申请人提出的书面答复、作出行政行为的证据、依据和其他有关材料，除涉及国家秘密、商业秘密、个人隐私或者可能危及国家安全、公共安全、社会稳定的情形外，行政复议机构应当同意。

第三节 普通程序

第四十八条 行政复议机构应当自行政复议申请受理之日起七日内，将行政复议申请书副本或者行政复议申请笔录复印件发送被申请人。被申请人应当自收到行政复议申请书副本或者行政复议申请笔录复印件之日起十日内，提出书面答复，并提交作出行政行为的证据、依据和其他有关材料。

第四十九条 适用普通程序审理的行政复议案件，行政复议机构应当当面或者通过互联网、电话等方式听取当事人的意见，并将听取的意见记录在案。因当事人原因不能听取意见的，可以书面审理。

第五十条　审理重大、疑难、复杂的行政复议案件,行政复议机构应当组织听证。

行政复议机构认为有必要听证,或者申请人请求听证的,行政复议机构可以组织听证。

听证由一名行政复议人员任主持人,两名以上行政复议人员任听证员,一名记录员制作听证笔录。

第五十一条　行政复议机构组织听证的,应当于举行听证的五日前将听证的时间、地点和拟听证事项书面通知当事人。

申请人无正当理由拒不参加听证的,视为放弃听证权利。

被申请人的负责人应当参加听证。不能参加的,应当说明理由并委托相应的工作人员参加听证。

第五十二条　县级以上各级人民政府应当建立相关政府部门、专家、学者等参与的行政复议委员会,为办理行政复议案件提供咨询意见,并就行政复议工作中的重大事项和共性问题研究提出意见。行政复议委员会的组成和开展工作的具体办法,由国务院行政复议机构制定。

审理行政复议案件涉及下列情形之一的,行政复议机构应当提请行政复议委员会提出咨询意见:

(一)案情重大、疑难、复杂;

(二)专业性、技术性较强;

(三)本法第二十四条第二款规定的行政复议案件;

(四)行政复议机构认为有必要。

行政复议机构应当记录行政复议委员会的咨询意见。

第四节 简易程序

第五十三条 行政复议机关审理下列行政复议案件，认为事实清楚、权利义务关系明确、争议不大的，可以适用简易程序：

（一）被申请行政复议的行政行为是当场作出；

（二）被申请行政复议的行政行为是警告或者通报批评；

（三）案件涉及款额三千元以下；

（四）属于政府信息公开案件。

除前款规定以外的行政复议案件，当事人各方同意适用简易程序的，可以适用简易程序。

第五十四条 适用简易程序审理的行政复议案件，行政复议机构应当自受理行政复议申请之日起三日内，将行政复议申请书副本或者行政复议申请笔录复印件发送被申请人。被申请人应当自收到行政复议申请书副本或者行政复议申请笔录复印件之日起五日内，提出书面答复，并提交作出行政行为的证据、依据和其他有关材料。

适用简易程序审理的行政复议案件，可以书面审理。

第五十五条 适用简易程序审理的行政复议案件，行政复议机构认为不宜适用简易程序的，经行政复议机构的负责人批准，可以转为普通程序审理。

第五节 行政复议附带审查

第五十六条 申请人依照本法第十三条的规定提出对有关规范性文件的附带审查申请，行政复议机关有权处理的，应当在三十日内依法处理；无权处理的，应当在七日内转送有权处理的行政机关依法处理。

第五十七条　行政复议机关在对被申请人作出的行政行为进行审查时，认为其依据不合法，本机关有权处理的，应当在三十日内依法处理；无权处理的，应当在七日内转送有权处理的国家机关依法处理。

第五十八条　行政复议机关依照本法第五十六条、第五十七条的规定有权处理有关规范性文件或者依据的，行政复议机构应当自行政复议中止之日起三日内，书面通知规范性文件或者依据的制定机关就相关条款的合法性提出书面答复。制定机关应当自收到书面通知之日起十日内提交书面答复及相关材料。

行政复议机构认为必要时，可以要求规范性文件或者依据的制定机关当面说明理由，制定机关应当配合。

第五十九条　行政复议机关依照本法第五十六条、第五十七条的规定有权处理有关规范性文件或者依据，认为相关条款合法的，在行政复议决定书中一并告知；认为相关条款超越权限或者违反上位法的，决定停止该条款的执行，并责令制定机关予以纠正。

第六十条　依照本法第五十六条、第五十七条的规定接受转送的行政机关、国家机关应当自收到转送之日起六十日内，将处理意见回复转送的行政复议机关。

第五章　行政复议决定

第六十一条　行政复议机关依照本法审理行政复议案件，由行政复议机构对行政行为进行审查，提出意见，经行政复议机关的负责人同意或者集体讨论通过后，以行政复议机关的名义作出行政复议决定。

经过听证的行政复议案件,行政复议机关应当根据听证笔录、审查认定的事实和证据,依照本法作出行政复议决定。

提请行政复议委员会提出咨询意见的行政复议案件,行政复议机关应当将咨询意见作为作出行政复议决定的重要参考依据。

第六十二条 适用普通程序审理的行政复议案件,行政复议机关应当自受理申请之日起六十日内作出行政复议决定;但是法律规定的行政复议期限少于六十日的除外。情况复杂,不能在规定期限内作出行政复议决定的,经行政复议机构的负责人批准,可以适当延长,并书面告知当事人;但是延长期限最多不得超过三十日。

适用简易程序审理的行政复议案件,行政复议机关应当自受理申请之日起三十日内作出行政复议决定。

第六十三条 行政行为有下列情形之一的,行政复议机关决定变更该行政行为:

(一)事实清楚,证据确凿,适用依据正确,程序合法,但是内容不适当;

(二)事实清楚,证据确凿,程序合法,但是未正确适用依据;

(三)事实不清、证据不足,经行政复议机关查清事实和证据。

行政复议机关不得作出对申请人更为不利的变更决定,但是第三人提出相反请求的除外。

第六十四条 行政行为有下列情形之一的,行政复议机关决定撤销或者部分撤销该行政行为,并可以责令被申请人在一定期限内重新作出行政行为:

(一)主要事实不清、证据不足;

(二)违反法定程序;

(三)适用的依据不合法;

（四）超越职权或者滥用职权。

行政复议机关责令被申请人重新作出行政行为的，被申请人不得以同一事实和理由作出与被申请行政复议的行政行为相同或者基本相同的行政行为，但是行政复议机关以违反法定程序为由决定撤销或者部分撤销的除外。

第六十五条　行政行为有下列情形之一的，行政复议机关不撤销该行政行为，但是确认该行政行为违法：

（一）依法应予撤销，但是撤销会给国家利益、社会公共利益造成重大损害；

（二）程序轻微违法，但是对申请人权利不产生实际影响。

行政行为有下列情形之一，不需要撤销或者责令履行的，行政复议机关确认该行政行为违法：

（一）行政行为违法，但是不具有可撤销内容；

（二）被申请人改变原违法行政行为，申请人仍要求撤销或者确认该行政行为违法；

（三）被申请人不履行或者拖延履行法定职责，责令履行没有意义。

第六十六条　被申请人不履行法定职责的，行政复议机关决定被申请人在一定期限内履行。

第六十七条　行政行为有实施主体不具有行政主体资格或者没有依据等重大且明显违法情形，申请人申请确认行政行为无效的，行政复议机关确认该行政行为无效。

第六十八条　行政行为认定事实清楚，证据确凿，适用依据正确，程序合法，内容适当的，行政复议机关决定维持该行政行为。

第六十九条　行政复议机关受理申请人认为被申请人不履行法

定职责的行政复议申请后，发现被申请人没有相应法定职责或者在受理前已经履行法定职责的，决定驳回申请人的行政复议请求。

第七十条　被申请人不按照本法第四十八条、第五十四条的规定提出书面答复、提交作出行政行为的证据、依据和其他有关材料的，视为该行政行为没有证据、依据，行政复议机关决定撤销、部分撤销该行政行为，确认该行政行为违法、无效或者决定被申请人在一定期限内履行，但是行政行为涉及第三人合法权益，第三人提供证据的除外。

第七十一条　被申请人不依法订立、不依法履行、未按照约定履行或者违法变更、解除行政协议的，行政复议机关决定被申请人承担依法订立、继续履行、采取补救措施或者赔偿损失等责任。

被申请人变更、解除行政协议合法，但是未依法给予补偿或者补偿不合理的，行政复议机关决定被申请人依法给予合理补偿。

第七十二条　申请人在申请行政复议时一并提出行政赔偿请求，行政复议机关对依照《中华人民共和国国家赔偿法》的有关规定应当不予赔偿的，在作出行政复议决定时，应当同时决定驳回行政赔偿请求；对符合《中华人民共和国国家赔偿法》的有关规定应当给予赔偿的，在决定撤销或者部分撤销、变更行政行为或者确认行政行为违法、无效时，应当同时决定被申请人依法给予赔偿；确认行政行为违法的，还可以同时责令被申请人采取补救措施。

申请人在申请行政复议时没有提出行政赔偿请求的，行政复议机关在依法决定撤销或者部分撤销、变更罚款，撤销或者部分撤销违法集资、没收财物、征收征用、摊派费用以及对财产的查封、扣押、冻结等行政行为时，应当同时责令被申请人返还财产，解除对财产的查封、扣押、冻结措施，或者赔偿相应的价款。

第七十三条 当事人经调解达成协议的，行政复议机关应当制作行政复议调解书，经各方当事人签字或者签章，并加盖行政复议机关印章，即具有法律效力。

调解未达成协议或者调解书生效前一方反悔的，行政复议机关应当依法审查或者及时作出行政复议决定。

第七十四条 当事人在行政复议决定作出前可以自愿达成和解，和解内容不得损害国家利益、社会公共利益和他人合法权益，不得违反法律、法规的强制性规定。

当事人达成和解后，由申请人向行政复议机构撤回行政复议申请。行政复议机构准予撤回行政复议申请、行政复议机关决定终止行政复议的，申请人不得再以同一事实和理由提出行政复议申请。但是，申请人能够证明撤回行政复议申请违背其真实意愿的除外。

第七十五条 行政复议机关作出行政复议决定，应当制作行政复议决定书，并加盖行政复议机关印章。

行政复议决定书一经送达，即发生法律效力。

第七十六条 行政复议机关在办理行政复议案件过程中，发现被申请人或者其他下级行政机关的有关行政行为违法或者不当的，可以向其制发行政复议意见书。有关机关应当自收到行政复议意见书之日起六十日内，将纠正相关违法或者不当行政行为的情况报送行政复议机关。

第七十七条 被申请人应当履行行政复议决定书、调解书、意见书。

被申请人不履行或者无正当理由拖延履行行政复议决定书、调解书、意见书的，行政复议机关或者有关上级行政机关应当责令其限期履行，并可以约谈被申请人的有关负责人或者予以通报批评。

第七十八条 申请人、第三人逾期不起诉又不履行行政复议决定书、调解书的，或者不履行最终裁决的行政复议决定的，按照下列规定分别处理：

（一）维持行政行为的行政复议决定书，由作出行政行为的行政机关依法强制执行，或者申请人民法院强制执行；

（二）变更行政行为的行政复议决定书，由行政复议机关依法强制执行，或者申请人民法院强制执行；

（三）行政复议调解书，由行政复议机关依法强制执行，或者申请人民法院强制执行。

第七十九条 行政复议机关根据被申请行政复议的行政行为的公开情况，按照国家有关规定将行政复议决定书向社会公开。

县级以上地方各级人民政府办理以本级人民政府工作部门为被申请人的行政复议案件，应当将发生法律效力的行政复议决定书、意见书同时抄告被申请人的上一级主管部门。

第六章 法律责任

第八十条 行政复议机关不依照本法规定履行行政复议职责，对负有责任的领导人员和直接责任人员依法给予警告、记过、记大过的处分；经有权监督的机关督促仍不改正或者造成严重后果的，依法给予降级、撤职、开除的处分。

第八十一条 行政复议机关工作人员在行政复议活动中，徇私舞弊或者有其他渎职、失职行为的，依法给予警告、记过、记大过的处分；情节严重的，依法给予降级、撤职、开除的处分；构成犯罪的，依法追究刑事责任。

第八十二条 被申请人违反本法规定，不提出书面答复或者不提交作出行政行为的证据、依据和其他有关材料，或者阻挠、变相阻挠公民、法人或者其他组织依法申请行政复议的，对负有责任的领导人员和直接责任人员依法给予警告、记过、记大过的处分；进行报复陷害的，依法给予降级、撤职、开除的处分；构成犯罪的，依法追究刑事责任。

第八十三条　被申请人不履行或者无正当理由拖延履行行政复议决定书、调解书、意见书的，对负有责任的领导人员和直接责任人员依法给予警告、记过、记大过的处分；经责令履行仍拒不履行的，依法给予降级、撤职、开除的处分。

第八十四条　拒绝、阻挠行政复议人员调查取证，故意扰乱行政复议工作秩序的，依法给予处分、治安管理处罚；构成犯罪的，依法追究刑事责任。

第八十五条　行政机关及其工作人员违反本法规定的，行政复议机关可以向监察机关或者公职人员任免机关、单位移送有关人员违法的事实材料，接受移送的监察机关或者公职人员任免机关、单位应当依法处理。

第八十六条　行政复议机关在办理行政复议案件过程中，发现公职人员涉嫌贪污贿赂、失职渎职等职务违法或者职务犯罪的问题线索，应当依照有关规定移送监察机关，由监察机关依法调查处置。

第七章　附　　则

第八十七条　行政复议机关受理行政复议申请，不得向申请人收取任何费用。

第八十八条　行政复议期间的计算和行政复议文书的送达，本法没有规定的,依照《中华人民共和国民事诉讼法》关于期间、送达的规定执行。

本法关于行政复议期间有关"三日"、"五日"、"七日"、"十日"的规定是指工作日,不含法定休假日。

第八十九条 外国人、无国籍人、外国组织在中华人民共和国境内申请行政复议,适用本法。

第九十条 本法自 2024 年 1 月 1 日起施行。

图书在版编目（CIP）数据

中华人民共和国行政复议法释论／韩春晖，胡斌，张莹莹著.--北京：中国法制出版社，2024.6
ISBN 978-7-5216-4500-2

Ⅰ.①中… Ⅱ.①韩…②胡…③张… Ⅲ.①行政复议法-法律解释-中国 Ⅳ.①D922.112.5

中国国家版本馆 CIP 数据核字（2024）第 089232 号

责任编辑：李槟红　　　　　　　　　　　封面设计：杨泽江

中华人民共和国行政复议法释论
ZHONGHUA RENMIN GONGHEGUO XINGZHENG FUYIFA SHILUN

著者/韩春晖，胡斌，张莹莹
经销/新华书店
印刷/三河市国英印务有限公司
开本/880 毫米×1230 毫米　32 开　　　　　印张/ 12　字数/ 249 千
版次/2024 年 6 月第 1 版　　　　　　　　　2024 年 6 月第 1 次印刷

中国法制出版社出版
书号 ISBN 978-7-5216-4500-2　　　　　　　定价：49.00 元

北京市西城区西便门西里甲 16 号西便门办公区
邮政编码：100053　　　　　　　　　　　　传真：010-63141600
网址：http：//www.zgfzs.com　　　　　　 编辑部电话：010-63141671
市场营销部电话：010-63141612　　　　　 印务部电话：010-63141606

（如有印装质量问题，请与本社印务部联系。）